国家自然基金项目：
低碳约束下黄河流域城市土地利用效率研究：测度、驱动机理—
提升路径（42061051）

低碳约束下
黄河流域城市土地
利用效率研究

薛建春◎著

DITAN YUESHUXIA
HUANGHELIUYU CHENGSHI TUDI
LIYONG XIAOLV YANJIU

经济管理出版社
ECONOMY & MANAGEMENT PUBLISHING HOUSE

图书在版编目（CIP）数据

低碳约束下黄河流域城市土地利用效率研究/薛建春著 . —北京：经济管理出版社，2022.6

ISBN 978-7-5096-8609-6

Ⅰ.①低…　Ⅱ.①薛…　Ⅲ.①黄河流域—城市土地—土地利用—研究　Ⅳ.①F299.232.2

中国版本图书馆 CIP 数据核字（2022）第 126643 号

组稿编辑：丁慧敏
责任编辑：丁慧敏
助理编辑：杜羽茜
责任印制：黄章平
责任校对：张晓燕

出版发行：经济管理出版社
　　　　　（北京市海淀区北蜂窝 8 号中雅大厦 A 座 11 层　100038）
网　　址：www. E-mp. com. cn
电　　话：（010）51915602
印　　刷：北京虎彩文化传播有限公司
经　　销：新华书店
开　　本：720mm×1000mm/16
印　　张：18.75
字　　数：324 千字
版　　次：2022 年 6 月第 1 版　　2022 年 6 月第 1 次印刷
书　　号：ISBN 978-7-5096-8609-6
定　　价：88.00 元

前　言

　　黄河流域横跨青藏高原、内蒙古高原、黄土高原和黄淮海平原，自西向东途经青海、四川、甘肃、宁夏、内蒙古、陕西、山西、河南、山东9个省区69个城市，流域内山脉众多，东西高差悬殊，69个城市土地面积218.3万平方千米，占国土面积的22.74%，虽然幅员辽阔，但其主要的黄土地貌和干旱半干旱气候使整个流域内水土流失严重，可开发利用土地面积仅181.75万平方千米。研究土地利用效率对黄河流域社会经济发展和生态安全建设具有重要的战略意义，分析制约土地利用效率的要素、探索效率提升路径具有重要的现实意义。

　　本书立足黄河流域城市土地利用效率研究，采用三阶段 Super-SBM-SFA 模型将碳排放作为非期望产出的约束条件测度城市土地利用效率，发现黄河流域内城市土地利用效率整体偏低，规模效应是影响城市土地利用效率的主要因素，且存在下游>上游>中游的现象。黄河流域各城市的土地利用效率呈现逐年增长趋势以及邻近正相关特性，城市土地利用效率值的离散程度也呈现逐年缩小态势，存在 σ 收敛性与 β 收敛性。影响因素分析中，反映经济增长的地均 GDP、人均GDP 都显著促进土地利用效率的提升，反映土地结构的建设用地占比和耕地占比都显著抑制土地利用效率的提升，科技投入、人口密度对土地利用效率的提升具有正向效应，土地财政对土地利用效率的提升具有负向效应，且黄河流域内的土地财政与经济增长之间存在土地利用效率的双门槛效应，当土地利用效率值较低时，土地财政显著抑制经济增长，当土地利用效率值较高时，土地财政促进经济增长。产业集聚对城市土地利用效率的影响由产业专业化与产业多样化之间的制约作用决定，二产专业化程度越高，产业多样化对城市土地利用效率的调节灵敏度越低，三产专业化程度越高，产业多样化对城市土地利用效率的调节灵敏度越高。人口城镇化、土地城镇化与土地利用全要素生产率之间存在倒"U"型的非线性关系，且具有区域差异性。

本书还利用系统动力学仿真模型，构建黄河流域城市土地利用效率复杂系统，模拟系统中各个影响因素的因果关系，预测仿真土地利用效率与土地利用碳排放强度的变化，结果显示，到2030年黄河流域城市土地利用碳排放虽未达峰，但是自2017年以后土地利用碳排放强度增长量、人均碳排放量与地均碳排放量都逐年递减。分情景预测结果显示，只有在高速发展情景下，即在经济增长水平、人口增长率、城镇化水平、建设用地增长率、科技进步增长较高，能源消耗增长率较低的情景下，2040年黄河流域城市土地利用效率值才能达到有效状态。碳排放仿真结果方面，2020年碳排放强度比2009年下降了48.99%（9种情景平均值），2030年碳排放强度比2009年下降了61.43%，满足流域内碳排放强度控制目标。

基于以上结论，结合国家"十四五"规划要求、黄河流域生态保护与高质量发展目标、"双碳"目标等，分别从土地利用规划体系、土地利用方式、协调发展、低碳发展等角度提出建设性建议：建立低碳经济导向的多规协同发展体系，构建空间联动发展机制的土地利用模式，推动土地利用效率与城镇化协调发展，鼓励发展低碳工业，提高建设用地效率，大力发展低碳农业、保护林草地、增加碳汇。

由于笔者水平有限，而且尚有部分研究成果未纳入本书，难免有不足之处，敬请各位专家与读者批评指正！

目 录

第一章 绪论

第一节 研究背景和研究意义

一、研究背景

改革开放以来，伴随着社会主义市场经济的不断深入，中国经济发展迅速，工业化、城镇化逐步由城市中心发展至城市周边地区（张天柱等，2018），农村劳动力转移、城郊土地利用转型、农业产业发展、碳排放约束等一系列因素导致的土地利用问题不再只是简单的开发利用，土地资源合理开发、高效利用、与生态环境协调发展也成为 21 世纪土地利用的关键问题。特别是当城市化水平发展到更高层次，在区域一体化（王珏、陈雯，2013）、城乡融合（刘法威、杨衍，2020）背景下，城市土地作为基础物质载体（Wu et al.，2014），土地资源利用涉及城镇化、产业结构变动、劳动力转移、生态环境改善、经济高质量发展等多个方面。

二、研究意义

（一）理论意义

土地作为城市化建设的主要资源和载体，不仅为人类生存与生活提供了空间，同时也为国家经济建设、生态建设以及粮食安全提供了资源保障，随着城市规模的不断扩大以及城市土地利用方式的转变，我国社会经济水平、人民生活水平在很大程度上获得了提高，但是也伴生着越来越严重的城市土地利用问题和环境问题。研究发现，土地利用及覆盖变化是大气中二氧化碳增加的第二大原因，仅次于化石燃料燃烧。数据显示，1950~2005 年中国土地利用变化引起的碳排放量累计达到了 106 亿吨，占全部人为源碳排放量的 30%（Houghton，2002）。中国的社会经济与环境保护正面临着巨大的压力和严峻的挑战，因此中国政府提出了要在低碳约束下实现社会经济的可持续发展。在提高城市土地利用效率的同时，应基于碳排放约束的要求，通过对土地利用结构的合理调整，减少建设用地的能源使用量，转变土地利用方式，让土地利用碳排放量得到控制或减少，同时使土地利用整体效率达到最优，以适应和促进宏观经济的健康发展，并引导经济增长向公民福利改善的方向发展（张宇，2014）。土地作为财富之母，对其的具体利用已经成为国家宏观调控和资源配置的重要方式，如何让土地利用和管理支持社会经济发展方式的转变、满足低碳经济发展的要求、实现节能减排的目标，显得至关重要。因此，在碳排放约束条件下测算城市土地利用效率，分析制约土地利用效率的要素、探索效率提升路径具有重要的理论意义。

（二）现实意义

黄河是我们的母亲河，这里曾经孕育了中国最古老的城市文明，它发源于青海省青藏高原的巴颜喀拉山脉，流经九省区 69 个城市。截至 2018 年底，黄河流域省份总人口 4.2 亿，占全国的 30.3%，地区生产总值 23.9 万亿元，占全国的 26.5%。流域内地貌以黄石和丘陵区为主，占 46%，石山和平原分别占 29% 和 14%。① 在国家区域发展和"两横三纵"的城市化格局下，路桥通道的大部分和包昆通道的北段都属于沿黄城市带的组成部分，其城市发展和战略地位日益凸显，流域各省份纷纷建立自己的城市群，城镇化速度迅速加快，同时对土地资源的开发利用强度也越来越大，碳排放量逐年递增，土地越来越显示出其资源的禀赋。沿黄城市因为大都依水而建，所以也是各省份的主要粮食基地和生态屏障。2019 年 9 月 18 日，习近平在黄河流域生态保护和高质量发展座谈会上强调，黄河流域构成我国重要的生态屏障，是我国重要的经济地带，也是打赢脱贫攻坚战的重要区域；推动黄河流域高质量发展，要坚持"绿水青山就是金山银山"的理念，坚持生态优先、绿色发展。在此背景下研究碳排放约束的沿黄城市土地利用效率影响要素和提升路径具有重要的现实指导意义，有助于各区域的城市土地管理部门明确自身城市土地开发利用程度以及土地利用政策的低碳化调整，探索

---

① 数据来源于 Wind 数据库，笔者加总求得占比。

促进城市土地低碳化利用的有效途径，正确对待环境可持续发展与城市土地有限供给之间的矛盾，优化投入要素与产出要素之间的配置比例，减少环境污染，改善城市环境质量，进一步深化和完善城市土地低碳集约化利用制度，为城市发展添加新动力，实现人与自然和谐共处。

第二节 国内外研究现状

一、土地利用效率国内外研究现状

（一）土地利用效率国内外研究方法

国外学者对土地利用效率的研究较早，经历了从理论建构到实证分析的过程。除中国、新加坡、朝鲜外，大部分国家为土地私有制，国外学者更加注重从微观角度对城市土地利用效率进行研究，大致可分为以下三个方向：

第一，将城市土地利用效率与区位竞争、土地产权、土地结构、土地资源优化配置、城市土地集约利用结合研究。Baross 和 Mesa（1985）在哥伦比亚麦德林市（Medellin）住宅用地供给模式与市场绩效关系的实证研究中，揭示了土地市场建立成果与城市住宅用地供给模式之间的关系，认为建立土地市场对城市土地利用效率的提升有正向作用。Benabdallah 和 Wright（1992）研究发现，多层次设计城市土地的结构和方向有助于提升区域土地利用效率。Mills（1967）对大都市区域的土地结构分析提出，优化城市土地资源配置能够提高土地利用效率。Do 和 Iyer（2008）研究了越南地区的土地所有权，发现土地使用权的变化对土地的产出影响较大，并且间接影响土地利用效率。

第二，采用数理方法及 GIS 等分析工具开展城市土地利用效率相关研究。Fonseca（1981）从土地利用集约性出发，提出包含容积率、建筑密度、建筑高度等因素的评价指标体系对土地利用效率进行衡量。Chafer 和 Wright（1994）运用数学方法开展土地价格、政策因素、社会行为等不同因素对城市土地利用效率的影响研究。Langpap 等（2006）结合计量模型与健康指标模型，证明了激励的土地使用政策对提高土地利用效率有显著效果。Devi 等（2017）运用 GIS 测算了印度曼尼普尔邦的城市土地利用效率以及城市扩张速度，描述了城市土地利用效率的变化趋势。

第三，采用经济学理论对城市土地利用效率展开研究。Nichols（1970）假定了一个扩展的土地要素，并将此要素纳入新古典增长模型，分析了土地对经济增长的稳态均衡影响。McCain（1970）将有效土地投入要素引入 Fellner 的增长模型，检验了土地利用技术效率变化对经济稳态增长的影响，即将土地利用技术效率乘以固定的土地数量得到有效土地投入，从而检验了土地利用技术效率相对于劳动力增长速度和资本增长速度在不同情况下对稳态经济增长的影响。Copeland 和 Taylor（2004）等考虑土地环境变化构建了绿色索罗增长模型，分析了土地污染、环境政策等对经济增长的影响。

总的来说，国外关于城市土地利用效率的研究主要集中在处于工业化发展后期的发达国家，这些国家多以土地私有制为基础，其研究多侧重微观层面，重在解决现实问题。对于处于工业化发展进程中的中国，应当结合我国的基本国情和土地制度，在参考借鉴的基础上，积极探索新的研究思路与研究方法。

相较于国外，我国研究城市土地利用效率较晚，基于我国公有制土地制度和人多地少的基本国情，提高我国城市土地利用效率意义重大。从研究方法视角总结相关文献发现，我国城市土地利用效率的测算方法主要有综合评价法和数据包络分析方法两大类。其中，综合评价法（Comprehensive Evaluation Method，CEM）主要有层次分析法、主成分分析法、熵权法以及多因素综合评价法，数据包络分析（Data Enveloping Analysis，DEA）方法常用的有 CCR 模型、BCC 模型、超效率模型、Malmquist 指数模型和三阶段 DEA 模型。

国内最早对城市土地利用效率进行研究的学者中，方先知（2010）通过归纳土地利用结构特征，利用主成分分析法和加权法构建了土地利用效率的多元指标评价体系，以满足多类土地利用效率的评价需求；李永乐等（2014）、赵可等（2015）采用泰尔熵标准法在不同尺度下研究了城市土地利用效率的时空特征、地区差距及其影响因素；裴杰等（2016）采用层次分析法和德尔菲法测算了广东省 21 个地级市的土地利用效率。以上研究结果表明，综合评价法虽在一定程度上能够弥补单一指标评价方法的不足，但在计算指标权重时带有一定的主观性，容易造成评价结果的偏差。

由于综合评价法存在诸多不足，越来越多的学者选用数据包络分析法展开研究。该方法及其模型由美国运筹学家 A. Charnes 和 W. W. Cooper 于 1978 年提出，中国学者于 1986 年开始从事 DEA 方法研究（魏权龄，2015），后被广泛应用于各学术领域。DEA 方法是一种非参数的统计估计方法，在处理多投入、多产出问题时，可以直接利用输入和输出数据建立非参数的 DEA 模型，不仅能进行经济分析，还可以得到很多管理信息，其优越性吸引了众多学者研究和学习。近年来，国内学者将 DEA 方法和模型广泛应用于城市土地利用效率分析，取得了众多学术成果。

张俊峰等（2014）认为城市圈土地利用效率是一个相对有效性的问题，并基于规模报酬不变理论，选用 DEA 方法中的 CCR 模型对武汉城市圈土地利用进行效率评价和时空差异分析。张志辉（2014）利用 DEA 方法测算了全国 622 个城市的土地利用效率，并用 Bootstrap 方法对其效率值进行纠偏和修正，研究发现修正后的城市土地利用效率总体低于全要素土地效率，说明修正后的效率值更加合理、稳健。杨海泉等（2015）根据学者 Banker、Charnes、Cooper 对 CCR 模型的改进研究，采用基于规模报酬可变的 BCC 模型对中国三大城市群的土地利用效率进行评价研究，并对各城市群的技术效率和规模效率做了进一步分析。由于在效率评价时存在多个决策单元 DEA 有效（效率值为 1）而无法进一步比较的情况，黄晶等（2015）采用超效率 DEA（Super Efficiency DEA，SE-DEA）模型测算了西安市土地利用效率，又运用 CCR 模型、BCC 模型分别测算了该研究区域的土地利用效率，对比发现相较于传统的 DEA 模型，超效率 DEA 模型在分析方法上更具优势。王文刚和庞笑笑（2016）不仅应用超效率 DEA 模型测算了京津冀地区地级以上城市土地利用效率、纯技术效率、综合技术效率等，还采用 DEA 方法中的 Malmquist 指数法对京津冀城市群的城市土地利用效率进行了动态分析。为了解决传统 DEA 方法存在的松弛性问题，赵中阳和张军民（2016）采用非径向（Slacks-Based Measure，SBM）超效率 DEA 模型对西部大开发战略实施以来新疆各城市的土地利用效率进行测算，研究发现该方法不仅实现了相对有效单元的比较问题，而且给出的松弛度可以很清晰地反映出投入产出无效率的来源。李菁等（2017）、李长健和苗苗（2017）又将非期望产出引入非径向（SBM）模型中，分别对中国 31 个省区市和长江中游城市群的城市土地利用效率的时空格局及其动态演进进行了研究分析。蔚霖和徐国劲（2017）运用 CCR 模型和 SBM-Undesirable 模型分别计算并对比分析河南省城市土地利用效率时发现，不考虑非期望产出的城市土地利用效率评价结果存在较大程度的失真，为后续研究提供了宝贵意见。随着数据包络分析方法的改进，杨奎等（2016）、吴振华等（2018）分别运用三阶段 DEA 模型对长江经济带城市土地利用效率和江浙沪地区城市土地利用效率进行测算分析，该方法剔除了外部环境和随机误差因素对城市土地利用效率的影响，使计算得出的效率值更加准确，更符合实际。

（二）土地利用效率国内外指标体系研究

城市土地利用效率的指标体系方面，虽然国外对于城市土地利用的研究起步较早，但是由于其发展方向、土地政策私有化以及城市土地利用问题的特殊性，对城市土地利用效率评价的研究较少，可以参考其指标体系的文献更是少之又少。根据仅有文献总结发现，英美等国家的学者通常使用建筑密度等指标来评价建设用地利用效率。Siriban-Manalang 等（2013）应用 DEA 方法研究菲律宾南部城市的土地利用效率时，选取土地面积作为投入指标，将地区生产总值作为产出指标测算效率值。Delavar 等（2014）通过测算城市土地利用效率来衡量城市可持续发展水平时，选用城市占地面积、人口增长率、单位资本 GDP 等作为测算指标。Deilman 等（2017）在应用 DEA 方法测算德国城市土地利用效率时，将土地利用结构、经济、生态和社会特征价值纳入投入—产出指标。Choi 和 Wang（2017）应用 DEA 方法分析韩国城市土地利用经济效率时，投入指标选取建成区面积、固定资产投资总额、制造业和服务业员工人数，产出指标中期望产出选取制造业和服务业增加值，非期望产出选取工业化学排放量、工业废水、城市噪声状况。

学者普遍认为构建科学合理的评价指标体系是评价城市土地利用效率的关键。根据研究尺度划分，2014~2018 年中国城市土地利用效率的研究可以划分为三个层次：①不同土地利用类型、开发区、县域等微观尺度；②单个城市、城市群、省域等中小尺度；③全国等大尺度。各尺度投入—产出指标体系如表 1-1 所示。

表 1-1　中国土地利用效率评价的指标体系研究

尺度	作者	方法	投入指标	产出指标
微观尺度	经阳和叶长盛（2015）	BCC 模型	①年末耕地面积 ②农业机械总动力 ③农用化肥施用量 ④第一产业从业人员数量	①农业总产值 ②粮食总产量
	何登等（2018）	超效率 DEA 模型	①农业劳动人员数量 ②农业机械总动力 ③化肥施用量 ④耕地面积	农业总产值

续表

尺度		作者	方法	投入指标	产出指标
中等尺度	单个城市	王丽娜和李世平（2014）	超效率 DEA 模型、Malmquist 指数模型	①非农建设用地面积 ②固定资产投资总额 ③财政支出 ④第二、第三产业从业人员数量	①财政收入 ②第二、第三产业生产总值 ③城镇在岗职工工资总额 ④工业废水排放达标率
		黄晶等（2015）	超效率 DEA 模型	①建设用地面积 ②固定资产投资和财政支出 ③从业人员数量	①第二、第三产业生产总值 ②财政收入 ③人口密度
		张俊峰等（2014）	CCR 模型	①地均城镇固定资产投入 ②地均环境投入 ③地均第二、第三产业从业人员数量 ④地均技术投入 ⑤土地供应比率	①地均 GDP ②地均社会商品销售额 ③地均财政收入 ④人均建设用地面积 ⑤地均就业人员数量 ⑥城镇人均可支配收入
	城市群	张荣天和焦华富（2015）	CCR 模型	①城市建设用地面积 ②第二、第三产业就业人数 ③财政支出 ④固定资产投资	①地区生产总值 ②财政收入 ③人口密度 ④人均公共绿地面积
		王文刚和庞笑笑（2016）	超效率 DEA 模型、Malmquist 指数模型	①城市建成区面积 ②年末单位从业人员数量 ③固定资本存量	①城市第二、第三产业生产总值 ②辖区年末总人口 ③人均城市道路面积 ④人均绿地面积
		施建刚和徐天珩（2017）	BCC 模型、Malmquist 指数模型	①建成区土地面积 ②年度固定资产投资 ③财政支出 ④进口贸易值 ⑤年末就业人口	①国内生产总值 ②工业总产值 ③营业收入 ④税收收入 ⑤出口贸易值 ⑥净利润
		李璐等（2018）	超效率 DEA 模型	①城市建成区面积 ②固定资产投资 ③第二、第三产业从业人员数量	第二、第三产业增加值

续表

尺度	作者	方法	投入指标	产出指标
大尺度	林坚和马珣（2014）	BCC 模型	①城市群城乡建设用地总量 ②城市群资本存量 ③城市群从业人员数量 ④城市群用电总量	①城市群第二、第三产业增加值 ②城市群综合污染指数
	刘萌等（2014）	CCR 模型	①固定资产投资存量 ②地均第二、第三产业从业人员数量 ③建成区面积	①第二、第三产业增加值 ②地均一般性财政预算收入
	杜丹宁（2016）	改进的两阶段 DEA 模型	新型城镇化过程中城市土地量	①城市经济总量 ②城市经济结构 ③城镇的恩格尔系数 ④人均住房面积 ⑤区域绿化覆盖率 ⑥地均工业废弃物排放率
	赵丹丹和胡业翠（2017）	BCC 模型	①地均固定资产投资 ②地均第二、第三产业从业人员数量	①地均 GDP ②地均社会消费品零售总额 ③地均财政收入 ④人口密度
	李菁和胡碧霞（2017）	SBM-DEA 模型	①建成区面积 ②全社会固定资产投资总额 ③第二、第三产业从业人员数量	①第二、第三产业增加值 ②城镇职工平均工资 ③人均公园绿地面积
	樊鹏飞等（2018）	DEA-EBM 模型	①建设用地面积 ②第二、第三产业资本存量 ③第二、第三产业从业人员数量 ④地区能源	①第二、第三产业增加值 ②人均可支配收入 ③建成区绿化覆盖率

　　文献统计发现，国内现有研究大多采用数据包络分析方法从投入—产出视角对城市土地利用效率进行综合评价，并在指标体系中体现经济效率、社会效率和生态效率。投入指标主要从土地投入、资本投入和劳动力投入三个方面构建：土地投入通常用城市建设用地面积或建成区面积等指标表示；资本投入主要指物质资本存量，常用财政支出、（地均）固定资产投资等指标表示；劳动力投入则用第二、第三产业从业人员数量和地均从业人员数量等指标表示。产出指标主要从

经济效益、社会效益和环境效益三个方面构建：经济效益常用第二、第三产业增加值（或产值）及地区生产总值、财政收入、地均税收、城镇人均可支配收入等指标表示；社会效益常用人均建设用地面积、地均就业人员数量、人口密度等指标表示；环境效益常用绿地面积、城市建设维护资金等指标表示。

二、土地利用碳排放国内外研究现状

全球气候变化所引发的温室效应给人类社会带来了日益严重的生态环境问题，这使人们逐渐意识到低碳生产、低碳生活的重要性。近年来国内外学者关于碳排放的研究在深度和广度上都取得了较大进展，关于土地碳排放的研究也得出了很多重要成果，为土地低碳可持续利用、社会经济长足发展提供了科学的经验依托，也为学者们开展后续研究奠定了有力基础。

对于土地利用碳排放的测度，大体上可以分为以下三种方法：

（一）模型估算法

模型估算法分为簿记模型和空间模型两类，该方法依据土壤和植被与气候之间的碳循环关系建立模型，使用范围较广，使用的时间也比较早，但模型参数的时间和空间代表性较难掌握。Houghton（1999）等提出的簿记模型方法被普遍运用在土地利用与林业的碳排放研究中；Liping 和 Erda（2001）根据此方法对中国水稻土的温室气体排放进行了测算分析；王效科等（2002）提出的生物地球化学模型是使用比较多的空间模型；Zhang 等（2012）结合美国南部各州实际情况构建了生态系统动态模型，对研究区 50 年间土地开发利用碳排放的动态变化情况进行了研究分析。

（二）样地清查法

该方法主要依据现状用地的分类，测算不同陆地植被或者土壤的分布以及碳密度，多用来测算森林生态系统的碳储量。中国、美国、俄罗斯、加拿大等众多国家对土地利用类型转变以及森林变化数据的统计为后续研究生态系统碳储量和碳汇量打下了基础（张俊、孙玉，2007）。周涛等（2003）在研究区域固定的条件下，分别选取具有相同土壤和气候条件的耕地与非耕地，获取土壤样本，采用样地清查法计算两者的碳储量，计算结果显示，耕地与非耕地的有机碳储量差别非常明显，由此证明土地利用方式能对土壤碳储量产生影响。方精云等（2007）采用样地清查法对中国陆地植被碳汇情况进行了估算，并在估算基础上对林地、草地等的碳汇能力进行了分析。赖力（2010）通过构建基于 ARC/INFO 的碳排放评估模型对1980年以来中国陆地生态系统的碳收支时空格局进行了分析，提出了基于土地利用方式的综合碳排放清单。赵荣钦等（2013）以江苏省为例构建了省域层面的碳排放清单，在碳排放核算的基础上对区域碳排放潜力进行了分析。

（三）碳排放系数法

碳排放系数法将土地利用划分为碳源（碳排放）和碳汇（碳吸收）两种类型，通过碳排放系数分别计算各土地利用类型的碳排放量和碳吸收量并将其加和得到土地利用碳排放总量，是目前国内应用最为普遍的土地利用碳排放测算方法。张秀梅等（2010）在综合考虑能源消耗经验参数和农用地碳排放系数的基础上，对江苏省1996~2007年土地利用碳排放进行测算，首次提出建设用地碳排放强度和地均碳排放强度两个测度土地利用碳排放效应的指标。苏雅丽和张艳芳（2011）通过研究得出陕西省土地利用碳排放主要来自建设用地和耕地，而碳汇作用主要靠林地和草地的结论。单福征等（2011）通过分别核算能源消耗碳排放和林地、农田、城市绿地碳吸收，研究了上海郊区快速工业化进程中的土地利用碳排放效应。王桂波和南灵（2012）测算分析了陕西省2000~2007年土地利用碳排放量的时空变化，并首次将基尼系数运用到碳排放区域差异分析中，结果表明，建设用地对陕西省土地利用碳排放基尼系数起促进作用，而耕地则相反。路昌等（2014）以黑龙江省哈尔滨市为研究对象，以2000~2010年土地利用、能源消耗等数据为主要依据对哈尔滨市各类用地进行了碳排放效应分析。李春丽等（2016）在吉林省土地利用碳排放测算分析的基础上就如何进行土地利用的碳减排提出政策建议。袁凯华等（2017）在研究建设用地碳排放时将所有煤炭类、石油类、天然气以及电热力消费等计入核算。李玉玲等（2018）结合陕西省土地利用现状，计算了以耕地、园地和建设用地作为碳源，以林地、草地、水域、未利用地作为碳汇的陕西省土地利用碳排放总量。

由此可见，国内外学者对于土地利用碳排放的测算已形成一套相对稳定的方法，即碳源碳汇综合测算法。研究发现，国内对土地碳排放量的计算分析研究大部分依靠碳排放系数法，其优点是计算和样本需求相对简单，受到了众多学者的推崇。该方法一般将耕地和建设用地视为碳源，而将林地、草地、园地视为碳汇，采用碳排放系数法测算耕地、林地、草地、园地等的碳汇量以及建设用地承载的能源消费碳排放量，加总碳排放量和碳吸收量得到土地利用净碳排放量。碳排放系数法综合考虑了直接碳排放和间接碳排放，计算结果科学合理。

三、土地利用效率驱动机理国内外研究现状

（1）测度城市土地利用效率的各类投入要素和产出要素是第一驱动因素。第一，建设用地比重。建设用地的投入一方面提高了城市土地利用效率、推进了城镇化建设，另一方面导致耕地面积减少、粮食产量锐减等。自2011年开始我国每年新增各类建设用地占用土地都在80公顷左右，但在贯彻执行18亿亩耕地红线的方针政策下，城市建设用地占用耕地变得困难，如何提高城市建设用地效率成为很多学者研究的焦点。张雅杰和金海（2015）以长江中游城市为例进行实证分析，认为城镇化水平、产业结构以及吸引外商投资水平是造成长江中游地区城市建设用地利用效率时空格局分异与演变的关键驱动因素。丁一和郭青霞（2019）以中部六省城市为研究对象，分析认为不同区域不同时期影响城市建设用地利用效率的主导因素存在显著差异。还有学者从土地结构与土地利用效率之间的关系出发进行研究，如聂雷等（2019）基于2003~2014年的面板数据，实证分析了土地利用结构与土地价格对城市土地利用效率的影响机理，结果显示，建设用地价格与建设用地利用效率呈现正相关关系，工业用地占建设用地的比例与建设用地利用效率呈正"U"型关系。付永虎等（2020）分析了江苏省2006~2017年城市土地利用结构与城市土地利用效率之间的耦合度与协调度，得出南部地区高于北部地区，存在空间分异特征的结论。曾鹏等（2020）分析了中国城市群的土地利用结构与土地利用效率之间的关系，发现中国城市群的土地利用效率普遍偏低，呈现东部较高、中部差异大、西部偏低的局面。第二，人力资本投入。城市土地利用效率测度的第二大投入要素是人力资本，但是这里的人力资本主要分为第二产业和第三产业人力资本投入，关于人力资本对城市土地利用效率的驱动鲜少有学者研究。第三，固定资本投入。效率本身就是衡量一定投入下的产出情况，苏建恺（2018）以中国81个城市为研究对象，分析后发现固定资产投资与城市土地利用效率并不存在正相关关系，而经济集聚、劳动力人口密度、政府支出正向作用于城市土地利用效率。

（2）许多社会因素、经济因素以及产业结构、地理空间关联也都会影响城市土地利用效率。例如，廖进中等（2010）分析了长株潭地区城镇化对城市土地利用效率的影响，发现城镇化综合水平与土地利用综合指数存在长期稳定的均衡关系；短期内，城镇化综合水平的提高会在一定程度上导致土地利用状况恶化，但长期内，城镇化综合水平是影响土地利用综合指数的主导因素。牛乐德等

（2015）以昆明为研究对象，发现城镇化综合水平长期内有利于土地集约利用改进，但短期内不存在稳定影响关系。岳立和薛丹（2020）利用 Tobit 模型分析中国 2006~2017 年省级面板数据，发现中国的新型城镇化水平与城市土地利用效率之间存在着先降后升的"U"型曲线关系。匡兵等（2018）以湖北省 12 个地级市为基础数据，验证经济发展与城市土地利用效率之间存在库兹涅茨效应的假说。聂雷和邵子南（2019）以江苏省 13 个地级市作为研究区域，检验了技术因素对城市土地利用效率无显著影响，但经济发展水平与产业结构对城市土地利用效率具有正向影响。何好俊和彭冲（2017）利用面板向量自回归模型揭示了产业结构的合理化与高级化对城市土地利用效率改进存在动态依赖性。梁流涛等（2017）认为城市产业结构优化可以提高城市土地利用效率，但是资本密度对城市土地利用效率的影响大于就业密度和人口规模。此外，还有学者将城市土地利用效率与生态环境结合，如樊高源和杨俊孝（2017）在测算乌鲁木齐市土地利用碳排放的基础上，研究了该市的土地利用结构效率、经济发展与土地碳排放间的关联效应。这些都是对土地利用效率驱动机理的扩展。

四、土地利用效率提升路径仿真国内外研究现状

土地是人类活动和陆上生态系统碳排放的重要载体，土地利用效率的提升对社会进步、经济发展、生态环境保护产生着巨大的影响，科学低碳化利用土地资源，在提高城市土地利用效率的同时控制土地碳排放量显得尤为重要。但影响低碳化土地利用效率的因素很多，仅以要素分析还不够全面，如果将城市的土地利用看作复杂系统进行动力学仿真，得到的提升路径更为客观。

国外学者关于低碳化城市土地利用效率提升的研究以两者的关联为主。Houghton 和 Hackler（2003）重建了过去 300 年中国土地利用变化所产生的碳源和碳汇，研究了中国各城区土地利用与碳排放的动态演进关系；Levasseur 等（2012）利用动态生命周期评价（Life Cycle Assessment，LCA）研究了土地利用、土地利用变化和林业评估临时碳封存及储存项目之间的关联；Galudra 和 Noordwijk（2014）通过研究占碑的土地利用市场和碳排放之间的关联性，进而为印度尼西亚等国家的土地利用结构、土地使用权变更和减排前景提供指导；Islam 等（2018）通过多项试验研究了碳封存与土地利用的关系，发现碳封存与土壤的深度显著相关。

国内学者开展低碳化城市土地利用效率提升研究，也主要集中在土地利用结构与碳排放之间的关系上。赵荣钦等（2012）基于不同区域、不同尺度的碳排放核算及形成机制展开研究，并对城市土地利用结构变化引起的碳排放效应和优化调控进行研究；陈银蓉（2013）从城市土地利用结构的角度，进行了低碳背景下土地结构效率与碳排放的优化研究；崔玮等（2016）研究了武汉城市圈土地利用空间关联的碳排放效率及其收敛性，从空间角度进一步探索土地利用效率与碳排放的关系；陶云等（2016）运用灰色关联分析法研究了山东省烟台市土地利用结构效率与能源消耗碳排放的关联度及其变化规律；黄锐（2016）运用灰色模型对江苏省南京市的土地利用与碳排放关联性进行了研究。

此外，采用仿真的方法研究低碳约束下城市土地利用效率提升路径的文献不多，胡宗楠等（2017）利用系统动力学模型模拟扬州市土地利用结构的多种情景；祝秀芝等（2014）利用系统动力学仿真上海市土地综合承载力；刘旭玲等（2018）采用系统动力学模型模拟南京市城市土地集约利用情况；吴萌等（2017）对武汉市的土地利用碳排放进行系统动力学仿真。

第三节　主要研究内容与研究方法

一、研究内容

本书选取黄河流域69个盟、市、自治州为研究对象，以提升碳排放约束下城市土地利用效率为出发点，将研究内容划分为以下四个部分：

（一）碳排放约束下城市土地利用效率解析与测度模型研究

截至目前，关于城市土地利用效率的定义还没有形成统一的认识，但是很多学者都是从投入—产出角度或者是从复杂系统出发进行理解。例如，陈志辉和祝甲山（2002）把城市土地利用效率界定为在特定时期内、特定经济活动生产水平下，城市土地利用通过最小化投入实现最大化产出的生产效率；林坚和马珣（2014）认为，城市土地利用效率是城市形成和发展过程中，对城市有限土地资源的综合利用程度，包含经济、社会、生态环境等因素在内的复杂系统共同作用的结果。本书认为，城市土地利用效率结合了两种思想，首先认为它是城市发展的一个复杂系统，其次它可以借助投入—产出模型进行效率值的测度，以有限的投入达到最优化的产出。

城市土地利用效率测度采用黑箱模型，重点关注投入和产出情况，投入指标一般是构成效率的劳动力、资本、土地等，产出指标是土地利用效率作用的获得性指标（包含期望获得与非期望获得），因为有碳排放约束，所以考虑将部分非期望产出指标作为输出，而非期望产出指标的存在则会降低城市土地利用的效率值。

（二）基于三阶段非期望产出 SBM-SFA 模型的城市土地利用效率测度与分析

1. 理论假设

H1：城市土地利用效率随时间呈总体上升趋势。

假设依据：随着经济、社会和科技的发展，各地区日益重视土地利用效率，政府不断改善土地利用结构、增加土地利用强度，巩固绿色发展理念与绿色城市建设，城市土地利用效率整体呈现上升趋势。

H2：碳排放约束条件抑制城市土地利用效率的上升速度。

假设依据：城市土地利用效率的产出指标涵盖经济效率、社会效率和生态效率，这些产出指标既包含期望产出也包含非期望产出，其中碳排放对城市土地利用效率产生负面效应，属于非期望产出，所以会抑制城市土地利用效率的上升速度。

2. 三阶段非期望产出 SBM-SFA 模型构建

对城市土地利用效率的测度不能仅通过经济最大化评价产出效率，本书利用包含非期望产出的非径向 SBM 模型，产出效率包含经济效率、社会效率、生态效率等。其基本原理是用数学模型以最佳决策单元构造生产前沿面，不需要提前定义和构造生产函数。

三阶段非径向 SBM-SFA 模型不仅能够破解径向 DEA 方法的局限，而且 SBM 模型可以统筹分析投入与产出的关系，在目标函数中选入投入—产出松弛量，解除投入—产出扩大或者缩小的比例限制要求，SFA 模型可以剔除环境因素和随机噪声对效率值的影响。本书采用 Cooper 等（2001）提出的三阶段 SBM-SFA 模型展开研究。

3. 城市土地利用效率测度指标筛选

为了有效地评价土地利用效率，本书依据城市土地利用效率的概念界定，将土地利用的过程视为包括投入—产出的生产过程，将每个城市的土地利用效率作为宏观决策单元,通过土地、资本、劳动力等直接或者间接的投入,实现土地利用经济、社会、生态等产出效率。本书在总结相关文献的基础上,结合沿黄流域城市土地利用的特点,依据指标的重要性、可操作性、易计算性等原则进行筛选。①考虑指标的相关性:利用统计分析软件采用主成分分析法,筛选相关系数较高的指标作为投入或者产出指标。②考虑指标的灵敏性:一般情况下,指标的变异系数值大于15%则灵敏性较强,本书采用变异系数值来筛选指标的区分度与灵敏度。

4. 城市土地利用碳排放的测度

由于本书将土地利用碳排放作为测算土地利用效率值的主要约束指标(非期望产出),因此需要准确测度该指标。目前国内外测度土地利用碳排放的方法主要有前文叙述的三种类型,总结相关文献,本书借鉴《2006 年 IPCC 国家温室气体清单指南》中"管理土地被用作借以确定人为源排放和汇清除的替代物"的思想,根据该指南中的理念,土地利用碳排放主要由能源消费(建设用地)碳排放、工业生产过程(建设用地)碳排放、土地利用(耕地、林地、草地、园地、水域、未利用地)碳排放三部分构成。

(三)基于面板数据模型的城市土地利用效率影响要素分析

1. 城市土地利用效率影响要素分析

H3:城市土地利用效率存在时空差异性。

假设依据:研究区内各城市的土地自然资源条件差异、GDP 产出依赖产业不同导致各城市土地利用效率存在区域差异性。

由于本书以黄河流域的土地利用效率作为研究因变量,而且前述的非径向SBM-SFA 模型测度的土地利用效率值为 0~1,如果加入超效率测度方式,城市土地利用效率值会出现大于 1 的情形,再加上各城市的资源投入、资本投入以及社会经济发展方式、地域之间的相关性不同,若采用 OLS 方法可能会造成估计的偏差。因此,本书采用面板数据常用的固定效应或者随机效应模型,保证影响要素的无偏估计,考虑空间相关性时,不仅分析不同要素对本地及异地的影响,还考虑地域、距离等不同权重矩阵下要素对城市土地利用效率的影响,包括滞后一期因变量的影响效果等。

2. 城市土地利用碳排放影响要素分析

综合已有的研究成果,城市土地利用碳排放影响要素主要包括宏观视角下的经济发展、人口增长、技术进步等因素,以及微观视角下的土地利用结构、土地利用强度、能源强度等因素。本书以城市为研究单元，分别从宏观与微观两个视角分析土地利用碳排放的影响因素以及各类影响要素的贡献率。

（四）碳排放约束下城市土地利用效率提升路径研究

本书在测算城市土地利用效率和分析其影响要素后，采用系统动力学方法分析碳排放约束下城市土地利用效率的提升路径。系统动力学是由麻省理工学院的 J. W. Forrester 教授最早提出的，他认为系统动力学是系统科学理论与计算机仿真的结合。城市土地利用效率的提升涉及因素众多，包含社会、经济、生态、政府政策等多个子系统，因此可以将其看作一个复杂系统进行分析，借助反馈控制原理，理解系统内各个影响因素的因果关系；可以通过引入适当变量建立系统动力学方程模型，依靠计算机的仿真模拟，理解系统内各种影响因素的正负反馈作用。

本书运用系统动力学方法，依据前文得出的基础数据，构建城市土地利用效率复杂系统内部环境的结构模型。依据主要因素的取值情况划分为低速发展情景、基准发展情景、高速发展情景三种状态，通过结构模型仿真各城市的土地利用发展趋势，并依据优化情景模型给出城市土地利用的低碳化发展建议。

二、研究方法

本书是基于现实背景和实证分析的应用性理论研究，用到的主要研究方法如下：

（一）三阶段非期望产出 SBM-SFA 模型

本书基于土地科学、经济学、生态学等学科的理论，提出建立投入—产出架构的土地利用效率测度模型，通过土地、资本、劳动力等直接或者间接的投入，实现土地利用经济、社会、生态等产出效率；采用的主要方法是统计分析法与三阶段非期望产出 SBM-SFA 模型。统计分析法主要是整理国内外相关文献资料，明确模型的有效投入—产出指标，随后对投入要素指标与产出要素指标进行筛选，在实践中验证理论模型的有效性与契合度。构建土地利用效率模型，改进后得到符合现实特征的三阶段非期望产出 SBM-SFA 模型，第一阶段是采用非期望产出 SBM 模型初步测算效率值，这一步可以解决投入—产出变量的松弛问题；第二阶段是根据每个投入要素的松弛变量，找到环境因素和误差因素对松弛约束的影响程度，调整投入指标变量；第三阶段是利用调整后的变量值再次使用非期望产出 SBM 模型测算效率值。为了进一步研究城市土地利用效率的动态情况，本书还采用 Malmquist 指数模型分析不同决策单元土地利用效率的动态变化过程。

（二）计量统计分析模型

依据前面的测度数据进行计量统计分析，采用的主要方法是面板数据模型、空间计量模型、向量自回归模型和对数平均迪氏指数法。

（1）面板数据模型将城市土地利用效率视为因变量，主要考虑经济发展水平、人口增长情况、土地的自然资源禀赋、科技水平、资金投入、土地政策、城镇化等的影响效果。

（2）空间计量模型主要分析黄河流域内城市由于空间的依存性产生的影响效应，本书主要考虑地理空间依存性、经济依存性和经济地理依存性。

（3）向量自回归模型用来估计联合内生变量的动态关系，把城市土地利用效率/土地利用碳排放系统中每一个内生变量作为系统内所有内生变量滞后值的函数来构造模型，从而将单变量自回归模型推广到由多元时间序列变量组成的向量自回归模型。

（4）对数均值迪氏指数分解法将土地利用碳排放分解为能源碳排放强度效应、能源强度效应、经济规模效应、土地规模效应和人口规模效应，找出其中贡献率最大的因素。

（三）系统动力学模型

本书以人地关系理论、系统科学理论以及土地优化配置理论为支撑，将系统动力学模型引入城市土地利用效率提升路径中。借助前文中得到的因果关系构建城市土地利用效率复杂系统的流程图和变量状态方程，通过系统动力学模型仿真城市土地利用效率的提升路径。

第四节 技术路线

本书首先采用定量研究方法，运用土地科学、计量经济学、管理学等基本理论，采用三阶段非期望产出 SBM-SFA 模型测度黄河流域 69 个城市的土地利用效率值，分析土地利用效率值的动态变化；其次借助面板数据模型分析城市土地利用效率的影响要素，借助其他统计计量工具分析土地碳排放影响因素，并引入滞后因变量分析影响因素与城市土地利用效率之间的因果关系；最后借助系统动力学模型仿真城市土地利用效率的提升路径，给出低碳导向下的黄河流域城市土地利用规划方向和城市化发展重心。本书的具体技术路线如图1-1所示。

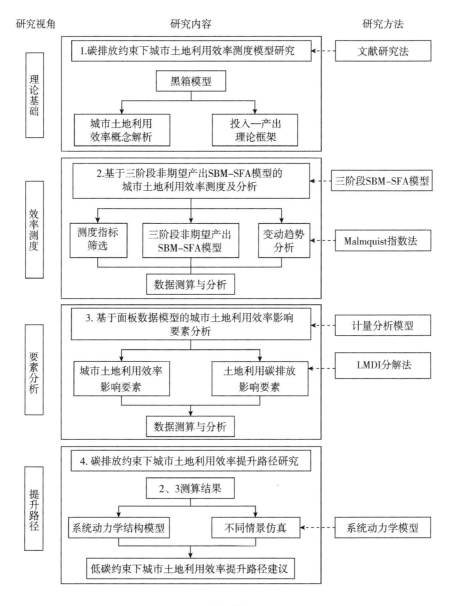

图1-1　本书的技术路线

第二章 相关概念和理论基础

第一节 相关概念

一、土地利用效益与城市化

效益一词最开始是一个物理概念，被用来表示物理机械作用中能量消耗程度。引入经济领域之后，效益被用来表示经济投入与资源配置的效果，或表明资源利用与投入的实现程度。因此，土地利用效益可以被用来度量土地利用水平的高低和土地配置的合理性，即土地利用效益越高，土地配置越合理，土地的产出越高，土地利用水平也越高（蒙吉军，2005）。关于土地利用效益的定义，陈洪博认为土地利用效益是指土地利用活动中产出的全部实用价值的总和；毕宝德认为土地利用效益是单位面积土地的产出，反映土地利用目标的实现度；陈顺增把土地利用效益看作是土地利用活动得到的所有成果与土地利用过程中劳动消耗的相关评价（张志强，2016）。虽然前人对土地利用效益的定义有所不同，但是其本质内容都是一致的，即通过土地的投入与产出衡量土地利用效益（陈国壮，2014）。本书中的土地利用效率是指以土地利用系统为基础，在特定的生产方式下土地资源表现出来的社会、经济、生态和环境效益的总和。

城市是一个地区政治、经济、文化的中心，也是各种劳动力、经济市场、运输等相互交织的复杂系统，并与周边地区进行利益交换，以达到人口、经济聚集的效用（Erkan，2017）。城市化一词在 20 世纪 70 年代末传入我国，国内一些学者也把城市化称为城镇化，两者在本质上并无不同（褚丽娟、孙成伍，2015）。城市化是社会生产力发展引起人们生产、生活方式变迁的过程。由于城市化包含的内容丰富，所以不同学者对城市化有不同的理解，也有学者将城市化划分为人口城市化、经济城市化、空间城市化、社会城市化（李长亮，2013）。人口城市化表现为人口向城市聚集的过程中，非农业人口比重不断增加，城市人口占总人口比重提高（王成新等，2016）。经济城市化表现为区域内产业结构的变化，生产要素逐步从第一产业为主向第二、第三产业流动，第一产业占比不断减少（刘英群，2012）。空间城市化表现为城市土地面积不断增加，城市空间布局由分散到集中、由单一到复合（李英东，2016）。社会城市化主要是指制度的转换、完善过程，以及人们生活方式的变化，包括生活习惯、管理方式等。因此，城市化是包含多种内容的复杂动态过程，它包括人口数量及人口密度的增加、经济结构的调整与升级、空间布局的合理化以及社会制度与服务的完善等。

二、土地利用效率

从经济学视角解释"效率"，帕累托将"通过对经济生产活动中有限资源的利用达到最大程度地满足社会需求，同时还不损坏其他个体的利益"，称为有效率，即"帕累托最优"。因此，土地利用效率可以作为衡量投入资源配置与产出匹配的重要指标，它包含广义的土地资源配置效率和狭义的土地利用边际效率。土地利用边际效率是每增加 1 单位面积土地所能增加的产出价值，土地利用边际效率的高低主要由土地使用方式和使用去向决定。广义的土地资源配置效率是指一定区域范围内土地利用结构配比的合理性影响到整个区域的社会、经济、生态等产出情况。这时的效率值不仅受土地本身影响，还受到承载在土地上的生产活动、生活方式、政策管理等因素的影响。本书要研究的正是广义的土地利用效率。

三、土地利用碳排放

土地利用碳排放分为直接碳排放和间接碳排放。直接碳排放指土地自身类型转变或类型保持产生的碳排放；间接碳排放指非土地自身的碳排放，即由该土地上的人类或动物活动产生的碳排放（Tester，2012）。因此，土地利用碳排放可定义为土地利用系统上所承载的自然源及人为源碳排放量的总和，其中包括各种土地利用对生态系统碳循环的影响，如能源利用、人口呼吸、动植物生产和农田管理等，其体现出了不同用地类型上土地利用综合碳排放的分布效果以及空间强度（IPCC，2007）。

第二节　理论基础

一、可持续发展理论

美国海洋生物学家蕾切尔·卡逊（Rachel Carson）最早在自己1962年出版的著作《寂静的春天》中提到了"可持续发展"的思想；1987年，世界环境与发展委员会在题为"我们共同的未来"的报告中第一次阐述了"可持续发展"的概念。可持续发展理论是指既满足当代人的需要，又不对后代人满足其需要的能力构成危害的发展。它是一个综合性的概念，遵从共同性、公平性（代际公平与代内公平）、持续性原则。2007年，中国学者牛永元将衡量可持续发展水平划分为资源承载能力、区域生产能力、环境缓冲能力、社会稳定能力和调控管理能力五个方面。其他学者也分别从各自的学科领域阐释了可持续发展理论。

可持续发展强调人与自然的和谐相处，强调经济、社会、人口、资源、环境的有机结合；可持续发展鼓励经济增长，同时也承认自然环境的价值；可持续发展的经济增长以自然资源为基础，以提高人口生活质量为目标，同环境承载力与社会进步协调发展。

二、人地系统理论

美籍奥地利人、理论生物学家贝塔朗菲1968年发表的专著《一般系统论——基础、发展和应用》被认为是系统理论的代表作，其核心思想是：系统是一个不可分割的整体，系统内各组成要素并不是简单地相加或者堆砌在一起，它们通过一系列的排列组合方式与环境建立联系，形成独特的结构进而发挥一定的功能，这个总体功能可能大于或者小于各组成要素的功能之和。系统论强调了要素与要素、要素与系统、系统与环境三方面的关系。国内学者钱学森最早对系统进行了定义，他认为系统是由相互作用和相互依赖的若干部分结合成的具有特定功能的有机整体。所以，整体性、开放性、复杂性、自组织性、时序性成为其基本特征，其基本方法是研究系统、要素、环境三者之间的相互关系和变动的规律性，系统理论的发展正逐步从"老三论"（系统论、控制论、信息论）向"新三论"（耗散结构理论、系统论、突变论）演变。

地球系统包括大气圈、水文与海洋、土地与矿产资源等，它是人类赖以生存、社会经济得以运行的物质基础或必要条件，人类作为生物圈的重要组成部分，同时也是地球系统的一个子系统。人地系统理论是人类的一切经济、社会活动与地球系统内部各子系统之间相互联系、相互制约、相互影响的密切关系理论。它是地球系统科学理论的核心，是陆地系统科学理论的重要组成部分。人地系统理论主要包括两个方面：一方面是人类作为一切活动的主体，从自然环境中获取物质、能量、信息等；另一方面是人类作为自然环境的客体，将各类活动过程中产生的废弃物排放到自然环境中，依靠自然环境的吸纳力完成物质或者能量的转化，自然界这个转化过程的能力被称为生态承载力。人地系统理论随着人类社会的发展与经济的增长不断发生变化，从原始文明时代到农业文明时代再到工业文明时代，人地之间的矛盾日益突出，土地利用效率成为衡量人地矛盾的一个基本指标，土地利用效率降低直接导致土地的生产潜力和实现能力降低，间接导致城市化进程缓慢，所以，土地利用效率研究本质上就是在保障土地生产力的基础上追求效益的最大化。本书所研究的土地利用效率被认为是复杂系统，它通过资源、人口、经济、环境等因素相互关联。

三、协同理论与低碳经济理论

协同理论的创始人是德国物理学家赫尔曼·哈肯，1976 年赫尔曼·哈肯发表了《协同学导论》，系统地描述了协同理论。协同理论认为，客观世界中千差万别的系统，尽管属性不同，但各系统之间仍然存在相互影响、相互合作的关系。协同理论试图把无生命自然系统与有生命自然系统统一起来，通过系统之间的物质或能量交换，自发地出现时间、空间和功能上的有序结构。所以，协同理论属于自组织理论范畴，任何系统如果缺乏与外界环境进行物质、能量和信息的交流，其本身就会处于孤立或封闭状态，在这种封闭状态下，无论系统初始状态如何，最终其内部的任何有序结构都将被破坏，呈现出一片"死寂"的景象。因此，系统只有与外界进行不断的物质、信息和能量交流，才能维持其生命，向有序化方向发展。

所谓低碳经济，是在可持续发展的理念下通过技术创新、发展模式转变、制度创新、产业优化升级及新能源开发利用等多种手段，尽可能减少煤炭、石油等高碳能源的消耗，以达到温室气体减排的目的，实现经济社会发展与生态环境保护双赢的一种经济发展形态。发展低碳经济的目的在于限制温室气体的排放，从而减轻全球气候变暖的严重问题，并在此过程中发展能源安全、新经济增长点和新国家竞争力。然而，这种定义隐含着一个假设，即向低碳经济转型是在进入后工业时代之后进行的。这与现阶段很多发展中国家生产力不发达、生活水平未达到富裕的现实不相适应。

发展低碳经济要与国家的发展阶段相适应。当前中国还处于工业化和城市化的发展阶段，低碳经济不是一个绝对而是相对的概念。与维持现状相比，低碳经济下单位产出碳排放量的下降速度要更快。具体来说，低碳经济具有低碳排放、高碳生产力和阶段性三个核心特征。它是一种经济形态，目标是低碳高增长，强调的是发展模式，即低碳并不是发展的目的，而是一种促进经济和环境和谐发展的手段，重要的是保障人文发展目标的实现。

四、环境库兹涅茨理论

自生态足迹的概念被提出以来，学者们开始逐步将经济增长与生态承载力、环境质量联系起来（Van don Bergh et al.，2014；Peng and Zhan，2021），特别是20世纪60年代出现全球生态危机后，环境质量问题愈发被重视。1987年2月在日本东京召开的第八次世界环境与发展委员会上通过了《我们共同的未来》报告，指出世界各国政府和人民必须从现在起对经济发展和环境保护这两个重大问题负起自己的历史责任，制定正确的政策并付诸实施。诺贝尔经济学奖获得者库兹涅茨提出了环境库兹涅茨曲线，又称倒U曲线，其研究发现：当地区经济发展水平较低时，环境污染较小，随着人均收入水平的提高，经济出现增长，需要投入更多的资源，同时也会带来更多的污染排放，环境出现恶化；当经济发展水平达到一定程度后，开始出现临界点，此后人均收入进一步增长，环境污染却由高向低，环境质量逐步改善。该理论模型说明，一个地区如果有适宜的环境干预政策，其内部污染水平和环境质量会伴随经济增长出现先恶化后改善的态势。通常，在工业化发展的初级阶段，规模效应大于技术效应和结构效应，环境质量随着经济增长不断恶化；进入后工业阶段后，技术效应和结构效应超过规模效应，环境质量随着经济增长不断改善。环境质量与经济增长之间的倒"U"型关系可见图2-1。

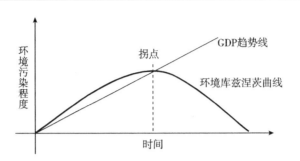

图 2-1 环境库兹涅茨曲线

五、脱钩发展理论

脱钩理论于 2002 年由经济合作与发展组织（OECD）首次提出，用于分析经济增长与资源消耗两者之间的相对关系，之后 Tapio（2005）在分析交通发展与二氧化碳排放相关关系时，完善了脱钩理论，并构建了脱钩弹性系数。脱钩弹性分析方法以 OECD 脱钩模型为基础，克服了选择基期的困境，提高了测度的准确性。脱钩弹性系数计算公式为：

$$\eta_i = \frac{\Delta D/D}{\Delta G/G} = \frac{(D_{i+1}-D_i)/D_i}{(G_{i+1}-G_i)/G_i} \tag{2-1}$$

式（2-1）中，η_i 表示第 i 年脱钩弹性系数；G 表示经济产出量；D 表示资源消耗量或者废物排放量，资源消耗量（Direct Material Input，DMI）表示直接参与经济建设的自然资源，废物排放量（Domestic Processed Output，DPO）表示经济建设过程中产生并直接排放到生态系统中的废弃物。按照弹性系数的大小，将脱钩类型划分为：强脱钩、弱脱钩、衰退脱钩、增长连接、衰退连接、增长负脱钩、弱负脱钩、强负脱钩八类（苑清敏、何桐，2020），具体如表 2-1 所示。

表 2-1 脱钩类型划分标准

脱钩状态	强脱钩	弱脱钩	衰退脱钩	增长连接	衰退连接	增长负脱钩	弱负脱钩	强负脱钩
ΔG	>0	>0	<0	>0	<0	>0	<0	<0
ΔD	<0	>0	<0	>0	<0	>0	<0	>0
η_i	<0	[0 0.8)	>1.2	[0.8 1.2]	[0.8 1.2]	>1.2	[0 0.8)	<0

交叉脱钩指数是用于分析城市经济增长与土地资源环境之间协同关系的，其

计算公式为：

$$\varepsilon_{rs} = \frac{\eta_{ir}}{\eta_{is}} \tag{2-2}$$

其中，ε_{rs} 表示城市 r 与城市 s 之间的交叉脱钩指数，η_{ir}、η_{is} 分别表示第 i 年 r 城市与 s 城市的脱钩弹性系数。为了更好地确定城市经济增长与土地资源的脱钩协同程度，本书根据交叉脱钩指数，将脱钩协同状态划分成 10 个对称区间，当 $\varepsilon_{rs}=1$ 时，说明两个城市的脱钩程度相同，如表 2-2 所示。

表 2-2　经济增长与土地资源脱钩协同状态划分

ε_{rs}	$(-\infty, 0.2)$	$[0.2, 0.4)$	$[0.4, 0.6)$	$[0.6, 0.8)$	$[0.8, 1]$	$[1, 1.25]$	$(1.25, 1.66]$	$(1.66, 2.5]$	$(2.5, 5]$	$(5, +\infty)$
状态	极不协同	不协同	一般协同	协同	高度协同	高度协同	协同	一般协同	不协同	极不协同
区间号	5	4	3	2	1	1	2	3	4	5

目前，国内的脱钩理论分析主要应用于资源、能源测度及其与经济增长之间的相关分析中（夏勇等，2020；唐怡，2021）。本书考虑到经济增长与城市建成区的土地扩张之间会存在脱钩现象，一是因为城镇化发展要求城市建成区土地扩张，同时可以促进产业升级和经济增长；二是因为土地作为一种不可替代性的资源，其在生产过程中的投入也一定可以促进经济增长。伴随着黄河流域生态保护政策的实施与经济高质量发展，研究其内部是否存在脱钩现象，可以为城市土地高效利用提供参考依据。

第三章 黄河流域城市概况及土地利用现状

　　黄河是中华文明最主要的发源地，是中华民族的母亲河，4000 年前中华的黄帝、炎帝、蚩尤三祖都曾在黄河流域繁衍，西安、洛阳、开封、安阳等古都也都地处黄河流域；黄河起源于青藏高原巴颜喀拉山北麓的约古宗列盆地，流经青海、四川、甘肃、宁夏、内蒙古、陕西、山西、河南、山东 9 省区 69 个城市，流域全长 5464 千米，流域面积约 752443 平方千米①。由于黄河下游地势较低，极易形成泛滥区，历史记载，为了避免洪水灾害，黄河下游从古至今共经历过 8 次重要改道，"黄河害在下游、病在中游、根在泥沙"的说法一直流传至今。黄河由西向东连接了青藏高原、黄土高原和华北平原，是我国重要的生态廊道，中国的八大沙漠、四大沙地，五个都在黄河中游，黄河最大支流渭河孕育了富庶的关中平原。中华人民共和国成立以来，黄河治理一直是中央关心的重大工程，三门峡、小浪底水利枢纽的修建，上游的三江源生态保护区修建，北部的三北防护林建设等有效提高了水源涵养能力并控制了黄土高原的泥沙流失，沿黄植树造林工程也有效促进了河流生态系统健康发展。

　　2020 年 8 月 31 日，中共中央政治局召开会议，审议了《黄河流域生态保护和高质量发展规划纲要》，针对黄河流域的高质量发展做出了根本上的、全局性的、方向性的战略指导，"治理黄河，重在保护，要在治理"，必须尊重客观规律，优化水资源配置，将生态保护放在突出地位，构建绿色制造体系，推进黄河流域高质量发展，而土地利用是一切战略实施和保障的基础，因此，黄河流域土地利用效率研究是流域高质量发展的基础性研究，对流域内高质量发展具有重要意义。

---

① 参见"黄河（中国第二长河）"百度百科。

第一节　城市发展现状

根据陆大道院士的思想，"黄河没有航运之利""没有门户城市与枢纽城市"，也不存在黄河经济带，但黄河流域的生态战略地位不容小觑。目前黄河流域已形成"一轴、三区、五河段、七大城市群"的新发展空间格局。"一轴"是以黄河为主轴和依托，建设具有国际影响力的黄河文化旅游带、黄河生态经济带。"三区"是将黄河流域划分为三个区域，即上游的水源涵养、中游的绿色发展区、下游的黄河防洪保护区，其中上游区域位于"胡焕庸线"的左边，人口密度较低。"五河段"则分别是指上游青藏高原水源涵养、青甘河谷水利开发区、宁蒙河套绿色发展区、中游晋陕峡谷防沙治沙区，下游豫鲁平原防洪保护区。"七大城市群"主要有：兰西城市群、宁夏沿黄城市群、呼包鄂榆城市群、关中平原城市群、晋中城市群、中原城市群、山东半岛城市群（张廉等，2020）。本书以黄河干流及其支流流经的 9 省区 69 个城市作为研究对象，其中很多城市分属于七大城市群，流域内各城市群主要所处流域汇总见表3-1。

表3-1　黄河流域城市群分区

流域	河段	城市群	河长（千米）
上游	青藏高原水源涵养区	兰西城市群	1687.2
	青甘河谷水利开发区	宁夏沿黄城市群	793.9
	宁蒙河套绿色发展区	呼包鄂榆城市群	990.5
中游	晋陕峡谷防沙治沙区	关中平原城市群、晋中城市群、中原城市群	1206.4
下游	豫鲁平原防洪保护区	山东半岛城市群	785.6

资料来源：张廉，段庆林，王林伶. 黄河流域生态保护和高质量发展报告（2020）［M］. 北京：社会科学文献出版社，2020.

黄河流域城市群发展现状概括如下：

一、经济发展

占国土面积近 1/4 的黄河流域生活着近 2.5 亿常住人口，虽未形成流域经济带，但经济发展不容小觑。受地域气候影响，黄河流域内不同地区气候差异显著，全流域分别属于南温带、中温带和高原气候区，由西向东逐渐变暖，流域上、中游气温日较差、年较差都很大，主要的农作物是小麦和玉米。如图3-1所示，黄河流域69个城市的第一产业产值从2009年的8155.90亿元增长到2018年的15238.66亿元，第二产业产值从2009年的30306.51亿元增长到2018年的59370.11亿元，第三产业产值从2009年的20874.11亿元增长到2018年的62136.20亿元。[1] 相比较而言，增长最多的是第三产业产值，2009~2018年第三产业产值增长了近2倍，说明研究时期内黄河流域各城市积极优化产业结构，并取得了不错的成绩。第二产业的发展过程经历了先快速增长（2009~2013年）后缓慢增长（2013~2018年）的趋势，这主要是由于党的十八大以后党中央将生态文明建设列入"五位一体"总体布局，2013年后中国经济进入新常态，黄河流域各城市转变发展理念，建立生态优先、生态保护的高质量发展思想，强化山水林田湖草沙综合治理，走绿色经济的发展道路。

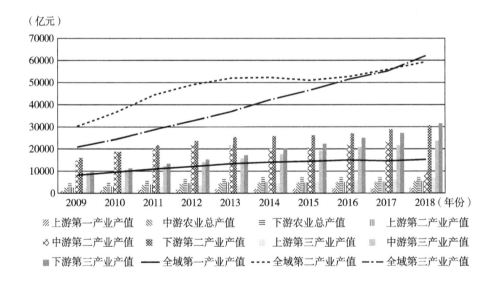

图3-1　2009~2018年黄河流域全域及各流域三次产业情况

资料来源：黄河流域69个城市的统计年鉴（2009~2018年）。

---

[1]　数据来源于黄河流域69个城市的统计年鉴，笔者查询汇总后得到。

（一）经济总量增长促进产业升级和用地结构变化

经济增长是土地利用变化的主要动力之一，进入 21 世纪以来，黄河流域各城市的经济建设发展迅速，GDP 由 2009 年的 55622.00 亿元增加到 2018 年的 129981.99 亿元，其中，第一、第二、第三产业对 GDP 的贡献率分别从 2009 年的 14.66%、54.49%、37.53% 转变为 2018 年的 11.72%、45.68%、47.80%。[①]第三产业经济贡献率增长迅速，经济结构逐步从工业占主导地位演变成第三产业占主导地位，同时产业结构的调整也带动了耕地的减缩与建设用地的扩张。2018 年黄河流域 69 个城市的建设用地面积比 2009 年增长了 7300.66 平方千米。

为了后期对黄河流域进行分流域分析，本章将黄河流域流经的青海（8 个城市）、四川（2 个城市）、甘肃（10 个城市）和宁夏（5 个城市）划分为黄河流域的上游，将内蒙古（7 个城市）、山西（11 个城市）、陕西（8 个城市）划分为黄河流域的中游，将河南（9 个城市）与山东（9 个城市）划分为黄河流域的下游。可以发现，从行政区划面积观察，上游土地面积 1206550.13 平方千米，中游 835225.00 平方千米，下游 147209 平方千米。[②]尽管上游和中游的城市个数和土地面积均大于下游，但是无论是第一产业产值还是第二、第三产业产值，始终是下游>中游>上游，因此，从经济发展角度观察，黄河流域的下游相对发达。在人均国内生产总值方面，2019 年全国人均生产总值是 70892 元，黄河流域九省区均低于平均水平（见表 3-2）。与发展迅速的长三角以及珠三角地区相比，沿黄省份的地区生产总值偏低，经济综合实力较弱。

表 3-2　2019 年黄河流域地区经济生产力水平

地区	地区生产总值（亿元）	生产总值全国占比（%）	比上年同期增长（%）	年末城市常住人口（万人）	人均生产总值（元）
青海	2966.0	0.30	6.3	609	48981
四川	46615.8	4.70	7.5	8375	55774
甘肃	8718.3	0.88	6.2	2647	32995
宁夏	3748.5	0.38	6.5	695	54217
内蒙古	17212.5	1.74	5.2	2540	67852
陕西	25793.2	2.60	6.0	3876	66649

①② 数据来源于黄河流域 69 个城市的统计年鉴。

地区	地区生产总值 （亿元）	生产总值全国 占比（%）	比上年同期 增长（%）	年末城市常住 人口（万人）	人均生产 总值（元）
山西	17026.7	1.72	6.2	3729	45724
河南	54259.2	5.48	7.0	9640	56388
山东	71067.5	7.17	5.5	10070	70653

资料来源：Wind 数据库。

（二）固定资产投资加速建设用地增长

固定资产投资是拉动经济增长的一个主要因素，黄河流域 69 个城市中 35 个是资源型城市，据统计，所有城市的经济增长动力主要来源于固定资产投资。2009~2018 年黄河流域固定资产投资额增加了 1227.27 亿元。[①] 固定资产投资主要用于社会公共设施建设，一方面带动经济增长，另一方面可以提供更多的就业机会，使就业人口向城市中心聚集，城市规模逐步扩大，城市需要提供更多的居民住房满足就业人口的需求，同时交通、通信、各类服务、社会保障等行业被带动起来，建设用地需求加大。

二、人口就业

人是土地资源开发利用的主体，人口数量、结构及分布决定了区域内的人地关系，人口质量的提高则对区域土地生态环境提出了更高要求；城市公共设施、绿化等用地需求增加，年轻型人口结构的城市居住用地面积增加；城镇化人口增多会导致产业结构转移，从业结构发生变化。

黄河流域上游处于"胡焕庸线"以西，中下游处于"胡焕庸线"以东，因此人口密度整体为上游低、中游次之、下游高。2009~2018 年黄河上游和中游的人口密度基本保持不变，中游甚至出现些许下降，主要是年轻人口流出所致，但下游则出现人口密度上升，10 年共增长了 72.65 人/平方千米（见图 3-2）。与 2018 年全国人口密度 145 人/平方千米相比较[②]，仅上游低于平均水平，中下游均高于平均水平，特别是下游，人口密度是全国平均水平的 5 倍。

---

① 数据来源于黄河流域 69 个城市的统计年鉴。
② 2010-2018 年全国总人口及人口密度数据统计表［EB/OL］．［2020-05-26］．http：//data. chinabaogao. com/hgshj/2020/0526494b02020. html.

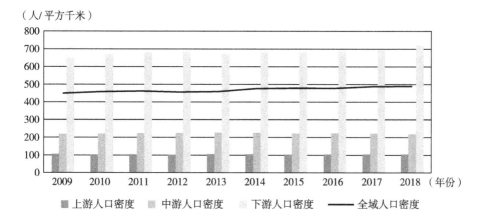

图 3-2　2009~2018 年黄河流域人口密度分区域情况

资料来源：Wind 数据库。

从第二、第三产业就业总人数指标观察，2009~2018 年黄河流域城镇就业人数增加了 525.47 万人，其中上游增加了 78.62 万人，中、下游分别增加了 223.00 万人、223.85 万人。[①] 随着就业人口的增多，城市城镇化发展水平也逐年提升，从黄河流域 69 个城市的平均人口城镇化水平分析，由 2009 年的 33.17% 增长到 2018 年的 35.46%（见表 3-3）。受城镇化影响，各城市的工业、交通等用地增加，引起土地利用变化和碳排放的增加，由于人口变化是一个连续性的过程，而土地变化是阶段性过程，所以人口变化对土地利用的影响形成累积效应。这里主要考虑人口变化对建设用地和就业情况的影响。可以看出，2012~2015 年城镇化水平快速提升，同时建设用地面积增加也较快。

表 3-3　2009~2018 年黄河流域城市常住人口、平均城镇化水平及
建设用地面积变化情况

年份	常住人口（万人）	平均城镇化水平（%）	建设用地面积（平方千米）
2009	20244.30	33.17	62866.67
2012	20866.80	34.11	66218.67
2015	21207.49	36.53	69202.00
2018	21619.71	35.46	70167.33

资料来源：Wind 数据库。

---

① 数据来源：Wind 数据库。

三、社会科技发展

科技进步可以在一定程度上改善人类对土地数量的需求，但是对土地利用的质量则提出了更高的要求；科技进步可以改变生产条件，提高土地的生产能力，改善自然生态环境，影响人类社会发展和进步。

（一）科技进步对土地利用的影响

与土地利用有关的科学技术主要体现在生物技术、工程技术、节水技术上。生物技术的运用可以增加粮食产量；工程技术则通过平整土地，优化灌溉、排水条件等优化土地利用结构，增加有效耕地面积，提高农业、生态土地利用率，改善农业基础设施条件；节水技术的使用可以有效缓解流域内水资源紧张的局面，缓解各地人、畜、田用水矛盾；各类技术还可以有效解决矿山生态破坏问题、流域水土保持问题等。

（二）依托城市群构建产业发展助推经济新增长

城市群是未来区域竞争的主要载体，也是区域经济新增长点。黄河流域七大城市群总面积 89.8 万平方千米，由西向东，兰西城市群地处青藏高原、黄土高原和蒙古高原的交界地，是西北地区的交通枢纽，也是我国新能源和化工产业基地；宁夏沿黄、呼包鄂榆、晋中三个城市群主要分布在黄河及其主要支流——汾河周边，以煤炭、石油、电力和重化工业为主，由于地理位置的重要性，其水土治理至关重要；关中平原、中原和山东半岛三大城市群地处平原腹地，且包含国家中心城市、特大城市西安、郑州，以传统加工制造业和现代服务业为主。相比较而言，地处平原的关中平原、中原和山东半岛三大城市群人口规模较大，而依靠重化工业发展的呼包鄂榆城市群经济发展水平较高。七大城市群 GDP 约占黄河流域九省区总量的 66.5%，也排放了黄河流域 70% 以上的污染。虽然这些城市群在经济结构、产业结构及城市人口规模等方面有所不同，经济发展也存在较大的差异，但城市群内经济发展的不平衡性和经济的互补性，是带动城市群区域经济协同发展、增强内部凝聚力的重要因素，同时城市群的发展也极大提升了内部城市的城镇化水平。

2020 年 1 月 3 日，中央财经委员会第六次会议研究黄河流域生态保护和高质量发展问题时提出：突出建设黄河"几"字弯都市圈。这是由于宁夏、内蒙古、山西缺乏特大城市的引领，一方面都市圈可以增强省会城市的辐射带动作用，另一方面黄河"几"字弯城市连绵区可以加速黄河流域基础设施一体化建设。

四、生态环境与城市空间

自国家实施西部大开发战略以来，黄河流域各城市以"建设祖国北方重要的生态防线"为目标，相继实施了退耕还林工程、草原生态保护工程、矿山开采区治理工程及各类修复工程等。但受自然和人为双重因素影响，黄河流域生态环境的脆弱性依旧严重，2018 年，黄河流域九省区水土流失面积 124.38 万平方千米，占全国水土流失面积的 45.45%。黄河流域各省区每年都会投入生态治理专项资金用于水土流失治理，以内蒙古为例，"十一五"期间，全区累计投入生态建设资金 322.8 亿元；"十三五"时期，全区累计投入 2.9 亿元用于草原生态修复，加强了草原保护和沙地沙漠治理，新增水土流失和湿地综合治理面积 216 万公顷[①]。表 3-4 列出了黄河流域内较大工程的生态治理政策及实施地区。

表 3-4 黄河流域生态保护政策

时间	政策	实施地区（范围仅限于黄河流域）
2011~2020 年	天保二期工程	陕西/甘肃/青海/宁夏/内蒙古/山西/河南
2014~2020 年	新一轮退耕还林还草工程	陕西/甘肃/宁夏/内蒙古/山西
2016~2020 年	草原生态保护工程	山西/内蒙古/甘肃/宁夏/陕西
2014~2020 年	矿山开采区治理工程	山西/陕北/渭北/宁东
2016~2020 年	农业湿地保护与修复工程	山东（东营/滨州/德州/淄博）
2016~2020 年	山水林田湖草生态保护修复国家试点工程	山西（忻州/太原/吕梁/晋中/临汾/运城）/山东（泰安）/宁夏（石嘴山/银川/中卫）

五、粮食安全与乡村治理

黄河流域是我国的主要粮食生产区，2018 年，黄河流域九省区农作物播种面积占全国农作物播种面积的 34.62%，粮食总产量实现 23268.90 万吨，占全国粮食总产量的 35.37%（见表 3-5）。受土地类型影响，内蒙古的河套平原、河南的关中平原和山东的黄淮海平原是黄河流域的主要产粮地。

---

① 徐进才．内蒙古土地资源利用［M］．呼和浩特：内蒙古人民出版社，2016.

表 3-5　2018 年黄河流域粮食生产状况

指标	黄河流域	全国	占比（％）
农作物播种面积（平方千米）	57441.10	165902.40	34.62
粮食播种面积（平方千米）	42171.60	117038.20	36.03
粮食产量（万吨）	23268.90	65789.20	35.37

资料来源：张廉，段庆林，王林伶.黄河流域生态保护和高质量发展报告（2020）［M］.北京：社会科学文献出版社，2020.

　　黄河流域结合"产业兴旺、生态宜居、乡风文明、治理有效、生活富裕"的总体部署，积极推进农业增效，关注生态建设与生态旅游发展。例如，青海的畜牧业发展使得全省肉类总产量从 2012 年的 29.25 万吨增长至 2018 年的 36.53 万吨，奶类总产量从 2012 年的 28.24 万吨增长至 2018 年的 33.50 万吨[①]；宁夏大米成为地理标志性农产品；山东粮食总产量从 2012 年的 4815.8 万吨增长到 2018 年的 5319.5 万吨（张廉等，2020）；黄河"几"字弯地区开展老牛湾国家地质公园、黄河大峡谷等生态旅游景区建设等；陕西99.7%的村庄开展了清理村庄生活垃圾、清理村庄沟塘、清理农业生产废弃物，改变影响农村人居环境的不良习惯（"三清一改"）等[②]。这些成果都为黄河流域乡村振兴战略的实施奠定了基础，农民可支配收入逐年提高，乡村环境有效改善。

第二节　土地利用现状

一、土地利用结构现状

　　2017 年，黄河流域 69 个城市土地总面积为 218.3 万平方千米，占全国土地总面积的 22.74%。其中，耕地面积 247555.37 平方千米，占土地总面积的 11.34%，园地面积 18009.34 平方千米，林地面积 370423.34 平方千米，草地面

---

　　① 借鉴陕西、宁夏发展经验　推动江苏乡村振兴走在全国前列［J］.江苏农村经济，2018（10）：6-9.

　　② 参见陕西省统计局发布的《实施农村人居环境整治　建设生态宜居美丽家园——我省农村人居环境整治工作进展情况调查报告》。

积 942788.00 平方千米；建设用地中交通运输用地面积 16373.32 平方千米，城镇村及工矿用地面积 54026.06 平方千米；其他土地面积 217164.00 平方千米（见表 3-6）。

表 3-6　2017 年黄河流域 69 个城市的土地利用类型结构

土地利用类型	面积（平方千米）	比重（%）
耕地	247555.37	11.34
园地	18009.34	0.82
林地	370423.34	16.96
草地	942788.00	43.17
交通运输用地	16373.32	0.75
城镇村及工矿用地	54026.06	2.47
水域及水利设施用地	60041.99	2.75
其他土地	217164.00	9.92

资料来源：自然资源部门户网站。

黄河流域土地利用类型结构显示，出于历史、自然条件、民族风俗及国家政策定位（国家北方生态防线建设）等种种原因，黄河流域土地利用结构仍然以草地为主，占全域土地总面积的 43.17%，得天独厚的草地资源优势是发展草原畜牧业的主要物质基础，因此，畜牧业在黄河流域的国民经济中依旧占有举足轻重的地位，草原畜牧业也依旧是黄河流域的优势产业；保护草地资源，更是国家北方生态防线建设的必然选择。林地、耕地和其他土地次之，其他土地的主要类型是沙地和裸地，还存在可以治理和利用的空间。

从土地利用类型演变的角度来说，1970~2015 年，增长迅速的是城镇村及工矿用地和交通运输用地面积，2015 年两者的面积几乎是 1970 年的 2.92 倍。划分时间阶段来看，1970~1995 年和 1996~2015 年，这两类土地利用类型分别增长了 0.82 万平方千米及 0.76 万平方千米。与之相反的是，1995~2015 年耕地面积下降了 1.20 万平方千米。城镇村及工矿用地和交通运输用地面积的迅速增加以及耕地面积的减少，说明伴随着城镇化水平的不断提升，特别是近些年黄河流域的生产生活用地需求的增加，土地供需之间的矛盾越来越突出。

表 3-7 是按照流域划分城市后黄河流域的土地利用情况，可以发现中游城市的耕地面积最大，下游最小；虽然中游城市的城镇村及工矿用地最多，但平均到

每个城市，则数下游城市的城镇村及工矿用地最多，说明下游的建设用地占比最高；林地、草地主要集中在上游地区。

表 3-7   2017 年黄河流域土地利用情况   单位：平方千米

流域	耕地	林地	园地	草地	交通运输用地	城镇村及工矿用地	水域及水利设施用地	其他土地
上游	73193.38	193154.67	3122.67	622838.00	4274.65	12043.34	34323.33	115272.00
中游	104271.34	155276.67	11952.00	314754.00	7258.67	21889.35	12389.33	97381.33
下游	70090.65	21992.00	2934.67	5196.00	4840.00	20093.37	13329.33	4510.67

资料来源：自然资源部门户网站。

二、土地利用问题

（一）耕地保护面临数量与质量的双重压力

黄河流域是全国的重要粮食生产区，随着工业化和城镇化进程日益加快，各类项目建设与城市扩张不可避免地占用耕地；环境保护、生态建设促进"不稳定"耕地优化退出利用等，在保护数量的同时，随着国家对粮食生产区农田水利建设、土地整理开发投资力度的加大及政策的倾斜，提高耕地质量与产能的任务十分紧迫。2018 年，黄河流域内 69 个城市的农林牧渔业产值总额为 15238.66 亿元，上游、中游、下游分别为 2311.36 亿元、5383.46 亿元、7543.84 亿元[①]，受气候与土壤质量影响，上游、中游的农业用地产能较低，提高农业用地质量势在必行。

（二）建设用地需求压力增大

黄河流域横跨中国西、中、东三大地区，特殊的地理位置也是东部产业向中西部转移和西部资源向东部输送的通道及枢纽，在推进西部大开发战略实施的背景下，保障城镇化和工业化的统筹发展，加大基础设施建设力度，推进社会主义新农村建设，发展大产业，培育大集团，建设大基地，形成大集群，促进产业升级等方面需要土地的支撑。同时，随着我国加快建设国家能源基地、化工冶金建材基地、农畜产品生产加工基地、装备制造业基地及交通枢纽，建设我国重要的客流、物流、资源汇集、中转输配中心，推动西气东输、国家干线公路、铁路客运专线、输油管道、电网等国家重点项目实施等，各项建设用地需求将面临巨大的压力。

———————————

① 数据来源于黄河流域 69 个城市的统计年鉴，笔者查询汇总后得到。

（三）土地利用效率低下

黄河流域上游、中游土地利用水平一直很低，从农业用地看，地均投入不足，土地使用相对粗放，土地产出能力较低。从非农用地看，一是城镇规模总体偏小，城镇用地内部结构和布局不尽合理，工业用地比重偏高，待改造的老城区面积较大；二是农村居民点布局分散，人均用地超标；三是建设用地投资强度不足，较长三角和珠三角发达地区存在较大差距；四是建设用地容积率偏低，低效用地、闲置用地现象仍然存在，促进集约节约用地任务比较艰巨。

（四）碳减排压力大

黄河流域是我国气候变暖显著的地区之一，尽管我国"十二五"期间的碳排放目标超额完成，但是由于产业结构重型化、能源结构高碳化等特征短期内难以改变，所以碳排放总量依旧持续增长。工业、交通、建筑、商业等行业及农村、土地等重点领域控制碳排放工作依然任重道远。

第三节　黄河流域土地利用转型图谱分析

土地利用图谱可以通过图谱单元记录土地利用变化的时空复合信息，具有空间和时序的复合特征（于元赫等，2019）。根据《土地利用现状分类（GB/T21010-2007）》，将黄河流域土地利用类型划分为耕地、林地、草地、水域、建设用地和未利用地6类，分别用1、2、3、4、5、6编码设置。考虑到土地利用转型主要分为转入与转出两类，假设转出的土地类型是A，转入的土地类型是B，采用ArcGIS对两期土地利用数据进行叠加分析，合成后的地类被命名为C（=10A+B），则合成后的土地利用图谱地类C认为是由A类土地转出并转入B类的土地，因此，采用栅格数据的地图叠加运算可以得到两个时期的土地利用转移图谱。

为了更好地说明土地利用变化情况，用土地利用变化比率与土地利用动态度进行描述，其计算公式分别为：

$$V_{ij} = P_{ij} / \sum_{i=1}^{n} \sum_{j=1}^{n} P_{ij} \times 100\% \, (i \neq j) \tag{3-1}$$

$$D_{ij} = \left[\frac{\sum_{i=1}^{n} \Delta P_{ij}}{2 \sum_{i=1}^{n} P_i} \right] \times \frac{1}{T} \times 100\% \tag{3-2}$$

其中，V_{ij} 和 D_{ij} 分别表示土地利用变化比率与土地利用动态度，P_{ij} 表示初期 i 类土地转为末期 j 类土地的面积，P_i 表示初期第 i 类土地利用类型的面积，n 表示土地利用分类数，T 表示研究时段的年数。

一、土地利用数量结构转型

分别选取 2009 年、2014 年和 2018 年全球土地覆盖数据 MCD12Q1 V6，分离出黄河流域土地利用遥感图像数据，空间分辨率为 500 米，提取流域内 69 个城市的土地利用数据，其变化特征如表 3-8 所示。

表 3-8　黄河流域土地利用转移矩阵　　　　　单位：平方千米

阶段	土地利用类型	年份	耕地	林地	草地	水域	建设用地	未利用地
					2014 年			
2009~2014 年	耕地	2009	250615.58	3736.22	6027.74	0.62	496.67	23.03
	林地		2282.76	184023.92	4557.70	0.00	45.86	8.42
	草地		11816.86	11781.01	1096491.15	56.53	161.35	6122.14
	水域		0.00	0.00	79.68	12238.13	0.00	463.91
	建设用地		0.00	0.00	0.00	0.00	22111.74	0.00
	未利用地		7.76	217.64	8733.45	635.81	4.05	517022.24
					2018 年			
2014~2018 年	耕地	2014	254028.10	816.14	7476.29	0.00	0.00	0.82
	林地		5103.57	194898.07	13796.48	0.00	0.00	393.89
	草地		5112.50	3915.07	1088271.63	47.33	0.00	11197.42
	水域		0.00	0.00	69.19	12645.42	0.00	471.61
	建设用地		471.24	102.94	329.05	0.00	22819.66	2.52
	未利用地		3.27	23.92	5932.04	238.53	0.00	511597.36
					2018 年			
2009~2018 年	耕地	2009	243228.60	8349.49	8150.30	2.60	1128.24	46.57
	林地		2435.10	183075.74	5289.76	0.00	104.97	14.90
	草地		16640.21	22189.64	1079063.94	110.86	376.37	8045.96
	水域		0.00	0.00	112.33	12129.30	0.19	539.69
	建设用地		0.00	0.00	0.00	0.00	22111.74	0.00
	未利用地		19.89	584.25	15936.16	943.27	7.54	509221.79

黄河流域内面积最大的用地类型是草地，占地面积 1115874.69 平方千米，大约占黄河流域内 69 个城市行政区划面积的 50%，其次是未利用地，占地面积 523663.62 平方千米，大约占黄河流域内 69 个城市行政区划面积的 24%，这也恰好反映了黄河流域的高原及丘陵特征。黄河流域自西向东地势逐步平缓，而且高低相差悬殊，形成了三个地势阶梯。青藏高原是三大阶梯中最高一级，平均海拔 4500 米，继续向东地势骤降，进入平均海拔 3000 米的第二阶梯，越过滇东高原后形成了第三阶梯，平均海拔 1000 米，受地势和气候影响，第一、第二阶梯的主要用地类型就是草地和未利用地。

　　为了分析不同时期土地利用的转化规模与转化方向，表 3-8 将研究时期划分为两个阶段。2009～2014 年转出面积最大的土地利用类型是草地，土地利用变化比率为 52.28%，且主要转为耕地与林地，其次是耕地，约占总转出土地面积的 17.96%；转入面积最大的土地利用类型也是草地，土地利用变化比率为 33.88%，且主要是由未利用地和耕地转入的，其次是林地，约占总转入土地面积的 27.48%，说明在此期间未利用地开始被重视，并逐步开发为草地和耕地。2004 年国务院发布《关于深化改革严格土地管理的决定》，2009 年国土资源部发布《关于全面实行耕地先补后占有关问题的通知》和《关于加强占补平衡补充耕地质量建设与管理的通知》等，要求"各类非农业建设经审批占用耕地的，建设单位必须补充数量、质量相当的耕地，补充耕地的数量、质量按等级折算，防止占多补少、占优补劣"，且实行"先补后占"政策，耕地占补平衡政策进入数量质量平衡阶段，所以将质量相对较好的草地转变为耕地以弥补建设用地的扩张。同时，为了开展生态保护与建设，开垦未利用土地为草地，转变土地利用结构。2009～2014 年，耕地、林地、草地转为建设用地总计 703.42 平方千米，土地利用变化比率仅为 1.23%，说明这个时期黄河流域的建设用地扩张并不严重。

　　2014～2018 年转出面积最大的土地利用类型依旧是草地，转出面积 27603.06 平方千米，土地利用变化比率为 49.73%，且主要转为林地与耕地；转入面积最大的土地利用类型也是草地，转入面积 20272.32 平方千米，土地利用变化比率为 36.52%，且主要由未利用地转入。说明在此期间，未利用地转为草地后转为林地是主要方向，未利用地得到有效利用。2014 年 2 月国土资源部发布《关于强化管控落实最严格耕地保护制度的通知》，建立了耕地保护长效机制，随后又提出了以补充耕地和提质改造耕地相结合的方式（补改结合）落实耕地占补平衡政策。然而，由于城镇化和工业化进程的加快，这个时期的耕地和草地都出现了下降，耕地减少 2397.32 平方千米，草地减少 7330.74 平方千米，耕地、林地、草地共转入建设用地 1609.77 平方千米，土地利用变化比率为 1.77%，转入面积较前一阶段有所增加，说明这个时期黄河流域的建设用地开始迅速扩张，耕地保护政策并不十分有效。

最后整体分析 2009~2018 年的土地利用转移情况，转出面积最大的土地利用类型是草地，面积约 47363.03 平方千米，土地利用变化比率为 52.03%；转入面积最大的土地利用类型是林地，面积约 31123.38 平方千米，土地利用变化比率为 34.19%，9 年时间耕地、林地、建设用地面积实际分别增加 1418.00 平方千米、23278.65 平方千米、1617.31 平方千米，而草地、未利用地面积分别减少了 17874.49 平方千米、8843.98 平方千米，对比 2009~2014 年与 2014~2018 年两个时期，第一个时期耕地增加，第二个时期耕地减少。第二个时期对未利用土地的开垦要高于第一个时期，第一个时期建设用地年均增长 141.58 平方千米，第二个时期建设用地年均增长 226.44 平方千米。

从土地利用动态度分析，2009~2014 年和 2014~2018 年两个时期的耕地、草地年均变化速率相当，表明两个时期内工业化、城镇化对耕地、草地的"侵占"持续发展，前一个时期的林地变化速率高于后一个时期（见表 3-9），说明黄河流域内的退耕还林、植树造林等水土保持措施使得林地面积转出困难，因此年均变化速率减缓；而后一个时期的未利用变化速率高于前一个时期，说明伴随经济发展与人口增加，土地利用关注点开始向未利用土地开发转变。

表 3-9　黄河流域分阶段土地利用变化比率与土地利用动态度　　　单位：%

土地利用类型	土地利用变化比率			土地利用动态度		
	2009~2014 年	2014~2018 年	2009~2018 年	2009~2014 年	2014~2018 年	2009~2018 年
草地	52.28	49.73	52.03	0.33	0.31	0.26
林地	12.04	8.75	12.04	0.45	0.30	0.26
耕地	17.96	19.26	17.96	0.49	0.50	0.42
未利用地	16.76	21.74	16.76	0.23	0.29	0.21

二、土地利用转型图谱分析

如表 3-10 所示，2009~2014 年黄河流域具有时间异质性的图谱单元一共有 21 类，总面积 57259.21 平方千米，发生土地利用转移的土地面积仅为总面积的 2.68%。其中草地转为耕地面积最大，约 11816.86 平方千米，其次是草地转为林地，面积约 11781.01 平方千米，主要分布在宁夏的固原、中卫和定西境内。2014~2018 年黄河流域具有时间异质性的图谱单元一共有 20 类，总面积 55503.82 平方千米，发生土地利用转移的土地面积仅为总面积的 2.59%。其中草地转为林地的面积最大，约 13796.48 平方千米，主要分布在内蒙古的巴彦淖尔、呼和浩特、乌兰察布以及山西的大同、朔州和忻州一带；其次是未利用地转为草地，面积 11197.42 平方千米，草地转为耕地面积 7476.29 平方千米。

表 3-10　2009~2014 年、2014~2018 年黄河流域土地利用转型异质性图谱单元

时间段	编码	土地利用变化	面积（平方千米）	异质性变化比率（%）	累计变化比率（%）
2009~2014 年	34	草地→耕地	11816.86	20.64	20.64
	32	草地→林地	11781.01	20.57	41.21
	63	未利用地→草地	8733.45	15.25	56.46
	36	草地→未利用地	6122.14	10.69	67.16
	43	耕地→草地	6027.74	10.53	77.68
	23	林地→草地	4557.70	7.96	85.64
	42	耕地→林地	3736.22	6.53	92.17
	24	林地→耕地	2282.76	3.99	96.16
	61	未利用地→水域	635.81	1.11	97.27
	45	耕地→建设用地	496.67	0.87	98.13
	16	水域→未利用地	463.91	0.81	98.94
	62	未利用地→林地	217.64	0.38	99.32
	35	草地→耕地	161.35	0.28	99.61
	13	水域→草地	79.68	0.14	99.74
	31	草地→水域	56.53	0.10	99.84
	25	林地→建设用地	45.86	0.08	99.92
	46	耕地→未利用地	23.03	0.04	99.96
	26	林地→未利用地	8.42	0.01	99.98
	64	未利用地→耕地	7.76	0.01	99.99
	65	未利用地→建设用地	4.05	0.01	100.00
	41	耕地→水域	0.62	0.00	100.00
2014~2018 年	32	草地→林地	13796.48	24.86	24.86
	63	未利用地→草地	11197.42	20.17	45.03
	34	草地→耕地	7476.29	13.47	58.50
	36	草地→未利用地	5932.04	10.69	69.19

时间段	编码	土地利用变化	面积（平方千米）	异质性变化比率（%）	累计变化比率（%）
	43	耕地→草地	5112.50	9.21	78.40
	42	耕地→林地	5103.57	9.19	87.59
	23	林地→草地	3915.07	7.05	94.65
	24	林地→耕地	816.14	1.47	96.12
	61	未利用地→水域	471.61	0.85	96.97
	45	耕地→建设用地	471.24	0.85	97.82
	62	未利用地→林地	393.89	0.71	98.53
2014~	35	草地→建设用地	329.05	0.59	99.12
2018 年	16	水域→未利用地	238.53	0.43	99.55
	25	林地→建设用地	102.94	0.19	99.74
	31	草地→水域	69.19	0.12	99.86
	13	水域→草地	47.33	0.09	99.95
	26	林地→未利用地	23.92	0.04	99.99
	46	耕地→未利用地	3.27	0.01	99.99
	65	未利用地→建设用地	2.52	0.00	100.00
	64	未利用地→耕地	0.82	0.00	100.00

　　继续分析两个时间单元内土地利用结构的增长与减少情况。2009~2014 年，新增水域主要分布在黄河流域上游青海海西、玉树，新增林地主要分布在中游的内蒙古阿拉善南部与甘肃白银、宁夏中卫的北部，以及陕西宝鸡、甘肃平凉，山西东部也散落分布一些新增林地。比较而言，新增林地、草地主要分散在黄河流域的中游，这与国家推行的水土保持政策密切相关，黄河中游的主要问题是水土流失，种植乔木、灌木、草本可以有效达到固沟、护坡等目的，避免大量泥沙随黄河流失进入下游。新增耕地主要集中在宁夏固原、甘肃平凉和定西，以及山西运城、临汾和吕梁。新增建设用地主要集中在下游地区的城市，这与前面转移矩阵的结果相同。新增未利用土地主要集中在青海西部和内蒙古境内。2014~2018 年，新增水域依旧在上游的青海海西州境内，新增林地与草地主要分布在内蒙古的包头、阿拉善、乌兰察布，陕西的铜川、延安，山西的长治、晋城以及河南的洛阳、三门峡境内，可以发现，这些城市都是资源型城市。事实上，在国家经济发展转型过程中，这些资源型城市深刻认识到生态环境恶化带给城市的弊端，因此，各地纷纷响应国家号召，积极开展生态文明建设，保护生态环境，进行广泛

种植，建设生态宜居城市。新增耕地主要分布在内蒙古的巴彦淖尔以及甘肃的定西和天水，这两个地区恰好分别处于河套平原与关中平原，适宜开发耕地。新增建设用地主要分布在各省会城市内，例如呼和浩特、济南、太原、郑州、西安等，比较而言，下游城市的新增建设用地要多于上游、中游城市。但新增未利用地则集中在内蒙古的巴彦淖尔、乌兰察布以及青海的玉树和海西南部。

再观察两个时期的土地利用落势，2009～2014年减少的水域位于青海海西和玉树，减少的林地、草地则基本分布在黄河中游地区的内蒙古，甘肃平凉、定西和山西境内。2014～2018年减少的林地、草地面积没有大面积的连片区，而且相比前一阶段要少很多，这与前面土地利用转移矩阵结果相同（少3209.58平方千米），减少的耕地集中在关中平原地区，黄河上游、中游的宁夏、甘肃、内蒙古地段减少了很多未利用土地。另外，两个时期建设用地面积均处于扩张趋势。

第四节 能源消费现状

黄河流域横跨中国的西部、中部和东部，西部和中部地区土壤相对贫瘠，但矿产丰富，上游的水资源丰沛，中游的煤炭、风能、太阳能、天然气、稀土等各类资源充裕，下游的石油资源丰富，整个流域是国家重要的能源基地。例如内蒙古的蒙东和神东两个国家大型煤炭基地、山西的同煤和平煤两大集团等，而且流域内69个城市中有35个是资源型城市，因此黄河流域内城市具有得天独厚的能源消耗优势。为了直观显示，将黄河流域内城市按照所属省份计算平均能源消耗量，如图3-3所示。

2009～2018年黄河流域69个城市平均能源消耗量逐年提高，共增长了397.88吨标准煤，增长速度缓慢。如果以各省份为单位计算该省份内各城市2009～2018年的平均能源消耗量，四川2个城市的平均能源消耗量最低，陕西8个城市的平均能源消耗量最高。各省份平均能源消耗量由高到低排序依次为：陕西、山东、内蒙古、山西、河南、宁夏、甘肃、青海、四川。总体看，中游城市的平均能源消耗量最高，其次是下游城市，最后是上游城市。从平均能源消耗量的增长情况分析，2009～2018年增长最多的是陕西，增加了1182.65吨标准煤，河南增长最少，仅增加了13.16吨标准煤。细分到各个城市，2009～2018年，黄

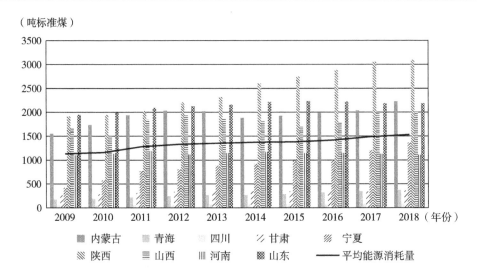

图 3-3　2009~2018 年黄河流域各省份平均能源消耗量

河流域 69 个城市中 58 个城市的能源消耗出现增加态势，11 个城市出现减少态势，陕西榆林增长最多，增加了 6674.52 吨标准煤，山东济南共减少 775.10 吨标准煤。而且能源消耗量减少的城市均分布在中下游，分别是内蒙古的呼和浩特、巴彦淖尔和阿拉善，陕西的铜川和咸阳，河南的郑州、洛阳与焦作，山东的济南、泰安与济宁。

由于黄河流域 69 个城市中有 35 个资源型城市、8 个省会城市，资源型城市的平均能源消耗为 1665.77 吨标准煤，非资源型城市为 1011.52 吨标准煤，省会城市的平均能源消耗为 2091.23 吨标准煤，非省会城市的平均能源消耗仅为 1245.30 吨标准煤，可见，资源型城市对能源的依赖大于普通城市，而省会城市由于人口规模、产业规模的扩大也大于非省会城市的能源消耗量。

第五节　土地利用碳排放现状

目前国内外测度土地利用碳排放的方法主要有三种，总结相关文献，本书借鉴《2006 年 IPCC 国家温室气体清单指南》（以下简称 "IPCC 指南"）中 "管理土地被用作借以确定人为源排放和汇清除的替代物" 的思想，根据该指南中的理念，土地利用碳排放主要由能源消费（建设用地）碳排放、土地利用（耕地、林地、草地、园地、水域、未利用地，也即除建设用地）碳排放两部分构成，下面将分别阐述：

第一，能源消费（建设用地）碳排放量测度。很多文献中都以能源消费碳排放直接代替建设用地碳排放，事实上，能源消费碳排放占建设用地碳排放的90%以上，尽管工业生产过程中的工艺流程不同也会导致不同的碳排放量，但由于所占比例较少，因此本书不予考虑。根据能源消耗计算建设用地的碳排放量采用以下公式：

$$CE_{energy} = \sum_{i=1}^{n} Q_{energy-i} \times C_{energy-i} \qquad (3-3)$$

其中，CE_{energy} 为不同种类化石能源消费碳排放总量，$Q_{energy-i}$、$C_{energy-i}$ 分别为第 i 种能源消费量和碳排放系数，系数参考 IPCC 指南里的中国碳排放系数值（见表3-11）。

表 3-11　不同类型能源消耗碳排放系数　　　　单位：吨/吨标准煤

能源	煤炭	焦炭	石油	原油	汽油	煤油	柴油	燃料油	液化石油气	天然气
碳排放系数	0.7669	0.8547	0.5854	0.5854	0.5571	0.5723	0.5913	0.6176	0.5035	0.4478

第二，土地利用（除建设用地）碳排放量测度。这部分的碳排放量是不包含建设用地的碳排放量，主要计算耕地、林地、园地、草地、水域和其他未利用地的碳排放量。具体计算公式如下：

$$CE_{land} = \sum_{i=1}^{n} A_{land-i} \times C_{land-i} \qquad (3-4)$$

其中，CE_{land} 为除建设用地以外的土地利用碳排放总量，A_{land-i}、C_{land-i} 分别为第 i 种土地利用面积和第 i 种土地利用方式的碳排放系数。这里的土地划分标准也遵照 IPCC 指南里的分类：耕地、林地、园地、草地、湿地（水域）、其他未利用地。具体系数值如表3-12所示，负值代表碳吸收。

表 3-12　除建设用地外其他土地利用类型碳排放（吸收）系数

单位：吨/公顷

土地类型	耕地	林地	园地	草地	湿地	其他未利用地
碳排放系数	0.4970	−0.5810	−0.7300	−0.0210	−0.0252	−0.0005

将以上两类碳排放值求和即可得到城市土地利用的碳排放总量，随后可以得到碳排放强度、人均碳排放量、地均碳排放量等各类序列数据。

一、黄河流域建设用地碳排放现状

在数据收集的过程中，黄河流域 69 个城市的 10 类能源消耗量大部分无法获取，因此，决定采用各省份统计年鉴中提供的各年份 10 类能源消耗量占总消耗量比例作为黄河流域当年该类能源的权重，然后与表 3-11 中的各类能源的碳排放系数值相乘，得到当年能源消耗总量的碳排放系数。

研究发现，黄河流域使用的主要能源是煤炭，占所有使用能源的 78% 左右，而且 2009~2018 年煤炭消耗量的占比呈现逐步缩小态势，同期使用占比减少的还有焦炭、石油和柴油。仅次于煤炭使用量的是焦炭、石油、原油，占所有使用能源的 5%~8%，而使用占比最少的能源是煤油和液化石油气，使用占比呈现递增态势。黄河流域这种能源消费结构说明流域内依然处于以不可再生能源利用为主的状态，且化石能源占比很大，大量煤炭使用会导致更多的温室气体排放，对生态环境的影响也更大。

经过计算得到黄河流域各年的综合碳排放系数，最后用该系数与各城市当年的能源消耗总量相乘得到各城市各年的建设用地碳排放量。从图 3-4 中可以发现，与黄河流域的能源消耗量逐年递增趋势相同，黄河流域建设用地碳排放总量也缓慢递增。

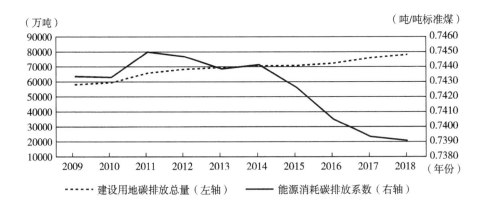

图 3-4 2009~2018 年黄河流域建设用地碳排放总量与能源消耗碳排放系数

二、黄河流域非建设用地碳排放现状

黄河流域地貌类型多样，上游以高原为主，因此草地居多，中游既有高原也有平原，林草地居多，下游则以平原为主，耕地面积相对较多。黄河流域内高原面积最大，约占土地总面积的 51.2%，山地次之，约占土地总面积的 20.8%，丘陵占 18.25%，平原占 8.5%，河流湖泊水面占 1.27%（张廉等，2020）。表 3-13 是 2009~2018 年黄河流域的土地利用类型结构，可以看出，出于历史、自然条件、民族风俗及国家政策等种种原因，黄河流域土地利用以草地为主，占建设用地以外其他土地总面积的 50% 以上，具有得天独厚的草地资源优势；其次是林地，约占除建设用地以外其他土地总面积的 20%，耕地面积占比略大于未利用地占比。

表 3-13 2009~2018 年黄河流域土地利用类型结构 单位：平方千米

年份	耕地	林地	园地	草地	水域	未利用地
2009	242422.00	372044.67	18732.67	945572.67	60538.00	217690.67
2010	242109.33	371823.33	18568.00	945244.00	60483.33	217676.67
2011	228229.62	371591.33	18494.67	944882.00	60424.00	248668.89
2012	226747.97	371333.33	18347.33	944528.67	60342.00	217420.67
2013	226761.14	404602.44	18207.11	1185974.00	79256.00	217332.67
2014	226573.78	481518.00	21826.00	1041753.33	66488.89	217314.67
2015	226824.16	370695.33	18070.67	943104.67	60145.33	217263.33
2016	227266.52	370423.33	18009.33	942788.00	60042.00	217164.00
2017	227523.58	370423.33	18009.33	942788.00	60042.00	217164.00
2018	227651.03	370423.33	18009.33	942788.00	60042.00	217164.00

资料来源：自然资源部门户网站。

如图 3-5 所示，利用式（3-4）计算出黄河流域非建设用地的碳排放情况。可以发现，其他各类土地的总碳排放量是负值，即其他各类土地处于碳吸收状态，而且 2014 年的碳吸收量最大，其余年份的碳吸收量基本相同。

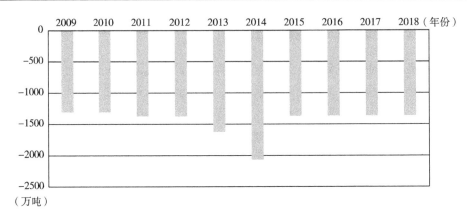

图 3-5　2009~2018 年黄河流域除建设用地外土地利用碳排放总量

第六节　相关成果：基于 CiteSpace 的中国土地利用研究知识图谱分析

一、引言

伴随社会经济与城市化的发展，人地矛盾日益突出，土地作为生产要素之一，相关研究由来已久。自生态文明的思想提出以后，土地利用相关研究内容也日渐丰富。而且，城市土地资源与粗放城市建设的矛盾，农村土地产权限制与农民对土地同权需求的矛盾，享受土地社会经济价值与共享土地生态带来的精神文明效益矛盾，均使得土地利用成为各学科学者们的研究热点。近几年，《中国土地科学》期刊每年初都会刊登上一年度国内外土地科学研究重点进展述评的文章，主要研究方向确定为土地资源管理、土地利用与规划、土地工程与信息技术等（林坚等，2017；胡振琪，2018；张清勇，2018）。为了更多地反映土地利用在新时期的研究热点与演化趋势，也为土地利用研究相关学科建设探索提供参考，尝试利用文献计量方法展开分析。借助 CiteSpace 分析软件，以可视化的方式对土地利用研究领域进行数据挖掘，从多元角度展现 2011~2019 年的发展进程和结构关系，明确土地利用研究领域的热点和演化趋势。

二、数据来源与研究方法

（一）数据来源

客观准确的基础数据是进行文献计量分析的前提，本节以科技文献数据库中国知网（CNKI）中国学术期刊网络出版总库中的 CSSCI 数据库作为国内数据的来源，为了反映土地利用在新时期的研究热点与演化趋势，选择主题"土地利用"进行文献检索，来源类别选择"CSSCI"，检索时间限定为 2011 年 1 月 1 日至 2019 年 12 月 31 日，剔除会议报道、政策解读、新闻、征稿通知、行业动态等相关文献，共获取有效文献记录 4597 篇，每篇文献信息均包含作者、篇名、来源期刊、关键词、摘要、机构、支持基金、发表日期等信息。

（二）研究方法

采用 CiteSpace 信息可视化软件进行计量分析，该软件是美籍华人陈超美教授基于 Java 程序开发并被广泛应用的可视化文献计量工具，它基于"共现聚类"的思想，通过提取特定学科文献中的信息单元，从研究强度、研究频率与研究趋势等角度对学科数据进行图表重构，以可视化知识图谱的形式展现研究热点和发展前沿等（陈悦、陈超美，2014）。CiteSpace 借助研究作者、机构、主题、关键词的节点、连线、知识网络结构、时区图等说明学科的研究重点和隐性递进模式，有助于研究人员了解学科发展趋势。

三、土地利用研究的文献计量分析

（一）发文时间分析

国内有关"土地利用"的研究自 1998 年开始，2010 年以前 CSSCI 数据库内的相关文献呈现递增趋势，2010 年以后开始趋于平稳。图 3-6 是 2011～2019 年土地利用研究 CSSCI 期刊文献数量分布情况，可以发现，除 2018 年以外，其他各年的文献量基本为 500～600 篇。预计未来一段时间文献产出量也会保持稳定，这是因为我国的土地政策自改革开放以后一直保持稳定，且今后很长时间内依旧保持稳定所致。

（二）发文作者分析

图 3-7 是通过 CiteSpace 软件分析 2011～2019 年国内土地利用研究发文作者的网络图谱（选择 g 指数为 25），共 479 个节点、375 条连线，网络密度为 0.0033，其中凸显作者是发文 15 篇以上的作者。从共现频次看，南京大学的黄

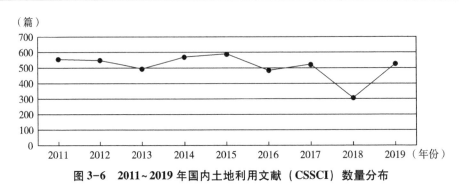

图 3-6　2011~2019 年国内土地利用文献（CSSCI）数量分布

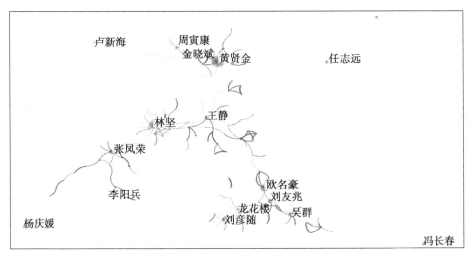

图 3-7　2011~2019 年国内土地利用研究作者网络图谱

贤金（46 篇）和北京大学的林坚（34 篇）是该领域的领军人物，前者的研究重点是土地利用与区域发展，先后对江苏省的耕地占补、工业企业集约用地、建设用地利用效率，以及城乡土地一体化市场对土地利用的影响进行了研究；后者则侧重土地利用空间规划和土地整治、土地发展权、土地资源管理等方面的研究。在作者合作方面，研究者们主要以单位合作为基础，如南京大学的黄贤金、周寅康、金晓斌团队，南京农业大学的欧名豪、刘友兆、吴群团队，中国科学院地理科学研究所的龙花楼、刘彦随团队，而北京大学的林坚和中国农业大学的张凤荣尽管研究力量较强，但独立性相对较高。下文根据普赖斯定律判断该学科某位作者成为核心作者需要的发文数量（普赖斯等，1984），公式为：

$$M_p = 0.749 \sqrt{N_{pmax}}$$

其中，N_{pmax} 是学科内作者发表论文的最大频次，M_p 是成为核心作者的最低发文数量，通过计算，得到 $M_p=5.08$，即 2011~2019 年围绕土地利用研究发表 5 篇以上高质量论文的作者都可以成为核心作者。利用 CiteSpace 表格统计功能对 4597 篇文献进行分析，发表论文 6 篇及以上的作者共 92 人，占文献总数的 27.18%，还未超过该学科 1/3 的文献量，且不存在中心度大于 0.1 的作者节点，这主要是由于分析时间较短且仅涵盖 CSSCI 数据库所致，同时说明土地利用研究当前依然处于百家争鸣的阶段。表 3-14 是按照发文篇数排名前 20 的核心作者。

表 3-14　2011~2019 年土地利用研究发文篇数前 20 的核心作者

序号	篇数	中心性	核心作者	序号	篇数	中心性	核心作者
1	46	0.02	黄贤金	11	19	0.09	王静
2	34	0.01	林坚	12	18	0	张安录
3	28	0.06	欧名豪	13	18	0	冯长春
4	26	0	周寅康	14	18	0	杨庆媛
5	24	0.02	吴群	15	18	0.02	刘友兆
6	22	0	吴次芳	16	17	0	卢新海
7	21	0.01	刘彦随	17	15	0	陈银蓉
8	20	0.04	张凤荣	18	15	0	李阳兵
9	19	0.03	龙花楼	19	15	0	任志远
10	19	0.01	金晓斌	20	13	0.03	冯广京

（三）发文机构分析

图 3-8 是土地利用研究发文机构网络图谱（选择 g 指数为 25），共有 454 个节点、574 条连线，网络密度为 0.0056，图 3-8 中每一个节点代表一个研究机构，节点之间的连线代表机构之间的学术合作关系，连线的粗细则代表学术合作的强度。图谱显示土地利用研究方面的发文相对集中，机构之间的合作情况较多，涉及的主要学科除土地科学以外还包含地理、环境、农学、城市规划、公共管理等。主要研究机构既有高校也有研究所、规划院等，其中中国科学院地理科学与资源研究所（256 篇）、中国科学院大学（173 篇）、南京大学地理与海洋科学学院（141 篇）、北京大学城市与环境学院（136 篇）、南京农业大学公共管理学院（117 篇）、中国土地勘测规划院（97 篇）、中国农业大学资源与环境学院（63 篇）、中国科学院研究生院（60 篇）、华中农业大学公共管理学院（55 篇）、中国地质大学（北京）土地科学技术学院（53 篇）、南京农业大学土地管理学院（52 篇）、南京师范大学地理科学学院（52 篇）、中国科学院南京地理与湖泊研

究所（51 篇）13 个机构的发文量都超过了 50 篇。

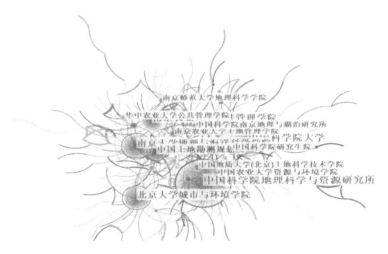

图 3-8　2011~2019 年国内土地利用研究机构网络图谱

四、土地利用研究热点及演化趋势分析

（一）关键词聚类分析

关键词是一篇文章的高度概括，能够从某个角度反映文章的主要内容或主要方法，利用 CiteSpace 进行关键词聚类分析，能够找出 2011~2019 年土地利用研究的热点和演化趋势。本节采用 LLR 对数似然算法对关键词进行聚类计算（见图 3-9），网络裁剪方式为 Pathfinder，且勾选"裁剪分区的网络"。图谱中反映网络聚类效果的模块值 Q=0.8188（Q>0.3 表示聚类的网络结构显著），聚类平均轮廓值 S=0.6827（S>0.5 表示聚类是合理的），说明聚类类别合理、聚类效果显著。按照聚类的文献量排序，一共得到 15 个聚类名称，考虑到"城镇化"与"城市化"意思相同，"土地利用规划"与"土地规划"意思接近，"工业用地"属于"建设用地"，所以手动合并后呈现 22 个高频关键词，如表 3-15 所示。可以发现，中介中心性超过 0.1 的关键词有：中国、GIS、土地集约利用、新型城镇化、生态系统服务价值、空间规划、土地利用规划、多规合一、综述，同时也是该方向研究和关注的重点。其中，土地管理、多规合一、建设用地、碳排放是该方向经常关注的对象，影响因素、驱动力、景观格局、土地利用效率则是该方向的主要外延研究。而且，土地利用研究与国家的宏观政策密切相关，2013 年新型城镇化的提法开始出现在土地利用研究相关文献中，2014 年中共中央和国

务院正式印发了《国家新型城镇化规划》，自此以"新型城镇化"为关键词的土地利用研究高频出现。

图 3-9　2011~2019 年国内土地利用研究关键词共现网络图谱

表 3-15　2011~2019 年国内土地利用研究高频关键词

序号	篇数	中心性	关键词	序号	篇数	中心性	关键词
1	688	0.06	土地利用	12	56	0.23	新型城镇化
2	166	0.05	城市化	13	56	0.06	驱动力
3	148	0.09	建设用地	14	55	0.05	土地利用效率
4	146	0.14	土地利用规划	15	53	0.09	土地资源
5	140	0.07	土地利用变化	16	48	0.08	碳排放
6	101	0.06	土地管理	17	48	0.22	综述
7	90	0.36	土地集约利用	18	48	0.06	集约利用
8	89	0.58	中国	19	44	0.23	生态系统服务价值
9	88	0.50	GIS	20	42	0.16	空间规划
10	85	0.09	景观格局	21	41	0.08	土地整治
11	84	0.02	影响因素	22	40	0.13	多规合一

综合分析关键词共现结果与其具体文献内容可以总结 2011~2019 年土地利用研究的主要内容有：

第一，土地利用评价研究（#0 土地利用、#2 土地、#4 土地利用方式、#13 环境影响评价）。土地利用评价一直是国内学者们的研究热点，从土地集约利用评价（周伟等，2011）、土地承载力评价（石岩等，2015）、土地可持续利用评价（李修峰、周丁扬，2019）、土地利用效率评价（杨奎等，2018）细化到土地利用协调度评价（李雪婷、师学义，2018）、土地利用空间均衡度评价（卞凤鸣等，2015）、土地利用规划环境影响评价（盛中华等，2017）、土地利用生态效应评价（林坚等，2017）、土地生态安全评价（蒙吉军等，2011）等，学者们不仅在不同区域尺度进行评价研究，研究方法也不断推陈出新，综合指数评价法、模糊物元模型、DEA 方法、协调度模型、聚类分析法、DPSIR 模型被经常使用到土地利用评价中，还有学者利用土地利用变化模型模拟不同情景下土地利用的优化路径（杨剩富等，2013）。总之，土地利用评价已经不局限于土地利用/覆被变化的研究，土地利用多功能评价成为发展趋势，如何更好地权衡土地各类功能，协同城市化、城市圈建设，使有限土地资源得到高效利用成为各区域研究的发展趋势。

第二，土地资源配置与管理（#3 武汉城市圈、#14 土地制度）。学者们采用政策分析法，提出建立开放、竞争、统一、有序的土地市场是推进土地资源配置、提高土地利用效率、实现土地资源高效管理的重大战略举措（郑振源、黄晓宇，2011；郑振源，2012）。通过构建土地资源配置效率损失模型探讨土地资源配置过程中的效率损失测算与优化途径选择（李辉、王良健，2015），提出采用主体功能区战略实现土地资源空间配置，厘清中央与地方土地事权关系，差别实施政策制度（陈磊、姜海，2019）。探究城市圈土地资源诅咒空间差异及其传导机制，继而提出土地差别化管理的政策建议（文兰娇、张安录，2013）。

第三，土地利用空间相关及规划研究（#1 遥感、#8 空间自相关、#6 农户、#9 地理探测器、#11 空间规划）。土地利用的空间相关研究多来自土地利用效率评价及影响因素、驱动力等，研究区域涵盖市（赵丽红等，2015）、省（陈真玲，2017）、城市圈（陈丹玲等，2018）等，研究方法多采用莫兰指数模型、空间杜宾模型、空间分异模型、空间回归分析等空间相关分析方法。土地利用空间规划研究中，"多规合一"成为研究热点，学者们从行为主体博弈的视角进行城市规划与土地利用规划的融合研究（冯健、苏黎馨，2016），探索"多规合一"

需要建立的央地关系、部门职责和市场机制等（林坚、乔治洋，2017），构建"1+X"的空间规划体系，优化"三生"作为空间规划的核心任务，严守"三条底线"，实施"自然资源空间管制"和"国土综合整治"（严金明等，2017）。探索实践方面，各级村域、县域、市、省都开始尝试不同角度的空间规划方案（李晓青等，2019；夏方舟等，2019；张骏杰等，2018；邱衍庆、姚月，2019；叶丽丽等，2018），丰富了土地利用空间规划研究内容。此外，在乡村振兴背景下，村级规划研究成为学者们的研究趋势，关注农村土地利用规划空间布局，农村集体建设用地的发展权和用益物权等。

第四，土地利用生态保护问题研究（#5 生态文明、#7 气候变化、#12 土壤侵蚀）。伴随国家生态文明建设的推进，土地生态也成为该学科领域学者们的研究热点。从研究内容看，主要集中在土地生态补偿（丁振民、姚顺波，2019）、土地生态安全（黄木易等，2019）、生态服务价值（李云燕等，2019）、生态环境效应（陈万旭等，2019）、土地利用碳排放（张俊峰等，2014；丁宝根等，2019）等方向。从土地利用转移视角，学者们开始运用经济学理论、环境管理学方法研究生态补偿机制、生态安全、生态服务价值评价等，关注土地利用结构、土地利用方式变化对气候、环境、碳排放、碳储量等生态要素的影响，分析人类活动对自然资源的作用程度，及对社会效益、经济效益和生态效益的综合影响。

而且，从聚类分析结果可以看出，国内对于武汉市及武汉城市圈的土地利用研究成果相对于国内其他地区更多，这些成果大多来自华中农业大学和华中科技大学；而我国西北地区，虽然土地面积较大、人口稀少、生态脆弱，土地利用研究相关文献却不多，这可作为以后的研究方向。

对关键词聚类结果依据时间轴划分（见图3-10），除聚类"武汉城市圈、武汉市"以外，其他13个聚类的相关研究都开始于2011年或者更早，且各聚类之间的研究具有交叉性。土地利用从景观格局、土地利用变化发展到空间分异，再具体到土地流转、土地征收、城市用地结构、环境影响评价；土地利用方式总是与土地集约利用、土地利用效率、土地城市化、经济增长等密不可分；生态文明则从土地覆被变化、生态系统服务价值、建设用地扩张、生态安全等角度开展研究；土地制度更多地集中在土地市场、土地政策、土地发展权、乡村振兴等方面；空间规划利用多规合一的思想采用GIS、地理探测器等方式探讨土地的空间结构。

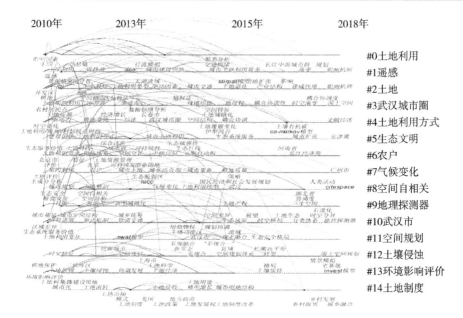

图3-10　2011~2019年国内土地利用研究关键词时间线图谱

（二）突现词分析

关键词突现可以反映研究领域内阶段性的研究热点变化，以最小持续时间3年作为突现词的划分标准，可以找到24个突现关键词（见图3-11），以最小持续时间4年作为划分标准则可以找到6个突现关键词，可以看出，虽然土地利用研究领域的主题在不断变化，但是土地经济、城市化、规划、评价等主题始终贯穿其中，"十三五"以后土地生态、土地发展权、空间规划体系成为重要关注点，其中土地信息化建设、土地征收、土地政策等都是土地发展权实现的重要手段，但是关于土地法制的相关研究较少；土地评价、土地经济依旧是土地利用研究中的重点；"多规合一""时空特征""土地流转"是土地空间规划的发展趋势。

五、研究评述与研究展望

（一）研究评述

利用CiteSpace对CNKI中2011~2019年关于土地利用的CSSCI期刊共4597篇文献进行科学归类与分析，研究结果如下：①从发文时间看，国内土地利用研究始于1998年，而2011~2019年的发文量基本持平；②从发文作者看，我国从

Keywords	Year	Strength	Begin	End	2011～2019年
土地利用结构	2011	3.201	2011	2013	
土地评价	2011	3.2963	2011	2014	
土地整理	2011	8.6919	2011	2013	
经济发展	2011	3.3654	2011	2013	
土地利用总体规划	2011	4.5022	2011	2013	
土地流转	2011	6.317	2012	2014	
空间分析	2011	4.7206	2012	2014	
土地财政	2011	3.2641	2012	2014	
指标体系	2011	4.8806	2012	2015	
农户	2011	5.5846	2012	2014	
政策	2011	2.9005	2012	2014	
土地利用类型	2011	4.737	2013	2015	
新型城镇化	2011	3.3749	2013	2016	
土地制度	2011	4.3382	2013	2015	
城乡接合部	2011	3.6313	2014	2016	
土地征收	2011	2.308	2014	2016	
土地政策	2011	3.31	2014	2017	
土地信息	2011	3.6313	2014	2016	
土地经济	2011	3.1202	2014	2019	
武汉市	2011	5.441	2015	2019	
土地发展权	2011	3.74	2015	2017	
时空变化	2011	3.6409	2016	2019	
时空特征	2011	3.268	2016	2019	
空间规划体系	2011	4.5355	2016	2019	

图 3-11　2011~2019 年国内土地利用研究突现关键词图谱

事土地利用研究的科研人员较多,且分散于不同学科领域及科研机构,呈现"整体大分散、局部小集中"的特点;③从发文机构看,高等院校、研究所、规划院成为主力军,而且机构之间的合作较多,今后可以更进一步增强研究人员之间的学术交流;④从关键词聚类知识图谱看,我国的土地利用研究主要内容包含土地利用评价、土地资源配置与管理、土地利用空间相关及规划研究、土地利用生态保护问题研究;⑤从关键词突现看,土地经济、城市化、规划、评价等主题贯穿整个研究期,而新型城镇化、土地政策、多规合一是学者们近年来的研究重点。

（二）研究展望

2020 年 1 月 1 日正式实施的《土地管理法（修正）》新增第十八条:"国家建立国土空间规划体系。编制国土空间规划应当坚持生态优先,绿色、可持续发展,科学有序统筹安排生态、农业、城镇等功能空间,优化国土空间结构和布局,提升国土空间开发、保护的质量和效率。"体现了土地利用中生态优先的思想，强调了质量和效率，也指明了土地利用研究的发展趋势，未来关于国内土地利用研究应重点关注以下几个方面：

第一，立足生态文明构建国土空间治理体系。重点关注农村土地规划和农户宅基地、承包地"三权分置"的土地产权制度改革，利用遥感、无人机航空摄影、InSAR、GIS 等现代信息技术手段，实现国土资源规划、管理的数字化和智能化，重点研究土地空间信息立体感知、国土空间规划智慧协调、土地资源信息汇通融合。

第二，基于协同思想持续改进土地利用质量和效率。坚持供给侧结构性改革思想，服务于区域社会经济、协调发展和乡村振兴，综合考虑土地利用带来的生态、社会和经济效果，保证土地利用的质量和效率；深化土地节约集约利用研究，从理论机制、技术标准、监督管理等方面形成系统化的评价理论和方法。

第三，提升技术创新手段，加强土地工程与技术研究。围绕土地整理、土地复垦、土地修复等方向，重视土地开发前后的生态评价与环境影响研究；创新土地复垦技术，加强矿区土地退化因素调查与土地复垦质量；重点关注污染土地的修复技术，创新植物修复和微生物修复等技术。

第四，推进土地开发利用法制化建设。2020 年 4 月 9 日，中共中央、国务院印发《关于构建更加完善的要素市场化配置体制机制的意见》，明确土地要素市场化成为五大生产要素之首，但当前土地资源利用和土地利益分配方面的相关法律还不完善，还需继续完善土地利用与管理方面的立法问题，突出土地利用过程中生态破坏的约束机制，避免土地征收或补偿致使少数农民或牧民的经济边缘化，特别关注农村妇女的土地权益分配等。

第四章 黄河流域城市土地利用效率测度与分析

第一节 土地利用效率测度方法

关于土地利用效率的测度方法，总结相关文献主要集中在综合评价法和非参数统计方法，本节主要采用能够处理多投入、多产出的三阶段 Super-SBM-SFA 模型，这种方法不需要给出具体的生产函数形式，但是能够充分考虑决策单元的技术多样性，以及技术进步的偏向容易被多种因素影响等特征，从而避免设定模型的不准确性与不稳健性。这种数据包络模型选用非径向 SBM 模型克服了投入产出同比例变化的约束，同时考虑碳排放约束的条件，选择含非期望产出的指标体系进行评估，在约束条件下的效率值要低于无约束下普通的投入产出模型效率值。

一、三阶段 Super-SBM-SFA 模型

三阶段非径向 Super-SBM-SFA 模型不仅能够破解径向 DEA 方法的局限，而且 Super-SBM 模型可以统筹分析投入与产出的关系，在目标函数中选入投入—产出松弛量，解除投入—产出扩大或者缩小的比例限制要求，并进一步区别效率前沿面上为 1 的效率值的大小；SFA 模型可以剔除环境因素和随机噪声对效率值的影响。本章采用 Cooper 等（2001）提出的三阶段 SBM-SFA 模型原理，具体分析过程如下：

（一）第一阶段：构建投入导向Super-SBM模型计算土地利用初始效率

将每个城市当作决策单元，假设各决策单元（城市）使用 m 种投入，q 种产出，则土地利用效率投入用矩阵 X_{ij} 表示，产出矩阵用 Y_{rj} 表示，城市土地利用效率可能集为 $P = \{(x, y^g, y^b) \mid x \geq X\lambda, y^g \leq y^g\lambda, g^b \geq y^b\lambda, l \leq e\lambda \leq u, \lambda \geq 0\}$。

其中，满足约束条件 $\sum_{j=1}^{n} \lambda_j = 1$；$\lambda$ 表示 n 维度的非负向量，代表效率评估过程的权重，针对某个城市土地利用效率，其投入 x_{ij} 和产出 y_{ij} 分别可以表示为：

$$x_{ij} = X_{ij}\lambda_j + S_i^- \tag{4-1}$$

$$y_{ij} = Y_{rj}\lambda_j - S_r^{g+} \text{ 或 } y_{ij} = Y_{rj}\lambda_j + S_r^{b+} \tag{4-2}$$

其中，S_i^- 是第 i 个输入元素的松弛程度，表示城市土地利用效率过度投入；S_r^{g+}、S_r^{b+} 是第 j 个输出元素的松弛程度，表示城市土地利用效率产出不足，两者共同表示城市土地利用的无效率。使用 Super-SBM 模型计算效率值时，首先从生产可能性集（PPS）中删除被评价的有效 DMU 单元，剩余无效的 DMU 单元形成新的生产可能集，然后度量各 DMU 单元到新生产可能集的距离作为超效率值。本章引入新变量 ρ_j 来表示城市土地利用的过度投入和产出不足对效率值的影响：

$$\rho_j = \frac{1 - \frac{1}{m}\sum_{i=1}^{m}(S_i^-/x_{ij})}{1 + \frac{1}{q}[\sum_{r=1}^{q_1}(S_r^{g+}/y_{rj}) + \sum_{r=1}^{q_2}(S_r^{b+}/y_{rj})]} \tag{4-3}$$

如果第 j 个城市恰好处于生产前沿面上，或者说 $S_i^- = S_r^{g+} = S_r^{b+} = 0$，则 $\rho_j = 1$，通过对式（4-3）线性变化后得到含非期望产出 Super-SBM 规划模型：

$$\min_{S}\rho_j = \frac{1 - \frac{1}{m}\sum_{i=1}^{m}(S_i^-/x_{ij})}{1 + \frac{1}{q}[\sum_{r=1}^{q}(S_r^{g+}/y_{rj}) + \sum_{r=1}^{q}(S_r^{b+}/y_{rj})]} \tag{4-4}$$

$$\text{s. t.} \begin{cases} x_{ij} = \sum_{j=1}^{n}X_{ij}\lambda_j + S_i^-(i = 1, 2, \cdots, m) \\ y_{rj}^g = \sum_{j=1}^{n}Y_{rj}\lambda_j - S_r^{g+}(r = 1, 2, \cdots, q_1) \\ y_{rj}^b = \sum_{j=1}^{n}Y_{rj}\lambda_j + S_r^{b+}(r = 1, 2, \cdots, q_2) \\ \sum_{j=1}^{n}\lambda_j = 1, \lambda_j \geq 0, S_i^- \geq 0, S_r^{g+}、S_r^{b+} \geq 0(j = 1, 2, \cdots, n) \end{cases}$$

$$\tag{4-5}$$

其中，ρ_j 为评估的效率值，x_{ij}、y_{rj} 分别为决策单元自身的输入和输出，X_{ij}、Y_{rj} 分别为决策单元整体的输入和输出，且 $q_1+q_2=q$。从式（4-4）可以得出，当约束输入元素的值越松散时，即投入要素的松弛变量越大时，所得效率值越小；若投入与产出要素没有产生松弛变量，则 $\rho_j=1$。将式（4-4）在约束（4-5）的条件下求解 n 次，则可以得到城市土地利用效率的过度投入 S_i^- 和产出不足 S_r^+。考虑到规模报酬可变条件下部分 Super-SBM 模型存在无解的可能性，所以选用规模报酬不变条件下基于投入导向的 Super-SBM 模型计算黄河流域城市土地利用效率值。

（二）第二阶段：采用 SFA 模型剔除环境因素和随机噪声

随机前沿方法 SFA 是效率评价主流的参数法，根据 Fried 等（2002）的思想，SFA 可以将系统无效率分为管理影响、环境影响和随机误差三种，因此这个阶段主要关注上一阶段得出的松弛变量，将第一阶段的松弛变量对环境变量和混合误差项进行回归。构造的 SFA 回归函数（投入导向）如下所示：

$$S_{ni}=f(Z_i;\beta_n)+\nu_{ni}+\mu_{ni} \quad i=1,2,\cdots,I;n=1,2,\cdots,N \tag{4-6}$$

其中，S_{ni} 是第 i 个决策单元第 n 项投入的松弛值；Z_i 是环境变量，β_n 是环境变量的系数；$\nu_{ni}+\mu_{ni}$ 是混合误差项，ν_{ni} 表示随机干扰，μ_{ni} 表示管理无效率。$\nu\sim N(0,\sigma_\nu^2)$ 是随机误差项，表示随机干扰因素对投入松弛变量的影响；μ 是管理无效率，表示管理因素对投入松弛变量的影响，假设其服从在零点截断的正态分布，即 $\mu\sim N(0,\sigma_\mu^2)$。分离公式为：

$$E(\mu|\varepsilon)=\sigma_*\left[\frac{\phi\left(\lambda\dfrac{\varepsilon}{\sigma}\right)}{\Phi\left(\dfrac{\lambda\varepsilon}{\sigma}\right)}+\frac{\lambda\varepsilon}{\sigma}\right] \tag{4-7}$$

其中，$\sigma_*=\dfrac{\sigma_\mu\sigma_\nu}{\sigma}$，$\sigma=\sqrt{\sigma_\mu{}^2+\sigma_\nu{}^2}$，$\lambda=\sigma_\mu/\sigma_\nu$。

这里一共需要估计 n 个 SFA 回归方程，将所有决策单元调整于相同的外部环境中，调整公式如下：

$$X_{ni}^A=X_{ni}+\{\max[f(Z_i;\hat{\beta}_n)]-f(Z_i;\hat{\beta}_n)\}+[\max(\nu_{ni})-\nu_{ni}]$$
$$i=1,2,\cdots,I;n=1,2,\cdots,N \tag{4-8}$$

其中，X_{ni}^A 是调整后的投入；X_{ni} 是调整前的投入；$\{\max[f(Z_i;\hat{\beta}_n)]-f(Z_i;\hat{\beta}_n)\}$ 是对外部环境因素进行调整；$[\max(\nu_{ni})-\nu_{ni}]$ 是将所有决策单元置于相同环境水平下。

（三）第三阶段：调整投入产出变量后的 Super-SBM 土地利用效率最终测度

利用第二阶段中已经剔除环境因素和随机因素的投入—产出变量再次采用非径向 Super-SBM 模型测算土地利用效率，这时的回归模型中已经引入了环境控制变量，能够求解得到土地利用的内生性效率，实现将不同区域内的土地利用效率置于统一的环境或系统中，实现土地利用效率的公平或真实测度。而且由于采用 Super-SBM 模型测算，无效决策单元不能改变有效生产前沿面，所以无效决策单元的效率值没有发生变化，但是有效决策单元的生产前沿面发生变化，导致测算出的有效决策单元效率值不同于传统的效率测算值。

二、DEA-Windows 分析

DEA 在实际应用过程中，决策单元的投入与产出数据经常是面板数据，但是传统的 DEA 模型解决这类数据问题时，通常将面板数据转化为截面数据进行计算，这使得计算效率值存在理解上的偏差，DEA-Windows 视窗分析方法依据指数平滑法理论，对面板数据的决策单元计算效率平均值，可以体现出同一个决策单元在不同时期的变化态势。Charnes 等（1979）尝试使用 DEA-Windows 分析方法，通过视窗分析测算决策单元在不同时期内的效率情况，DEA 视窗分析方法是处理面板数据动态效率的主要方法，它放松了 DEA 模型的约束条件，将不同时期的同一个决策单元看作相对独立的决策单元，将一定窗口期内所有 DMU 整体作为参考集，从而使参考集内数值点的数量成倍增加，成为解决 DMU 数量不足问题的一种有效途径。一方面可得到各决策单元相比自身在不同时期的效率值，另一方面可实现在任一时期决策单元之间的效率值比较。

DEA 视窗分析法是处理面板数据效率值的一种方法，其核心思想是对处于同一窗口期内的决策单元进行对比分析，这种方法可以很好地体现出决策单元的时间连续性，描述决策单元的相对效率值变化趋势。假如有 T 个时期 N 个决策单元数据，每个 DMU 有 m 个投入和 S 个产出指标，则 t 时期（$1 \leq t \leq T$）、视窗宽度为 w 时，投入向量为 $X_j^t = (x_{1j}^t, x_{2j}^t, \cdots, x_{mj}^t)^T$，产出向量为 $Y_j^t = (xy_{1j}^t, y_{2j}^t, \cdots, y_{nj}^t)^T$，其中 $j = 1, 2, \cdots, N$。第 1 到第 w 时期的数据构成第 1 个视窗，第 2 到第 $w+1$ 时期的数据构成第 2 个视窗，以此类推，第 k 个视窗的投入和产出向量分别表示为 U_j^{kt} 和 V_j^{kt}，具体如下：

$$U_j^{kt} = \begin{bmatrix} x_{1j}^{kt}, & x_{2j}^{kt}, & \cdots, & x_{mj}^{kt} \\ x_{1j}^{kt+1}, & x_{2j}^{kt+1}, & \cdots, & x_{mj}^{kt+1} \\ & & \vdots & \\ x_{1j}^{kt+w-1}, & x_{2j}^{kt+w-1}, & \cdots, & x_{mj}^{kt+w-1} \end{bmatrix} \quad V_j^{kt} = \begin{bmatrix} y_{1j}^{kt}, & y_{2j}^{kt}, & \cdots, & y_{mj}^{kt} \\ y_{1j}^{kt+1}, & y_{2j}^{kt+1}, & \cdots, & y_{mj}^{kt+1} \\ & & \vdots & \\ y_{1j}^{kt+w-1}, & y_{2j}^{kt+w-1}, & \cdots, & y_{mj}^{kt+w-1} \end{bmatrix}$$

视窗分析的关键是视窗的设定问题，窗宽设置较小可以减少因时间变动引起的异质变动，窗宽设置较大可以保证样本量的充足，如高涓和乔桂明（2019）对地方政府环境保护财政支出绩效进行评价时使用了宽度为 2 年的窗口。Sun（1988）提出了最佳窗宽的计算公式：

$$k = \frac{T+1}{2}, \quad T \text{ 为奇数时} \tag{4-9}$$

$$k = \frac{T+1}{2} \pm \frac{1}{2}, \quad T \text{ 为偶数时} \tag{4-10}$$

式（4-9）和式（4-10）中，T 为样本所有时期数，k 为窗宽，但是当 T 为偶数时，k 的取值可以是 2 个，而且结果也存在较大差异，本章选择窗宽时，优先考虑样本的充足性，当 T 为偶数时，选用较大窗宽数值进行计算。

三、Malmquist 指数模型

为了更准确地分析研究区域内每年的土地利用效率动态变化情况，选取 Malmquist 指数模型分析土地利用效率值的动态变化，分别进行全局参比 Malmquist 指数和 Meta-Frontier Malmquist 指数值计算。全局参比 Mlamquist 模型是一种 M 指数的计算办法，它以所有时期的总集合作为参照集，所以不存在无可行解问题，即可得到单一的 M 指数值：

$$M_g(x^{t+1}, y^{t+1}, x^t, y^t) = \frac{E^g(x^{t+1}, y^{t+1})}{E^g(x^t, y^t)} \tag{4-11}$$

但是效率的变化采用各自的前沿，计算公式如下：

$$EC_g = \frac{E^{t+1}(x^{t+1}, y^{t+1})}{E^t(x^t, y^t)} \tag{4-12}$$

两个时期生产效率的变化 EC_g 反映了决策单元是否有效利用现有技术及其资源，若 $EC_g \geq 1$，则说明该决策单元更接近生产前沿面；若 $EC_g < 1$，则说明该决策单元对现有技术的利用情况并不理想，需要提升其技术利用程度。

技术水平变化指数 TC_f 是指在改进生产技术水平后对决策单元所产生的影响。若 $TC_f \geq 1$，则说明出现了技术改善或技术革新，此时，生产前沿面将向前

方移动；若 $TC_f<1$，则说明出现了技术滞后或技术制约，此时，生产前沿面没有变化。技术水平变化指数表示为：

$$TC_f = \frac{E^g(x^{t+1},\ y^{t+1})}{E^{t+1}(x^t,\ y^t)} \Big/ \frac{E^g(x^t,\ y^t)}{E^t(x^t,\ y^t)} \tag{4-13}$$

Malmquist 指数值可以分解为效率变化与技术变化两部分：$M_g = EC_g \times TC_f$，若指数 $M\ (x^{t+1},\ y^{t+1},\ x^t,\ y^t)>1$，则表明从 t 到 $t+1$ 期，土地利用生产率水平有所提高；若指数 $M\ (x^{t+1},\ y^{t+1},\ x^t,\ y^t)<1$，则表明从 t 到 $t+1$ 期，土地利用生产率水平出现了下滑。

Meta-Frontier Malmquist 模型可以同时考察不同群组及共同前沿的技术和效率演化，这类模型也可以选择全局参比类型，Lee 等（2011）最早将 Meta-Frontier 应用于全局参比 Malmquist 进行分解。这里选用此模型分析黄河流域上、中、下游城市（不同分组）的内部 Malmquist 指数与黄河流域整体城市的全局 Malmquist 指数。

（1）各组内全局 Malmquist 指数及分解：

$$\begin{aligned}
M_g^{\text{组内}}(x^{t+1},\ y^{t+1},\ x^t,\ y^t) &= \frac{E_g^{\text{组内}}(x^{t+1},\ y^{t+1})}{E_g^{\text{组内}}(x^t,\ y^t)} \\
&= \frac{E^{\text{组内}t+1}(x^{t+1},\ y^{t+1})}{E^{\text{组内}t}(x^t,\ y^t)} \left[\frac{E^{\text{组内}g}(x^{t+1},\ y^{t+1})}{E^{\text{组内}t+1}(x^{t+1},\ y^{t+1})} \Big/ \frac{E^{\text{组内}g}(x^t,\ y^t)}{E^{\text{组内}t}(x^t,\ y^t)} \right] \\
&= \frac{TE^{\text{组内}t+1}}{TE^{\text{组内}t}} \left(\frac{BPG^{\text{组内}t+1}}{BPG^{\text{组内}t}} \right) = EC \times BPC \tag{4-14}
\end{aligned}$$

其中，BPG 是各组内部当前前沿与全局前沿的差距，BPC 是 BPG 的变化指数。

（2）不分组整体全局 Malmquist 指数也可以进一步分解为：

$$\begin{aligned}
M_g(x^{t+1},\ y^{t+1},\ x^t,\ y^t) &= \frac{E^g(x^{t+1},\ y^{t+1})}{E^g(x^t,\ y^t)} \\
&= \frac{TE^{\text{组内}t+1}}{TE^{\text{组内}t}} \left(\frac{E^{\text{组内}g}(x^{t+1},\ y^{t+1})}{E^{\text{组内}t+1}(x^{t+1},\ y^{t+1})} \Big/ \frac{E^{\text{组内}g}(x^t,\ y^t)}{E^{\text{组内}t}(x^t,\ y^t)} \right) \\
&\quad \left(\frac{E^g(x^{t+1},y^{t+1})}{E^{\text{组内}g}(x^{t+1},y^{t+1})} \Big/ \frac{E^g(x^t,y^t)}{E^{\text{组内}g}(x^t,y^t)} \right) \\
&= \frac{TE^{\text{组内}t+1}}{TE^{\text{组内}t}} \left(\frac{BPG^{\text{组内}t+1}}{BPG^{\text{组内}t}} \right) \left(\frac{TGR^{\text{组内}t+1}}{TGR^{\text{组内}t}} \right) = EC \times BPC \times TGC
\end{aligned}$$

$$\tag{4-15}$$

其中，*TGC* 是技术缺口比率（TGR）的变化指数，其他含义同上。Meta-Frontier Malmquist 模型适用于面板数据，既可以分析小组内的技术缺口比率，也可以分析跨期之间的技术缺口比率，它提供了效率变化率指数、技术变化率指数和 Malmquist 变化率指数，对分析区域整体和局部的效率变化都有更深入的理解。

第二节　变量选取与数据来源

虽然 DEA 分析适用于多投入多产出效率，但是在选取指标时，还应考虑计算结果精确性和计算方法的限制。所以，选取的指标除了要满足非负性要求外，投入产出之间还要满足指标的相关性与灵敏性原则。考虑指标的相关性：利用统计分析软件采用主成分分析法，筛选相关系数较高的指标作为投入或者产出指标。考虑指标的灵敏性：一般情况下，指标的变异数值大于 15% 则灵敏性较强，本书采用变异系数值来筛选指标的区分度与灵敏度。

此外，因为引入过多的指标因素会模糊 DMU 之间的大部分差异，从而使绝大多数决策单元的 DEA 值都偏向于 1，这就失去了比较与衡量的意义。Cooper（2011）认为，DMU 的个数应该大于投入—产出个数乘积的 3 倍。本章研究黄河流域 9 省区 69 个城市的土地利用效率，初步选取 3 个输入指标和 3 个输出指标（包含 1 个非期望产出指标），符合 Cooper 关于指标个数的限制。

一、变量选取

考虑到城市土地利用碳排放对城市土地利用效率的约束性，根据古典经济学思想，城市土地利用效率的投入要素选取土地、资本和劳动力投入三个指标表示，其中土地投入指标选取决策单元的建设用地面积（包括城镇村及工矿用地和交通运输用地）表示，资本投入指标选取地均固定资产投资总额表示，劳动力投入指标选取第二、第三产业从业人员数表示；产出要素选取经济、社会和生态效益表示，其中经济效益和社会效益是期望产出，指标选取最能代表经济本质特征的地均第二、第三产业产值和能够切实反映居民生活水平的在岗职工年平均工资表示，非期望产出——生态效益指标选择二氧化碳排放量表示（见表 4-1）。为了减少价格对指标的影响，利用 GDP 指数将各类价值指标平减到以 2009 年为基期的数值。

表4-1　城市土地利用效率投入—产出指标

类型	要素	指标构成	指标说明
投入指标	土地投入	建设用地面积	城镇村及工矿用地+交通运输用地
	资本投入	地均固定资产投资总额	全市固定资产投资/行政区划面积
	劳动力投入	第二、第三产业从业人员数	第二、第三产从业人数总和
产出指标	经济效益	地均第二、第三产业产值	第二、第三产业产值/GDP
	社会效益	在岗职工年平均工资	在岗职工平均工资
	生态效益	二氧化碳排放量	不同地类碳排放总量

　　为了消除随机因素的影响，需要选择环境变量对投入变量的松弛量进行再处理，这里的环境变量是指城市土地利用效率会受其影响，但是在较短时期内无法对其有效控制的外生变量。通过分析整理土地利用相关研究，同时考虑黄河流域城市建设过程中土地利用的特点，认为常住人口与水域及水利设施用地面积对城市土地利用效率具有显著的影响并且属于短期内无法有效控制的外部变量。因此，本章选取以上两个变量作为研究的环境变量，通过这两个指标分析效率值对环境因素和管理无效率的影响。

二、数据来源

　　考虑到数据的易获取性和完整性，选取2009～2018年为研究时段。研究所需的投入、产出变量及环境变量数据均来源于黄河流域各城市的城市统计年鉴、能源统计年鉴和土地利用变化数据，部分数据通过查询地方官网发布的城市国民经济和社会发展统计公报获得，个别城市无在岗职工年平均工资，采用城镇就业人员年平均工资代替。

第三节　土地利用碳排放量测算

一、能源消费（建设用地）碳排放量测算

　　本节将土地利用碳排放作为城市土地利用效率测度的非期望产出进行约束，因此需要准确测度该指标，结合黄河流域各城市可以收集到的数据，选取各城市的能源消费量计算建设用地的碳排放量，其中每吨标准煤的碳排放系数根据不同能源类型当年的消费量比重取综合值得出。

参考赵荣钦等（2013）、孙赫等（2015）等学者对各类能源碳排放系数的计算，选取表3-11中的参数值计算不同类型能源当年的综合碳排放系数（见表4-2）。

表4-2　2009~2018年不同类型能源占比及综合碳排放系数　　单位:%

年份	2009	2010	2011	2012	2013	2014	2015	2016	2017	2018
煤炭	78.40	78.69	79.87	79.40	79.28	79.16	78.36	77.15	77.70	77.60
焦炭	5.97	5.71	5.53	5.74	5.50	5.67	5.64	5.64	4.85	4.83
石油	5.74	5.34	4.88	4.69	4.79	4.52	4.63	4.67	4.56	4.50
原油	5.80	5.66	5.24	5.52	5.90	6.09	6.33	6.79	7.13	7.22
汽油	1.03	1.10	1.01	1.02	1.00	0.97	1.09	1.14	1.15	1.16
煤油	0.06	0.06	0.07	0.09	0.07	0.07	0.12	0.13	0.14	0.15
柴油	2.37	2.34	2.30	2.35	2.04	1.96	1.90	1.83	1.89	1.92
燃料油	0.28	0.76	0.77	0.83	1.05	1.18	1.54	2.09	2.07	2.06
液化石油气	0.20	0.20	0.19	0.20	0.19	0.21	0.21	0.32	0.28	0.30
天然气	0.14	0.15	0.15	0.17	0.18	0.19	0.18	0.22	0.24	0.26
综合碳排放系数（吨/吨标准煤）	0.7433	0.7433	0.7450	0.7447	0.7439	0.7441	0.7426	0.7405	0.7393	0.7391

表4-2中的各年能源消耗综合碳排放系数略有差异，但均处于0.74吨/吨标准煤上下，将此系数与各城市的能源消耗量相乘，计算得到黄河流域各城市的建设用地碳排放量均值，为了对比显示，将各城市按所属省份取均值，具体见图4-1。

从图4-1中可以发现，山西沿黄城市能源消耗碳排放量均值最高，且研究区间内一直处于上升态势；四川沿黄城市能源消耗碳排放量均值最低，也处于上升态势；青海与甘肃的沿黄城市能源消耗碳排放量均值研究期间内变化不大，处于较低水平（<300万吨），且甘肃省内只有兰州市的碳排放处于高水平状态；河南与宁夏的沿黄城市能源消耗碳排放量均值处于中等排放水平（300万~1200万吨），平均碳排放量分别为844.25万吨和665.33万吨；山西、陕西、内蒙古和山东四个省份的沿黄城市能源消耗碳排放量均值处于较高水平（>1200万吨），平均碳排放量分别为1343.98万吨、1839.11万吨、1434.97万吨和1584.83万吨，四个省份中只有陕西的商洛处于较低水平。

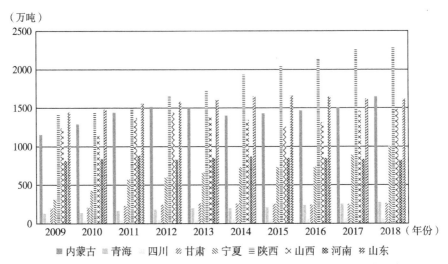

图 4-1　2009~2018 年黄河流域城市所在省份能源消耗（建设用地）碳排放量均值

再观察黄河流域 69 个城市的碳排放情况（见表 4-3），一共有 29 个高碳排放城市、19 个低碳排放城市，剩余 21 个城市处于中间水平，且高碳排放城市大部分属于能源类城市或者工业城市。从时间序列观察，大部分城市 2016 年前的碳排放量处于上升较快阶段，2016 年后部分城市出现上升缓慢或者回落的趋势。说明黄河流域各城市已经开始认识到能源消耗带来的碳排放增多以及生态环境恶化，开始着手治理并初见成效。

表 4-3　黄河流域各城市能源消耗（建设用地）碳排放量分类

类别	分类标准（万吨）	城市
高排放	>1200	呼和浩特、包头、鄂尔多斯、乌海、兰州、银川、西安、宝鸡、咸阳、渭南、榆林、太原、大同、长治、晋城、朔州、吕梁、晋中、临汾、运城、郑州、洛阳、安阳、济南、淄博、济宁、德州、聊城、滨州
中排放	[300, 1200]	乌兰察布、巴彦淖尔、阿拉善、西宁、平凉、石嘴山、吴忠、中卫、铜川、延安、忻州、阳泉、三门峡、开封、新乡、济源、焦作、濮阳、泰安、东营、菏泽
低排放	<300	海东、海北、黄南、海南、果洛、玉树、海西、阿坝、甘孜、白银、武威、庆阳、临夏、天水、定西、陇南、甘南、固原、商洛

二、其他土地地类（除建设用地）碳排放测算

根据赵荣钦等（2013）、孙贤斌（2012）等的研究，不同地类在使用过程

中，也会产生碳排放，结合国家《土地利用现状分类》，将除建设用地外的其他地类分为耕地、草地、园地、林地、水域、其他未利用地，不同地类的碳排放系数如表3-12所示，利用式（3-4）计算6类土地类型的碳排放量，结果为负值代表碳吸收，依旧按照城市所属省取均值，具体如图4-2所示。

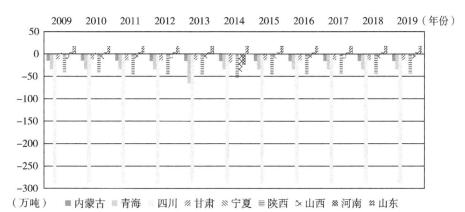

图4-2 2009~2019年黄河流域城市所在省份其他地类（除建设用地）碳排放量均值

尽管四川沿黄流域仅两个自治州，但是由于阿坝州和甘孜州的非耕地面积较多，所以除建设用地外的土地碳吸收量最大，2009~2019年平均吸收值为287.97万吨。宁夏、河南与山东出现碳排放情况，2009~2019年碳排放均值分别为0.67万吨、0.90万吨和17.88万吨，其余沿黄城市的其他地类碳排放均值都是碳吸收状态。细观69个城市的其他地类碳排放/吸收情况，2009~2019年一共有44个城市的其他地类碳排放均值显示负值，即处于碳吸收状态，25个城市的其他地类碳排放均值显示正值，这些城市的耕地面积占比相对较大，具体见表4-4。

表4-4 黄河流域各城市其他地类（除建设用地）碳排放分类

碳排放类别	城市
碳吸收	鄂尔多斯、乌兰察布、阿拉善、西宁、乌海、海东、海北、黄南、海南、果洛、玉树、海西、阿坝、甘孜、武威、平凉、庆阳、天水、陇南、甘南、固原、商洛、西安、宝鸡、咸阳、渭南、榆林、太原、大同、长治、晋城、吕梁、晋中、临汾、运城、洛阳、淄博、铜川、延安、忻州、阳泉、三门峡、济源、濮阳
碳排放	呼和浩特、包头、巴彦淖尔、兰州、白银、临夏、定西、银川、石嘴山、吴忠、中卫、朔州、郑州、开封、安阳、新乡、焦作、济南、泰安、东营、济宁、德州、聊城、滨州、菏泽

从时间轴看，各城市除建设用地以外其他地类的碳排放总量整体变动不大，但是与建设用地的碳排放量相比则显得微不足道。黄河流域上、中、下游城市中出现碳吸收的城市占比分别为 68.00%、84.62% 和 27.78%，说明其他地类的碳排放主要集中在黄河流域的"几"字弯区域，即内蒙古、山西和陕西是今后其他地类碳排放治理的主要区域。

第四节 三阶段土地利用效率测算

一、第一阶段 Super-SBM 效率值分析

借助 MaxDEA 软件对黄河流域 9 省区 69 个城市 2009~2018 年的面板数据计算城市土地利用效率水平，选用模型为包含非期望产出的投入角度非径向 Super-SBM 模型，规模报酬不变，窗口宽度设置为 10，此时相当于所有时期的 DMU 汇总成一个总参考集，窗口内 DMU 数量最多，同时得到第二阶段使用的松弛值。2009~2018 年黄河流域各城市第一阶段效率评价均值如表 4-5 所示。

表 4-5　2009~2018 年黄河流域各城市第一阶段效率评价均值

城市	效率值	城市	效率值	城市	效率值
呼和浩特	0.2588	天水	0.1901	吕梁	0.1790
包头	0.3008	定西	0.1301	晋中	0.1603
乌兰察布	0.1814	陇南	0.1809	临汾	0.1589
鄂尔多斯	0.1689	甘南	0.3140	运城	0.1464
巴彦淖尔	0.2047	银川	0.2303	阳泉	0.3711
乌海	0.7993	石嘴山	0.3671	郑州	0.4097
阿拉善	0.1953	吴忠	0.2209	洛阳	0.1731
西宁	0.5775	固原	0.3020	三门峡	0.2121
海东	0.3007	中卫	0.2950	开封	0.2409
海北	0.5238	西安	0.2083	安阳	0.2062
黄南	0.6048	铜川	0.3676	新乡	0.1746
海南	0.3882	宝鸡	0.1451	济源	0.8045

城市	效率值	城市	效率值	城市	效率值
果洛	0.9202	咸阳	0.1551	焦作	0.4922
玉树	0.9403	渭南	0.1204	濮阳	0.3918
海西	0.1862	延安	0.1530	济南	0.3407
阿坝	0.3334	榆林	0.1842	泰安	0.2778
甘孜	0.4976	商洛	0.1808	淄博	0.4227
兰州	0.3450	太原	0.3251	东营	0.4220
白银	0.2160	大同	0.1628	济宁	0.2094
武威	0.1386	长治	0.1891	德州	0.2003
平凉	0.1542	晋城	0.2522	聊城	0.2311
庆阳	0.1285	朔州	0.2855	滨州	0.2090
临夏	0.4991	忻州	0.1274	菏泽	0.2036

从表 4-5 可以看出，不考虑运行环境变量与随机误差影响的情况下，2009~2018 年黄河流域各城市土地利用效率平均值仅 0.2984，其中效率最高的城市是青海玉树，效率值为 0.9403，效率值最低的城市是陕西渭南，效率值为 0.1204。从归属省域看，青海的平均土地利用效率最高，为 0.5552，陕西的平均土地利用效率最低，为 0.1893。考虑到使用超效率模型进行测算，所以将效率值划分为高（≥1.0）、中（≥0.6，<1.0）、低（<0.6）三个层次，效率值属于高、中、低的城市个数分别为 0、5 和 64。

随着时间的推移，绝大部分城市的土地利用效率呈现增长趋势，2009~2018 年，仅甘孜土地利用效率就下降了 0.1671，增长最多（1.0099）和最少（0.0078）的城市分别为内蒙古的包头与乌兰察布。2018 年土地利用效率大于 1.0 的城市有 11 个，分别为包头、乌海、西宁、海北、黄南、果洛、玉树、临夏、郑州、济源、焦作。图 4-3 显示了 2009~2018 年黄河流域 69 个城市按省份划分后的土地利用效率平均值。青海 8 个城市的土地利用效率平均值明显高于其他省份，其次是四川的 2 个自治州，最低的是山西 11 个城市。

二、第二阶段 SFA 回归分析

以第一阶段的投入变量松弛值作为因变量，考虑前述的常住人口与水域及水利设施用地面积作为运行的环境变量（短期内不会发生变化），采用 Fronter 4.1

软件对变量进行最大似然估计，得到 SFA 回归结果，并分析环境变量和随机误差对投入变量产生的影响，保证所有样本数据处于相同外部环境之中，得到更客观公正的结果。黄河流域各城市第二阶段 SFA 回归待估参数结果如表 4-6 所示。

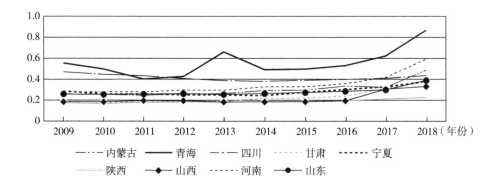

图 4-3　2009~2018 年黄河流域城市所在省份第一阶段土地利用效率平均值

表 4-6　黄河流域各城市第二阶段 SFA 回归待估参数结果

项目	建设用地面积松弛量	第二、第三产业从业人员数松弛量	地均固定资产投资松弛量
截距项	711.788***	28.711***	161.353*
	(20.825)	(13.372)	(1.756)
常住人口	1.939***	0.069***	4.758***
	(13.735)	(15.659)	(17.011)
水域及水利设施面积	0.081***	0.0002*	0.012
	(6.258)	(2.26)	(0.340)
Sigma-squared	299852.420***	563.087***	821840.45***
	(299582.990)	(69.358)	(818317.84)
Gamma	0.956***	0.895***	0.772***
	(428.360)	(160.620)	(58.238)
log-likehood function	-4410.59	-2560.57	-5280.06
LR test of one-side error	1198.03	627.14	372.25

注：括号内是 t 值，*、**、***分别表示通过显著性水平为 10%、5%、1%的检验。

　　从表 4-6 中可以看出，建设用地面积松弛量，第二、第三产业从业人员数松弛量和地均固定资产投资松弛量三个投入回归方程的 Gamma 值均大于 0 且接近

1，说明构建的 SFA 模型是合理的，环境变量对三个投入变量造成了显著干扰，或者说管理因素对建设用地面积，第二、第三产业从业人员数和地均固定资产投资的影响较大，随机误差因素对投入变量的影响较小。

将不同环境变量对松弛项进行独立回归分析，其回归参数的正负值代表不同的意义，正值代表增加环境变量会导致信息冗余情况，或者说导致投入要素冗余值增加、出现严重浪费现象、不利于产出值增加，负值则代表减少环境变量会导致松弛投入项增加。各环境变量与投入要素的松弛变量之间的影响关系如表4-7所示。

表 4-7 黄河流域各城市第二阶段 OLS 回归系数

解释变量	回归及检验	项目	系数	标准误	t 值
建设用地面积松弛量	OLS 回归	常数项	233.260	25.175	9.266***
		常住人口	1.720	0.061	27.973***
		水域及水利设施面积	0.0466	0.008	5.776**
第二、第三产业从业人员数松弛量	OLS 回归	常数项	−2.710	1.140	−2.378*
		常住人口	0.086	0.003	30.92***
		水域及水利设施面积	0.001	0.0004	2.776*
地均固定资产投资松弛量	OLS 回归	常数项	−176.33	48.79	−3.614**
		常住人口	2.669	0.119	22.40***
		水域及水利设施面积	0.008	0.016	0.537

注：*、**、***分别表示通过显著性水平为 10%、5%、1% 的检验。

一是常住人口，它与建设用地面积，第二、第三产业从业人员数和地均固定资产投资松弛量均呈现正相关关系，而且 t 值显示常住人口对三个投入指标松弛值的影响在 1% 的水平上显著，说明当常住人口增加时，三个投入指标的冗余量也会显著增加，进而降低土地利用效率值。这与实际情况相符，当城市人口增多时，一定会需求更多的建设用地面积，投入更多的劳动力从业人员，这种人口压力的增大在一定程度上对提高土地利用效率具有抑制作用。

二是水域及水利设施面积，它与建设用地面积，第二、第三产业从业人员数和地均固定资产投资松弛量也均呈现正相关关系，说明城市水域及水利设施面积增加时，建设用地面积，第二、第三产业从业人员数和地均固定资产投资的冗余量也会增加，导致土地利用效率降低。但是 t 值显示水域及水利设施面积对建设用地面积松弛值和第二、第三产业从业人员数松弛量的影响显著，对地均固定资产投资松弛量的影响不显著。这说明水域及水利设施面积指标在一定程度上对土地利用效率的影响相对较小，或者说这个环境变量对指标的影响不十分显著。

三、第三阶段效率值分析

将第二阶段各投入变量的松弛值进行调整后重新作为模型的投入变量，再次借助 MaxDEA 软件利用黄河流域 69 个城市 2009~2018 年面板数据计算城市土地利用效率水平，选用模型依旧为包含非期望产出的投入角度非径向 Super-SBM 模型，窗口宽度设置为 10，规模报酬不变。2009~2018 年黄河流域各城市第三阶段效率评价均值如表 4-8 所示。

表 4-8   2009~2018 年黄河流域各城市第三阶段效率评价均值

城市	效率均值	城市	效率均值	城市	效率均值
呼和浩特	0.4947	天水	0.3333	吕梁	0.4162
包头	0.5012	定西	0.3467	晋中	0.3915
乌兰察布	0.3966	陇南	0.3843	临汾	0.3695
鄂尔多斯	0.4822	甘南	0.4677	运城	0.3556
巴彦淖尔	0.3965	银川	0.5233	阳泉	0.4645
乌海	0.5499	石嘴山	0.4160	郑州	0.8885
阿拉善	0.4178	吴忠	0.4079	洛阳	0.4548
西宁	0.4544	固原	0.4444	三门峡	0.3934
海东	0.3997	中卫	0.3885	开封	0.4043
海北	0.5007	西安	0.6115	安阳	0.4352
黄南	0.4830	铜川	0.3796	新乡	0.3955
海南	0.4612	宝鸡	0.3782	济源	0.4550
果洛	0.5133	咸阳	0.4020	焦作	0.5000
玉树	0.5484	渭南	0.3702	濮阳	0.4654
海西	0.4782	延安	0.4494	济南	0.7695
阿坝	0.6160	榆林	0.4303	泰安	0.5271
甘孜	1.0004	商洛	0.3977	淄博	0.7715
兰州	0.4918	太原	0.6082	东营	0.6335
白银	0.3753	大同	0.4260	济宁	0.5310
武威	0.3237	长治	0.4167	德州	0.4437

续表

城市	效率均值	城市	效率均值	城市	效率均值
平凉	0.3775	晋城	0.4726	聊城	0.4617
庆阳	0.3767	朔州	0.4244	滨州	0.4646
临夏	0.3089	忻州	0.3220	菏泽	0.3771

经过调整后不同城市不同年份效率值增加的单元有 598 个，效率值减少的单元有 92 个。可以发现 2009~2018 年黄河流域各城市第三阶段的平均效率值为 0.4655，与第一阶段相比较，平均值提高了 0.1671，第三阶段平均效率值的上升主要是因为选取的环境变量对各城市土地利用效率产生了正向作用。平均效率值最高的城市是甘孜（1.0004），平均效率值最低的城市是临夏（0.3089），平均效率值处于高、中、低三个层次的城市个数分别为 1、7、61。从归属省域看，四川黄河流域城市土地利用效率平均值（0.8082）明显高于其他省份，其次是山东（0.5533），最低的是甘肃（0.3786）。图 4-4 显示了调整后的 2009~2018 年黄河流域城市所在省份第三阶段土地利用效率均值。

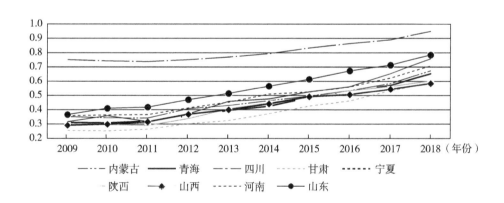

图 4-4 2009~2018 年黄河流域城市所在省份第三阶段土地利用效率均值

从时间序列上分析不同城市的土地利用效率值情况，2018 年达到 DEA 有效的城市共有 5 个，分别是海北、甘孜、郑州、济南、淄博，效率值最大的城市是郑州（1.3986），效率值最小的城市是临夏（0.4276）。其余 64 个城市均未达到 DEA 有效状态，可以通过缩减投入和扩大产出等途径提高其土地利用效率。2009~2018 年土地利用效率值增加最多的是青海海北（0.9496），增加最少的是四川甘孜（0.0215）。2009~2018年青海土地利用效率增长较多，一方面是由于基础较差，各类用地集约利用程度较低、产业发展不平衡，内生动力不能有效推动经济可持续发展；另一方面是由于近几年政府落实补短板、增后劲的重点项目，全面推进地区生态屏障建设与相关产业发展，集约利用各类用地，开创高质量发展新局面。

从流域划分来看，黄河中游城市的土地利用效率相对较低，且中游城市中资源类型城市居多，尽管这些城市的政府在产业协作、生态环境改善、人才和科技创新等方面推行了多项举措，促进了城市间的协同发展，但高能源消耗和低城市化水平依旧是制约资源城市土地利用效率增长的主要原因，也是黄河流域城市土地利用效率提高的重点关注区。

表4-9反映了利用SFA调整前后黄河流域城市土地利用效率值的大小与排名，可以看出，剔除外部环境因素和随机因素对于城市土地利用效率的影响后，大部分省域的效率值增大，调整后的四川黄河流域城市的平均土地利用效率值增大了0.942倍，青海黄河流域城市土地利用效率调整后降低，山东黄河流域城市土地利用效率排名从调整前的第6名变化为调整后的第2名，说明将各城市放在同一水平下比较时，山东的土地利用效率并不差，或者说使用SFA对投入变量进行调整后，各城市的效率值对比更加趋于合理。

表4-9　2009~2018年沿黄流域城市所属省份土地利用效率排名

省份	沿黄城市个数	调整前效率均值	调整前排名	调整后效率均值	调整后排名
内蒙古	7	0.301	4	0.463	5
青海	8	0.555	1	0.480	4
四川	2	0.416	2	0.808	1
甘肃	10	0.230	7	0.379	9
宁夏	5	0.283	5	0.436	6
陕西	8	0.189	9	0.427	7
山西	11	0.214	8	0.424	8
河南	9	0.345	3	0.488	3
山东	9	0.280	6	0.553	2

第五节　三阶段土地利用效率结果分析

一、非 DEA 有效城市的投影分析

提升建设用地使用效率是缓解当前城市面临土地紧缺压力的有效方案。根据 Super-SBM-Windows 模型第三阶段的测算结果，基于投入最小化角度，对投入和产出要素在生产前沿面上进行非径向投影分析，得出 2018 年黄河流域非 DEA 有效城市投入—产出要素的调整值，结果如表 4-10 所示。

表 4-10　2018 年黄河流域非 DEA 有效城市投入—产出要素调整情况

决策单元	投入冗余部分（S-）			产出不足部分（S+）		
	建设用地面积（平方千米）	第二、第三产业从业人员数（万人）	地均固定资产投资（万元/平方千米）	地均第二、第三产业产值（万元/平方千米）	职工年平均工资（元）	碳排放量（万吨）
呼和浩特	0.00	13.02	123.28	0.00	0.00	-567.60
包头	-1235.63	-41.18	-2090.52	0.00	0.00	-1328.77
乌兰察布	-570.64	-18.93	-947.36	0.00	0.00	-264.66
鄂尔多斯	-1421.58	-37.96	-1875.41	0.00	0.00	-830.15
巴彦淖尔	661.89	27.47	1310.14	101.98	0.00	0.00
乌海	-512.85	0.00	-891.63	0.00	0.00	0.00
阿拉善	-589.50	-27.21	-1191.85	41.42	0.00	0.00
西宁	-632.32	-13.42	-2147.91	0.00	0.00	0.00
海东	-548.06	-20.14	-1127.70	0.00	0.00	0.00
黄南	-339.61	-13.44	-726.42	0.00	0.00	0.00
海南	-283.48	-8.53	-466.33	0.00	0.00	0.00
果洛	145.63	0.72	0.00	21.41	0.00	0.00
玉树	0.00	0.00	95.89	18.75	0.00	0.00
海西	-113.34	-1.89	-101.48	12.61	0.00	0.00
阿坝	4166.20	157.29	7654.79	0.00	44874.57	0.00
兰州	-755.10	-31.99	-1855.46	0.00	0.00	-174.93

续表

决策单元	投入冗余部分（S-）			产出不足部分（S+）		
	建设用地面积（平方千米）	第二、第三产业从业人员数（万人）	地均固定资产投资（万元/平方千米）	地均第二、第三产业产值（万元/平方千米）	职工年平均工资（元）	碳排放量（万吨）
白银	−259.02	−8.58	−416.33	0.00	0.00	0.00
武威	−1297.55	−51.34	−2560.48	0.00	0.00	0.00
平凉	−973.22	−37.50	−1996.30	0.00	0.00	0.00
庆阳	−615.50	−22.61	−980.83	0.00	0.00	0.00
临夏	−1131.01	−27.45	−1593.82	0.00	0.00	0.00
天水	−961.69	−38.10	−1809.54	0.00	0.00	0.00
定西	−896.34	−33.91	−1719.37	0.00	0.00	0.00
陇南	−681.93	−25.99	−1348.89	0.00	0.00	0.00
甘南	−420.92	−16.42	−857.06	0.00	0.00	0.00
银川	122.62	12.37	4.57	0.00	0.00	0.00
石嘴山	−703.19	−24.01	−1854.86	0.00	0.00	0.00
吴忠	−782.84	−32.12	−1676.41	0.00	0.00	−9.71
固原	−94.96	−1.58	−123.05	0.00	0.00	0.00
中卫	−895.81	−35.59	−1816.00	0.00	0.00	0.00
西安	451.72	0.00	1850.71	0.00	0.00	0.00
铜川	−882.87	−34.81	−2315.59	0.00	0.00	0.00
宝鸡	−957.66	−41.01	−2306.69	0.00	0.00	−392.23
咸阳	−1080.61	−41.54	−2617.93	0.00	0.00	−261.49
渭南	−1101.78	−45.88	−2483.56	0.00	0.00	−1926.74
延安	−837.94	−34.81	−1731.56	0.00	0.00	−196.13
榆林	−1077.76	−38.09	−1767.50	0.00	0.00	−2971.72
商洛	−359.15	−14.09	−701.46	0.00	0.00	0.00
太原	0.00	2.04	569.18	0.00	0.00	−1176.02
大同	−847.92	−40.21	−1854.39	0.00	0.00	0.00
长治	−749.14	−38.40	−1692.20	0.00	0.00	−511.67
晋城	−389.08	−20.68	−973.02	0.00	0.00	0.00
朔州	−936.19	−34.89	−1872.37	0.00	0.00	0.00
忻州	−1472.73	−58.41	−2969.08	0.00	0.00	−359.58
吕梁	−1042.88	−47.95	−2198.35	0.00	0.00	−767.93

续表

决策单元	投入冗余部分（S-）			产出不足部分（S+）		
	建设用地面积（平方千米）	第二、第三产业从业人员数（万人）	地均固定资产投资（万元/平方千米）	地均第二、第三产业产值（万元/平方千米）	职工年平均工资（元）	碳排放量（万吨）
晋中	−1231.68	−48.83	−2449.88	0.00	0.00	−525.66
临汾	−1188.91	−48.17	−2351.25	0.00	0.00	−1246.67
运城	−1379.71	−53.31	−2703.33	0.00	0.00	−790.59
阳泉	−345.15	−5.96	−821.37	0.00	0.00	0.00
洛阳	−776.62	−13.05	−1882.70	0.00	0.00	0.00
三门峡	−904.25	−24.51	−2209.47	0.00	0.00	0.00
开封	−1156.85	−47.79	−2036.12	0.00	0.00	0.00
安阳	−833.55	−15.97	−2124.21	0.00	0.00	−14.63
新乡	−1265.24	−36.64	−2723.96	0.00	0.00	0.00
济源	82.46	0.00	560.21	0.00	0.00	0.00
焦作	−371.33	−21.15	−3118.93	0.00	5319.95	−241.69
濮阳	−992.96	−44.83	−2290.42	0.00	0.00	0.00
泰安	−460.16	−32.45	0.00	0.00	3843.81	−246.09
东营	2389.29	120.32	3577.07	0.00	30478.37	0.00
济宁	−658.95	−17.22	−1019.21	0.00	0.00	−808.05
德州	−1302.36	−38.98	−2567.56	0.00	0.00	−489.00
聊城	−1206.02	−42.66	−2084.64	0.00	0.00	−680.80
滨州	−1058.60	−21.72	−2354.36	0.00	0.00	−1346.35
菏泽	−1828.49	−61.61	−3418.58	0.00	0.00	0.00

从表4-10可以看出，64个非DEA有效城市在三种投入要素上均存在不同程度的缩减。从建设用地缩减面积分析，64个城市平均缩减584.26平方千米，第二、第三产业从业人员数平均缩减20.35万人，地均固定资产投资平均缩减1219.83万元/平方千米，产出方面，5个城市需要增加第二、第三产业生产总值，平均每个城市大约需增加39.23万元，25个城市需要减少非期望产出要素土地利用碳排放量，平均每个城市需要减少725.15万吨。建设用地投入不冗余的城市有7个，地均固定资产投资不冗余的城市有11个，说明黄河流域内各城市的效率值偏低主要是由于建设用地的低效利用导致。由于通过数据包络分析方法测算的土地利用效率并不是实际的土地利用配置效率值，而是各决策单元基于投

入—产出指标体系测算得到的相对效率值。因此，可以采用投影分析使非 DEA 有效单元具备有效性，各指标调整到目标值。本节效率值测算是基于投入角度的，所以利用投影分析得到的各投入因素的减少值，可以为黄河流域内各城市指标改进提供方向和目标。

二、土地利用效率分解

前面选用基于非径向角度的 Super-SBM-SFA 模型获得了各城市的土地利用效率值（LUE），流域内所有城市研究期间的平均效率值为 0.466，为了更详细地分析各类效率值的变化情况，进一步分解效率值为纯技术效率（PTE）、规模效率（SE）和混合效率（MIX）值，然后计算黄河流域各城市研究期间内各类效率的平均值，如表 4-11 所示。

观察表 4-11 中各城市土地利用效率（LUE）的时序变化，黄河流域所有城市呈现逐年递增的走势，但是截至 2018 年仅有海北、甘孜、郑州、济南、淄博 5 个城市的土地利用效率水平大于 1，说明流域内城市土地利用效率依旧存在较大提升空间。进一步观察发现，黄河流域下游（0.521）＞上游（0.457）＞中游（0.436），下游城市由于经济较发达、人口较集中、生态效益相对较好，因此土地利用效率最高，而上游地区尽管经济和人口均不及中游地区，但土地利用效率却高于中游，主要是由于本章中的土地利用效率测度是包含非期望产出的超效率值，上游城市的碳汇用地面积相对较大，重工业生产与生态破坏较小，因此土地利用效率值也相对较大所致。这也为中游城市进一步提高土地利用效率提供了一种思路，可以通过降低非期望产出达到提升土地利用效率的目的，但是非期望产出指标与产业结构、建设用地投入等息息相关，因此中游城市需要优化产业结构、降低能耗、减少资源浪费与建设用地的投入，以达到更高的土地利用效率。黄河流域 8 个省会城市的土地利用效率相对较高（0.605），这是由于各类生产要素投入产出集中在省会城市及其周边城市，省会城市是城市土地利用发展的核心，且对周边城市具有带动作用，导致距离省会城市较远的城市土地利用发展缓慢。

分析各城市的纯技术效率（PTE）变化：下游（1.005）＞上游（0.999）＞中游（0.997），三个区域的水平几乎相同，且 2018 年纯技术效率值大于 1 的城市有 34 个。整体看 69 个城市的纯技术效率值普遍偏高，变化区间为 0.985～1.047，其中，济南的纯技术效率水平增长最多（0.444），焦作的纯技术效率水平下降最多（0.012），说明黄河流域各城市的土地利用技术水平接近。

表4-11　2009～2018年黄河流域城市土地利用效率均值及分解

上游城市	LUE均值	PTE均值	SE均值	MIX均值
西宁	0.454	1.002	0.495	0.778
海东	0.400	0.999	0.411	0.691
海北	0.501	1.000	0.506	0.673
黄南	0.483	1.000	0.493	0.644
海南	0.461	0.999	0.480	0.682
果洛	0.513	1.000	0.529	0.694
玉树	0.548	0.998	0.584	0.702
海西	0.478	0.994	0.490	0.693
阿坝	0.616	1.003	0.663	0.781
甘孜	1.000	1.001	1.003	0.997
兰州	0.492	1.000	0.520	0.666
白银	0.375	0.997	0.386	0.785
武威	0.324	0.998	0.330	0.635
平凉	0.378	0.997	0.389	0.744
庆阳	0.377	0.996	0.387	0.739
临夏	0.309	1.001	0.324	0.756
天水	0.333	1.000	0.343	0.684
定西	0.347	1.000	0.356	0.671
陇南	0.384	1.000	0.466	0.772
甘南	0.468	0.999	0.485	0.668
银川	0.523	0.996	0.550	0.722
石嘴山	0.416	0.997	0.440	0.743
吴忠	0.408	0.997	0.421	0.737
固原	0.444	1.000	0.455	0.753
中卫	0.388	0.998	0.399	0.724
均值	0.457	0.999	0.474	0.725

中游城市	LUE均值	PTE均值	SE均值	MIX均值
呼和浩特	0.495	0.994	0.524	0.841
包头	0.501	0.998	0.523	0.749
乌兰察布	0.397	0.998	0.411	0.857
鄂尔多斯	0.482	0.995	0.518	0.585
巴彦淖尔	0.396	1.000	0.409	1.022
乌海	0.550	1.001	0.609	0.631
阿拉善	0.418	0.984	0.427	0.789
西安	0.612	1.001	0.650	0.776
铜川	0.380	0.998	0.400	0.751
宝鸡	0.378	0.998	0.395	0.737
咸阳	0.402	0.996	0.433	0.673
渭南	0.370	0.998	0.389	0.699
延安	0.449	0.995	0.459	0.692
榆林	0.430	0.997	0.452	0.696
商洛	0.398	1.000	0.406	0.767
太原	0.608	1.001	0.622	0.739
大同	0.426	0.998	0.434	0.688
长治	0.417	0.997	0.431	0.734
晋城	0.473	0.997	0.489	0.749
朔州	0.424	0.993	0.448	0.689
忻州	0.322	0.999	0.331	0.662
吕梁	0.416	0.999	0.425	0.655
晋中	0.391	0.996	0.406	0.651
临汾	0.369	0.998	0.384	0.710
运城	0.356	0.999	0.372	0.677
阳泉	0.464	0.998	0.488	0.770
均值	0.436	0.997	0.455	0.730

下游城市	LUE均值	PTE均值	SE均值	MIX均值
郑州	0.888	1.028	0.923	0.716
洛阳	0.455	0.998	0.487	0.716
三门峡	0.393	0.997	0.418	0.734
开封	0.404	1.001	0.434	0.669
安阳	0.435	0.999	0.475	0.721
新乡	0.396	0.998	0.426	0.676
济源	0.455	1.001	0.484	0.833
焦作	0.500	1.000	0.575	0.728
濮阳	0.465	1.004	0.504	0.677
济南	0.769	1.047	0.752	0.755
泰安	0.527	1.001	0.569	0.625
淄博	0.771	1.011	0.811	0.748
东营	0.634	1.006	0.690	0.681
济宁	0.531	1.002	0.568	0.636
德州	0.444	0.997	0.486	0.581
聊城	0.462	1.000	0.506	0.569
滨州	0.465	0.991	0.508	0.626
菏泽	0.377	1.001	0.404	0.533
均值	0.521	1.005	0.557	0.688

分析各城市的平均规模效率（SE）：69 个城市的平均值变化区间为 0.324～ 1.003，且下游（0.557）＞上游（0.474）＞中游（0.455）。2009～2018 年，大部分城市随时间推移呈现递增趋势，郑州的规模效率增长最多（0.972），从所属省域看，山东省 9 个城市的规模效率平均值最高（0.588），甘肃省 10 个城市的平均值最低（0.393）。说明黄河流域各城市的土地利用规模和管理效果差异较大，部分城市的土地利用效率存在高投入低产出结构，管理效率低下，同时也说明，规模效率是造成城市土地利用效率差异的主要原因。

从各城市的混合效率（MIX）变化分析：2009～2018 年黄河流域各城市均出现不同程度的下降，其中，海北下降最多（0.7558），甘孜下降最少（0.0228）。内蒙古的乌兰察布、鄂尔多斯、巴彦淖尔和青海的海东曾在 2010～2015 年出现过混合效率大于 1 的情况。从所属省份分析，四川省两个城市的平均混合效率值最大（0.889）。

以上是根据黄河流域进行地域划分后对土地利用效率的差异分析，下面依据流域内各城市的地均 GDP 标准划分城市类型，以及按照城市发展阶段划分研究区间后进行分析。

（一）城市发展速度分类特征

黄河流域各城市地处我国西北，较国内东部省份城市，其地均 GDP 相对较低，根据此项指标将沿黄流域 9 省份 69 个城市划分为三类发展城市：高速发展类、中速发展类、低速发展类，具体见表 4-12。

表 4-12　黄河流域城市分类

类别	城市
高速发展类（地均 GDP＞1000 亿元）	呼和浩特、乌海、西宁、兰州、银川、西安、咸阳、太原、阳泉、郑州、洛阳、开封、安阳、新乡、济源、焦作、濮阳、济南、泰安、淄博、东营、济宁、德州、聊城、滨州、菏泽
中速发展类（100 亿元＜ 地均 GDP≤1000 亿元）	包头、鄂尔多斯、乌兰察布、巴彦淖尔、海东、白银、平凉、庆阳、临夏、天水、定西、石嘴山、吴忠、固原、中卫、铜川、宝鸡、渭南、延安、榆林、商洛、大同、长治、晋城、朔州、忻州、吕梁、晋中、临汾、运城、三门峡
低速发展类（地均 GDP≤100 亿元）	阿拉善、海北、黄南、海南、果洛、玉树、海西、阿坝、甘孜、武威、陇南、甘南

结果显示，不同经济发展类型城市中土地利用效率（LUE）差异明显，2009～2018 年土地利用效率均值为高速发展类（0.522）＞低速发展类

（0.516）>中速发展类（0.398），各类城市的土地利用效率呈现平稳上升态势，低速发展类城市的土地利用技术效率高于中速发展类城市，说明地均 GDP 的提高与土地利用效率不存在完全正相关关系。三种发展类型城市的纯技术效率（PTE）均处于较高水平，对土地利用效率的贡献较大，且高速发展类城市呈现快速增长的发展趋势，中速发展类城市呈现"U"型增长趋势，低速发展类城市呈现上下波动的趋势。这表明黄河流域城市土地利用效率对其产业的路径依赖程度有直接关系，高、中速发展类城市的管理、技术水平与其地均 GDP 发展水平相匹配。2009～2018 年规模效率（SE）均值为：高速发展类（0.557）>低速发展类（0.533）>中速发展类（0.413），且各类城市的规模效率呈现平稳上升趋势，说明这类城市产业规模在研究期间内也是平稳增长的。具体见图 4-5。

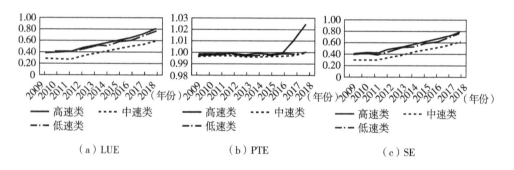

图 4-5　2009～2018 年黄河流域不同分类城市土地利用效率分解变化

（二）动态效率分解与变化特征

为了反映黄河流域各城市土地利用效率动态格局变化特征，按照学者们对中国城市发展阶段的划分，2009～2018 年这一研究区间分别处于第三阶段和第四阶段①，所以将整个研究时期划分为 2009～2014 年、2015～2018 年两个阶段，分别对土地利用效率（LUE）、纯技术效率（PTE）、规模效率（SE）和混合效率（MIX）进行分析。

如图 4-6 所示，黄河流域 69 个城市的第二阶段效率值整体大于第一阶段，土地利用效率、纯技术效率、规模效率的均值在第一阶段/第二阶段分别为：

---

①　2008～2015 年为第三阶段：2008 年是全球经济深刻变化的一年，也是中国经济脱胎换骨的一年；2015 年至今为第四阶段：中国开启了去库存、去杠杆、供给侧结构性改革等一系列改革。

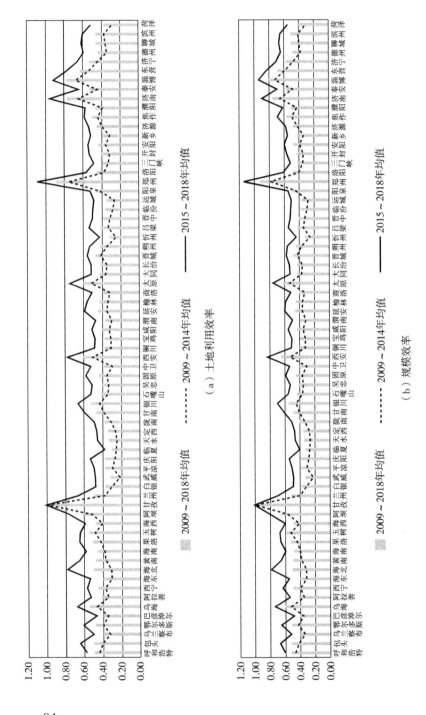

图 4-6 2009～2018 年分阶段黄河流域各城市效率值变化情况

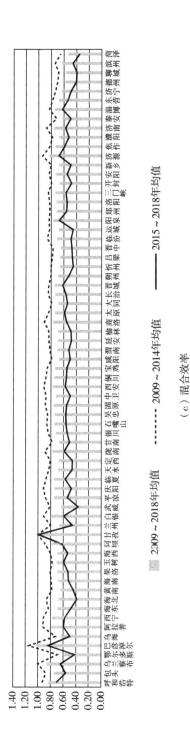

（c）混合效率

图 4-6　2009～2018 年分阶段黄河流域各城市效率值变化情况（续）

0.384/0.588、0.998/1.002、0.404/0.615，纯技术效率的贡献相对较大。这说明生产规模的扩大对黄河流域城市土地利用效率提升作用不够明显，而技术进步是黄河流域城市土地利用效率增长的主要动力。

三、土地利用效率重心演变分析

采用重心模型探索黄河流域各城市土地利用效率的空间变动轨迹，通过效率重心几何变化方向与移动距离来分析各城市土地利用效率的空间特征和演化规律。目前对于重心研究的领域主要集中在经济发展和人口变迁等方面，通过重心模型分析土地利用效率的研究还比较少。首先计算土地利用效率的重心坐标，具体公式如下所示：

$$\overline{x} = \frac{\sum_{i=1}^{n} x_i \times m_i}{\sum_{i=1}^{n} m_i} \quad \overline{y} = \frac{\sum_{i=1}^{n} y_i \times m_i}{\sum_{i=1}^{n} m_i} \quad (i=1, 2, \cdots, n) \tag{4-16}$$

式中，x_i 和 y_i 分别为第 i 个城市的空间中心点坐标，由 ArcGIS 计算得到，m_i 为第 i 个城市的土地利用效率测量值（综合效率），$\overline{x}$ 和 $\overline{y}$ 分别代表各城市土地利用效率的重心坐标。运用重心模型对 2009~2018 年黄河流域各城市土地利用效率重心空间位置移动进行测算，其土地利用效率重心变化轨迹如图 4-7 所示。

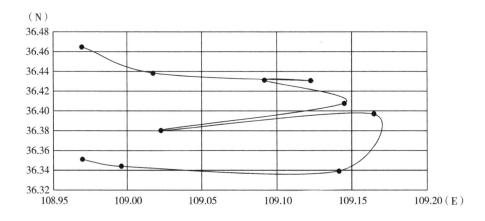

图 4-7　2009~2018 年黄河流域城市土地利用效率重心移动轨迹

观察图 4-7 可以发现，黄河流域城市土地利用效率的重心在研究区间内在

118'97°～109'16°E 和 36'34°～36'46°N。从时间轴上看，重心先向东移动，之后向北移动，最后向西移动。图 4-7 显示，2009～2018 年重心始终在陕西延安境内。总体来讲，效率重心移动变化轨迹可以分为三个阶段：2009～2012 年，效率重心向东移动；2012～2016 年，效率重心总体向北移动；2017～2018 年，效率重心向西移动。而且东西方向上的移动差异明显大于南北方向上的移动差异，2009～2010 年、2014～2016 年缓慢移动，移动速率较低，其他时间段移动速率较高，移动速率缓慢表示黄河流域各城市土地利用效率发展差异不大，速率较高则代表各城市效率发展差异较大。

四、土地利用效率收敛特性分析

利用新古典增长理论的收敛假说，分析黄河流域城市土地利用效率的收敛性，常用的模型有绝对收敛和局部收敛，绝对收敛还可以再细分为 σ 收敛和绝对 β 收敛，局部收敛主要是条件 β 收敛。σ 收敛反映的是各城市土地利用效率差异随时间推移的状况，通常用标准差和变异系数来检验，计算公式为：

$$\sigma_t = \sqrt{\frac{1}{n-1}\sum_{i=1}^{n}(Y_{it}-\overline{Y}_{it})^2} \tag{4-17}$$

$$CV_t = \frac{\sigma_t}{\overline{Y}_{it}} \tag{4-18}$$

其中，Y_{it} 表示第 t 年 i 城市的土地利用效率值，$\overline{Y}_{it}$ 表示第 t 年 n 个城市土地利用效率的均值，n 是黄河流域城市总数。若 CV_t 值随时间推移不断缩小，或者不同城市的离差随时间序列变化而下降，则认为满足 σ 收敛，表明各城市土地利用效率的离散程度逐步缩小。

绝对 β 收敛的公式为：

$$\frac{1}{T}\ln\left(\frac{Y_{it+T}}{Y_{it}}\right) = \alpha + \beta\ln Y_{it} + \varepsilon \tag{4-19}$$

其中，T 是评价期时间间隔，α、β 分别为变量参数，ε 为随机误差项。绝对收敛主要测量观察变量与变量初期之间的相关关系，目的在于判断是否存在"追赶效应"。若 $\beta<0$，且通过了显著性检验，则认为存在绝对收敛，表明黄河流域土地利用效率低的城市对土地利用效率高的城市具有"追赶效应"。

条件 β 收敛的公式为：

$$\frac{1}{T}\ln\left(\frac{Y_{it+1}}{Y_{it}}\right)=\alpha+\beta\ln Y_{it}+\gamma_m X_{m,it}+\varepsilon \qquad (4-20)$$

其中，X_{it} 为影响因素，m 是条件影响因素的个数，γ 是变量参数，其他变量含义如上，不再赘述。若 $\beta<0$，且通过了显著性检验，则认为存在条件收敛，表明黄河流域各城市土地效率值收敛于自身的稳定状态。

利用本章第四节计算得出的三阶段土地利用效率值分析收敛特性，可以发现随着时间的推移，黄河流域土地利用效率的变异系数呈现整体下降趋势，特别是 2011~2016 年下降趋势更明显，而且上、中、下游各区域的城市土地利用效率变异系数存在 $CV_{t+1}<CV_t$，说明黄河流域城市土地利用效率满足 σ 收敛特性，各城市的土地利用效率离散程度存在逐步缩小的态势（见图 4-8）。

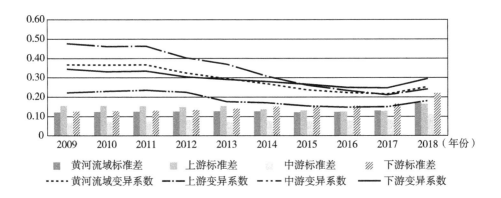

图 4-8　2009~2018 年黄河流域及其上、中、下游土地利用效率的 σ 收敛性

σ 收敛侧重于城市土地以利用效率值的横向比较，而 β 收敛则更注重研究对象的纵向比较，如果存在绝对 β 收敛，表明土地利用效率值低的城市其增长率要高于土地利用效率值高的城市增长率，收敛速度可以表示为：

$$\nu=-\ln(1+\beta)/T \qquad (4-21)$$

利用式（4-19）对 69 个城市的土地利用效率进行绝对 β 收敛分析（见表 4-13）。可以看出，黄河流域全域及上、中、下游的土地利用效率均通过了 t 检验，且在 1% 的水平上显著，β 系数都为负，表明黄河流域内各城市土地利用效率存在绝对 β 收敛，即黄河流域全域及上、中、下游内城市之间具有"追赶效应"。

表 4-13 2009~2018 年黄河流域全域及上、中、下游土地
利用效率的 β 收敛检验结果

变量	绝对 β 收敛				条件 β 收敛			
	黄河流域	上游	中游	下游	黄河流域	上游	中游	下游
lnTE	-0.3260***	-0.2094***	-0.4431***	-0.3909***	-0.3301***	-0.2106*	-0.4643***	-0.4080***
urb	—	—	—	—	-0.0006	0.0001	-0.0011	-0.0006
$pgdp$	—	—	—	—	-0.0016	0.0222	0.0003	-0.0145
$build$	—	—	—	—	0.0019	0.0036	0.0310	-0.0051
_cons	-0.3493	-0.2170	-0.5315***	-0.3481***	-0.3826	-0.3189***	-1.1963	-0.0446
时间效应	控制	控制	控制	控制	控制	控制	控制	控制
城市效应	控制	控制	控制	控制	控制	控制	控制	控制
R^2	0.3528	0.3172	0.4615	0.5111	0.3540	0.3231	0.4678	0.5235
样本数	621	225	234	162	621	225	234	162
平均收敛速度（%）	4.38	2.61	6.50	5.51	4.45	2.63	6.94	5.82

注：括号内为标准误差，***、**、*分别代表 1%、5%、10%的显著水平。

为了验证土地利用效率的条件收敛性，选择城镇化率、人均 GDP 和建设用地占比三个指标作为控制变量，分别反映社会、经济和土地结构对促进土地利用效率收敛的作用，这里的城镇化率选用非农人口数占常住人口数比值表示，建设用地占比选用全市建设用地面积占全市行政区划面积表示。由于各城市拥有不同的初始水平，所以其收敛的不同稳态水平也会存在差距，利用式（4-20）选择时间个体双向固定效应模型进行检验（见表 4-13）。可以发现，增加了控制变量条件以后，所有研究区域的土地利用效率值均通过了 t 检验，且回归系数均为负值，说明黄河流域各城市都朝着各自的稳态水平趋近，而且条件收敛的 β 系数普遍大于绝对收敛的 β 系数，中游内城市平均收敛速度>下游内城市平均收敛速度>上游内城市平均收敛速度，同一研究区域内条件收敛下的平均收敛速度也都大于绝对收敛下的平均收敛速度，体现了模型的收敛性增强。从系数值分析，当黄河流域全域的土地利用效率增加 1%时，条件收敛下 ln(TE_{i+1}/TE_i) 减少 0.330%，绝对收敛下 ln(TE_{i+1}/TE_i) 减少 0.326%。

第六节　基于 Windows-Malmquist 模型的动态效率分析

为了反映土地资源和环境施加给土地利用效率的双重压力，采用 Windows-Malmquist 模型将土地要素纳入偏向型技术进步研究中，通过分解其来源得到投入、产出偏向和规模变化技术进步指数，进而分析黄河流域城市土地利用技术进步的偏向性是土地资源节约（土地资源投入的相对减少）或者是土地环境保护（土地利用碳排放的相对减少）。

利用前面给出的包含非期望产出的指标测算土地利用全要素生产率指数（MI），然后分解得出效率变化和技术进步导致的增长率改变，效率变化指数（EC）表示投入—产出组合到生产前沿面之间距离的变化，技术变化指数（TC）表示生产前沿面本身的变化情况。借鉴 Fare 等（1997）的方法，进一步将技术变化指数分解为投入偏向型技术变化指数（IBTC）、产出偏向型技术变化指数（OBTC）和技术规模变化指数（MATC）。利用基于投入 Windows-Malmquist 指数法来估计全要素生产增长率。公式如下：

$$MI = \sqrt{\frac{E^{t+1}(x^{t+1},\ y_g^{t+1},\ y_b^{t+1})}{E^{t+1}(x^t,\ y_g^t,\ y_b^t)} \times \frac{E^t(x^{t+1},\ y_g^{t+1},\ y_b^{t+1})}{E^t(x^t,\ y_g^t,\ y_b^t)}} \tag{4-22}$$

整理上述公式后得到：

$$MI = \frac{E^{t+1}(x^{t+1},\ y_g^{t+1},\ y_b^{t+1})}{E^t(x^t,\ y_g^t,\ y_b^t)} \times \sqrt{\frac{E^t(x^t,\ y_g^t,\ y_b^t)}{E^{t+1}(x^t,\ y_g^t,\ y_b^t)} \times \frac{E^t(x^{t+1},\ y_g^{t+1},\ y_b^{t+1})}{E^{t+1}(x^{t+1},\ y_g^{t+1},\ y_b^{t+1})}} \tag{4-23}$$

其中，效率变化指数表示为 $EC = \dfrac{E^{t+1}(x^{t+1},\ y_g^{t+1},\ y_b^{t+1})}{E^t(x^t,\ y_g^t,\ y_b^t)}$，技术变化指数表示为

$TC = \sqrt{\dfrac{E^t(x^t,\ y_g^t,\ y_b^t)}{E^{t+1}(x^t,\ y_g^t,\ y_b^t)} \times \dfrac{E^t(x^{t+1},\ y_g^{t+1},\ y_b^{t+1})}{E^{t+1}(x^{t+1},\ y_g^{t+1},\ y_b^{t+1})}}$。进一步分解 TC 后得到投入偏向技术变化指数（IBTC）、产出偏向技术变化指数（OBTC）和技术规模变化指数（MATC）。具体公式如下：

$$IBTC = \sqrt{\frac{E^{t+1}(x^t,\ y_g^t,\ y_b^t)}{E^t(x^t,\ y_g^t,\ y_b^t)} \times \frac{E^t(x^t,\ y_g^t,\ y_b^t)}{E^{t+1}(x^t,\ y_g^t,\ y_b^t)}} \tag{4-24}$$

$$OBTC = \sqrt{\frac{E^t(x^{t+1},\ y_g^{t+1},\ y_b^{t+1})}{E^{t+1}(x^{t+1},\ y_g^{t+1},\ y_b^{t+1})} \times \frac{E^{t+1}(x^t,\ y_g^t,\ y_b^t)}{E^t(x^t,\ y_g^t,\ y_b^t)}} \qquad (4\text{-}25)$$

$$MATC = \frac{E^t(x^t,\ y_g^t,\ y_b^t)}{E^{t+1}(x^t,\ y_g^t,\ y_b^t)} \qquad (4\text{-}26)$$

$$TC = IBTC \times OBTC \times MATC \qquad (4\text{-}27)$$

其中，$IBTC$ 反映了技术进步对各投入要素边际替代率的改变，$IBTC>1$ 说明投入偏向型技术进步使得全要素生产率指数在投入要素等比例减少的情况下增加；$OBTC$ 反映了技术进步对多种产出不同比例的促进作用，如果产出是单一指标，$OBTC$ 为1；$MATC$ 反映了生产前沿面的平移，属于中性技术进步范畴。这种分解方式可以单独研究生产前沿面因为技术进步而发生的旋转效应。

一、土地利用全要素生产率指数变化分析

为了对比 Globle-Malmquist 指数法与 Windows-Malmquist 指数法对土地利用全要素生产率指数结果的影响，这里分别采用两种方法对黄河流域城市土地利用生产率指数进行测算。模型一设定为 Windows-Malmquist 模型，投入角度、规模报酬不变窗口设置为10，利用 MaxDEA 软件估算黄河流域 69 个城市的土地利用全要素生产率指数均值，结果如表 4-14 所示：

表 4-14　2009~2018 年黄河流域 69 个城市土地利用全要素生产率指数均值

城市	MI	EC	TC	OBTC	IBTC	MATC	Malmquist
呼和浩特	1.070	0.974	1.096	0.999	0.994	1.105	1.062
包头	1.119	1.018	1.103	1.000	1.000	1.102	1.116
乌兰察布	1.066	0.965	1.113	0.999	1.000	1.114	1.065
鄂尔多斯	1.132	1.031	1.110	0.997	0.996	1.118	1.128
巴彦淖尔	1.041	0.927	1.123	1.006	0.987	1.132	1.050
乌海	1.099	1.004	1.098	1.009	1.000	1.087	1.082
阿拉善	1.082	0.977	1.117	1.001	1.000	1.115	1.081
西宁	1.074	0.977	1.099	1.001	1.000	1.098	1.074
海东	1.101	0.985	1.125	1.000	1.000	1.126	1.108
海北	1.191	1.051	1.127	0.982	0.989	1.168	1.199
黄南	1.120	0.994	1.135	0.997	0.997	1.143	1.111
海南	1.106	0.985	1.126	1.000	1.000	1.125	1.108

续表

城市	MI	EC	TC	OBTC	IBTC	MATC	Malmquist
果洛	1.105	0.981	1.129	0.999	0.998	1.133	1.096
玉树	1.104	0.990	1.117	1.002	0.995	1.120	1.093
海西	1.074	0.962	1.125	0.983	0.977	1.173	1.076
阿坝	1.102	1.001	1.102	1.005	1.000	1.097	1.065
甘孜	0.998	0.946	1.077	1.003	0.944	1.167	1.002
兰州	1.109	1.013	1.098	1.001	1.000	1.097	1.108
白银	1.082	0.957	1.134	1.000	1.000	1.135	1.082
武威	1.148	1.015	1.136	1.000	1.000	1.136	1.144
平凉	1.101	0.996	1.113	1.000	1.000	1.112	1.099
庆阳	1.117	0.987	1.135	1.000	1.000	1.135	1.116
临夏	1.071	0.950	1.133	0.999	1.000	1.135	1.073
天水	1.112	0.987	1.132	1.000	1.000	1.132	1.114
定西	1.112	0.984	1.136	0.997	1.000	1.139	1.115
陇南	1.089	0.977	1.117	1.003	1.000	1.114	1.074
甘南	1.100	0.984	1.124	1.000	0.999	1.125	1.089
银川	1.067	0.975	1.099	0.999	1.000	1.100	1.086
石嘴山	1.076	0.978	1.105	0.999	1.000	1.105	1.073
吴忠	1.089	0.989	1.112	1.002	1.000	1.110	1.088
固原	1.100	0.972	1.137	1.002	1.000	1.135	1.089
中卫	1.101	0.995	1.113	0.999	1.000	1.114	1.104
西安	1.096	0.989	1.116	1.000	0.988	1.130	1.074
铜川	1.087	0.986	1.106	1.001	1.000	1.105	1.084
宝鸡	1.079	0.986	1.101	1.000	1.000	1.101	1.081
咸阳	1.086	0.997	1.092	1.002	1.000	1.090	1.088
渭南	1.086	0.992	1.100	1.000	1.000	1.101	1.087
延安	1.094	0.992	1.114	1.000	1.000	1.114	1.088
榆林	1.092	0.994	1.108	1.000	1.000	1.108	1.090
商洛	1.087	0.965	1.132	1.000	1.000	1.132	1.081
太原	1.077	0.998	1.081	1.001	1.000	1.080	1.076
大同	1.078	0.982	1.104	0.999	1.000	1.106	1.077
长治	1.070	0.977	1.102	1.000	1.000	1.102	1.069
晋城	1.062	0.969	1.101	1.000	1.000	1.101	1.061

城市	MI	EC	TC	OBTC	IBTC	MATC	Malmquist
朔州	1.081	0.990	1.096	0.996	1.000	1.100	1.085
忻州	1.108	1.004	1.112	1.001	1.000	1.111	1.105
吕梁	1.099	0.999	1.108	1.000	1.000	1.108	1.096
晋中	1.105	1.004	1.107	1.001	1.000	1.106	1.101
临汾	1.104	1.002	1.107	1.000	1.000	1.107	1.099
运城	1.108	1.009	1.104	1.000	1.000	1.104	1.104
阳泉	1.052	0.962	1.099	1.000	1.000	1.100	1.052
郑州	1.238	1.007	1.234	0.996	0.849	1.474	1.094
洛阳	1.086	0.997	1.089	1.000	1.000	1.089	1.082
三门峡	1.081	0.984	1.101	1.000	1.000	1.101	1.077
开封	1.112	1.001	1.116	0.998	1.000	1.118	1.102
安阳	1.083	1.000	1.083	1.001	1.000	1.083	1.083
新乡	1.104	1.015	1.089	0.999	1.000	1.089	1.098
济源	1.052	0.951	1.110	0.998	1.000	1.112	1.049
焦作	1.110	0.980	1.134	1.024	1.000	1.106	1.050
濮阳	1.122	1.003	1.119	1.008	0.993	1.119	1.086
济南	1.084	1.002	1.081	0.981	0.976	1.130	1.077
泰安	1.108	1.011	1.099	1.000	1.000	1.099	1.084
淄博	1.071	1.011	1.059	0.973	0.987	1.103	1.064
东营	1.083	0.982	1.105	0.997	0.980	1.133	1.075
济宁	1.097	1.016	1.082	1.001	1.000	1.080	1.090
德州	1.120	1.035	1.085	1.000	1.000	1.085	1.112
聊城	1.128	1.042	1.086	1.001	1.000	1.084	1.117
滨州	1.104	1.017	1.089	1.001	1.000	1.088	1.097
菏泽	1.138	1.047	1.092	0.999	1.000	1.094	1.135
均值	1.096	0.992	1.110	0.999	0.995	1.118	1.052

总体来看，黄河流域各城市土地利用全要素生产率（MI）指数均值为
1.096>1.0，年均增长幅度为9.6%，说明研究区间内土地利用生产率处于增加态
势，且观察各城市的平均值，除甘孜是0.998以外，其他城市都大于1.0，属于
土地利用生产率增长状态，即在样本研究期，在既定的投入产出下实现了最优的

产出规模。观察效率变化指数（EC）和技术变化指数（TC），发现效率变化指数拖累了土地利用全要素生产率指数的提高，其对总体生产率指数的贡献为负，而技术变化指数对土地利用全要素生产率指数的贡献为正（11.1%），说明黄河流域城市土地利用全要素生产率的增长主要源于技术进步的推动。

如图4-9所示，黄河流域城市土地利用全要素增长率存在时期差异，MI指数2010～2014年呈现增长趋势，2015～2018年整体呈现下降趋势，效率变化指数在2010～2012年呈现"追赶效应"，随后出现波动下降趋势，但技术变化指数在研究区间内呈现波动上升趋势，进一步说明研究区间内由于技术创新导致生产前沿面的整体前移，所以在相同投入下，最优产出也会比前一年有所提高。

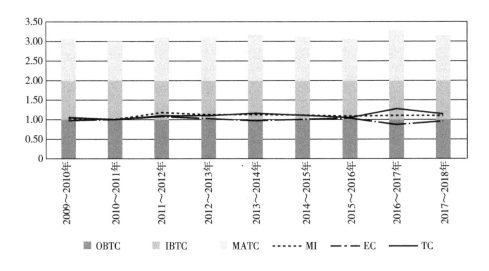

图4-9　2009～2018年黄河流域城市土地利用全要素生产率
Window-Malmquist 模型各类指数变化情况

分解技术变化指数发现，投入偏向型技术变化指数（IBTC）和产出偏向型技术变化指数（OBTC）虽呈现波动特征，但是其值绝大部分小于1，而技术规模变化指数（MATC）大于1，说明在研究区间内，生产前沿面向外发生了平移，技术进步主要是由于技术规模变化所致，或者说技术规模变化的贡献要大于投入偏向型技术进步和产出偏向型技术进步，而且投入偏向型技术进步和产出偏向型技术进步的贡献为负。

结合各城市分析，效率变化指数研究期内有27个城市出现微小增长，主要集中在青海和甘肃，其他 42 个城市均处于下降态势；有 36 个城市的产出偏向型技术变化指数出现微小下降，主要集中在甘肃、河南和山东；大部分城市的投入偏向型技术变化指数没有发生变化，甘孜增加了 0.299。

模型二选用 Globle-Malmquist 模型，投入角度、规模报酬不变，得到土地利用生产率指数，对比 Windows-Malmquist 和 Globle-Malmquist 两种模型下土地利用全要素生产率指数值，发现前者测算的指数值普遍大于后者（见图 4-10），但是这种差异非常小，基本是前者出现生产率进步状态时，后者也是进步状态有效，这与王巍等（2013）的结论一致。因此，本章后期均选用 Windows - Malmquist 模型测算土地利用全要素生产率并进行分析。

二、土地利用全要素生产率指数偏向型动态分析

随着环境约束条件的持续增强，发展经济与环境友好之间的矛盾愈发激烈，2015 年李克强总理在政府工作报告中强调，要增加研发投入，转换经济增长动力，提高全要素生产率，推动中国经济由投入型增长转向效率型增长。而技术进步作为全要素生产率的主要来源，其对土地资源的偏向型技术进步问题值得关注。其一，三次产业的发展离不开对土地资源的开发；其二，技术进步的偏向型直接影响土地利用过程对环境造成的影响，技术进步不仅可以减少污染、保护环境，而且可以降低土地利用过程中的投入量，节约投入资源等，因此识别投入或产出技术进步的具体要素偏向性具有重要意义。

从经济学角度分析，新古典增长模型假设两种投入要素——资本与劳动之间的替代弹性为 1，而技术进步表现为中性（李静等，2018）。但是实际生产过程中，技术进步对投入与产出要素的偏好往往不同，因此，偏向型技术进步特指改变要素间的边际替代率，从而提高要素边际产量，实现资源的节约。学者们普遍认为偏向型技术进步起源于 Hicks（1932）的宏观经济假设——诱发性创新，目的是节约更珍贵的要素资源。张俊和钟春平（2014）回顾了偏向型技术进步的研究进展，总结偏向型技术进步理论是技术进步方向内生化，用于解释现实生活中许多经济现象，激励环境友好型技术的进步。技术进步偏向型理论最初用于探索技术进步在资本与劳动之间的优化配置对收入的影响，后来应用于资本与劳动之间的替代弹性研究（Knoblach et al.，2020；Zhong，2019），近几年应用领域更为广泛，Zhou 等（2020）分析了我国不同类型环境规制对能源环境偏向型技术进步的影响；Yi 等（2020）利用中国 30 个省份 2003~2016 年的面板数据实证分

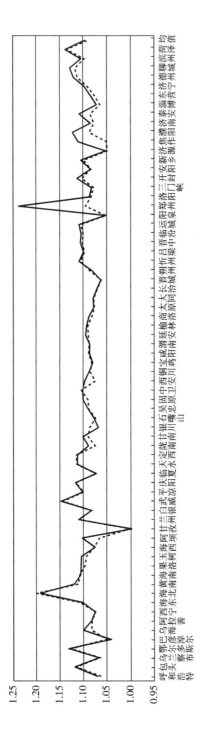

图 4-10　Window-Malmquist 和 Global-Malmquist 指数模型下 MI 值对比

析了中性技术进步和偏差技术进步对雾霾污染的影响，发现不同类型技术进步的减霾效果存在显著区域差异性；陈勇和柏喆（2020）利用省级面板数据分析了技术进步偏向、资本与劳动要素禀赋、产业结构变动对劳动收入份额发生的逆转作用；韩国高和张倩（2019）实证检验了技术进步偏向对工业产能过剩的影响程度及其传导机制，发现技术适宜性下技术进步偏向会有效促进生产效率并化解产能过剩；丁黎黎等（2019）发现技术进步是中国沿海地区海洋积极绿色生产率增长的主要驱动因素，且呈现节约资本、使用劳动力和资源的特征。

假设技术进步会导致等产量线的移动，如果边际替代率（Marginal Substitution Rate，MSR）不变化，则表示技术进步为希克斯中性，若 MSR 增加则表示技术进步偏向于节约投入 1、使用投入 2，若 MSR 减少则表示技术进步偏向于使用投入 1、节约投入 2。本章假设资本投入为 x_c，劳动力投入为 x_p，土地资源投入为 x_l，则当 $x_l^{t+1}/x_p^{t+1} > x_l^t/x_p^t$ 时，IBTC>1 表示技术进步偏向于使用劳动力投入，节约土地资源，IBTC<1 表示技术进步偏向于使用土地资源，节约劳动力投入。反之，当 $x_l^{t+1}/x_p^{t+1} < x_l^t/x_p^t$ 时，结论正好相反，同理，当 $x_l^{t+1}/x_c^{t+1} > x_l^t/x_c^t$ 时，IBTC>1 表示技术进步偏向于使用资本投入，节约土地资源，IBTC<1 表示技术进步偏向于使用土地资源，节约资本投入。

假设 y_g 代表期望产出（地均第二、第三产业产值，在岗职工年平均工资），y_b 代表非期望产出（碳排放量），当 $y_b^{t+1}/y_g^{t+1} < y_b^t/y_g^t$ 时，OBTC>1 表示技术进步偏向增加非期望产出，OBTC<1 表示技术进步偏向增加期望产出，当 $y_b^{t+1}/y_g^{t+1} > y_b^t/y_g^t$ 时，OBTC>1 表示技术进步偏向增加期望产出，OBTC<1 表示技术进步偏向增加非期望产出。

虽然 IBTC、OBTC 两项指标并不能直接反映技术进步在不同投入或者不同产出上的偏向性，也不能确定应该增加或者减少哪些投入/产出，但是结合要素不同时期的比值大小，可以得到投入与产出要素的偏向性。

首先，分析三种投入要素，包括建设用地面积、地均固定资产投资总额和第二、第三产业从业人员数。现在分别利用建设用地面积/地均固定资产投融资总额及建设用地面积/第二、第三产业从业人员数进行两两对比分析，发现在整个研究区间内，IBTC 偏向于使用建设用地、节约资本投入的城市有 44 个，其中典型代表城市有：渭南、固原、新乡，这是由于建设用地是资源开发利用的基础，且这些城市的行政区划面积相对较大，所以在投资较短缺时，首先想到的是投入土地以增加生产率的方式。IBTC 偏向于使用建设用地、节约劳动力投入的城市也有 44 个，其中典型代表城市有：白银、定西、固原、商洛、济源、焦作，这是由于虽然这些地区建设用地面积依然充足，但劳动力流出较多，因此为了获得更高土地利用生产率依然采用投入建设用地的方式。

按照研究区间内平均值分析，IBTC 偏向于使用劳动力、节约建设用地的城市比例是 36.23%，偏向于使用固定资产投资、节约建设用地的城市比例也是 36.23%，但这些城市并不全部重叠。整体来看，偏向于使用建设用地、节约劳动力和固定资本投资的城市有 32 个，且主要集中在黄河流域中下游，偏向于使用劳动力和固定资本投资、节约建设用地的城市有 13 个，主要集中在黄河流域上中游，这些城市中一部分由于本身城市面积较小，建设用地资源紧张无法扩张，例如乌海；另一部分城市虽然行政面积较大，但大部分土地用于生态平衡建设，没有统筹到建设用地中，例如阿拉善、海北、果洛、玉树等。今后这些地区可以加大人才引进力度，只有当劳动人口增多时，才有机会继续采用增加劳动资本改善土地利用效率的途径。

从 IBTC 偏向型的时间分布情况看，黄河流域各时期采用投入资本、节约建设用地方式的城市平均不足 29 个。采用投入劳动力、节约建设用地方式的城市平均不足 36 个。说明大部分城市提高土地利用全要素生产率仍旧依靠增加建设用地面积投入方式。各年使用固定资产投资、节约建设用地投入的城市数量随时间推移呈现波动上升的态势，2018 年有 32 个城市依旧采用这种方式提高土地利用全要素生产率。各年使用投入劳动力、节约建设用地投入的城市数量也随时间推移呈现波动上升的态势，2018 年有 39 个城市采用这种方式（见图 4-11）。

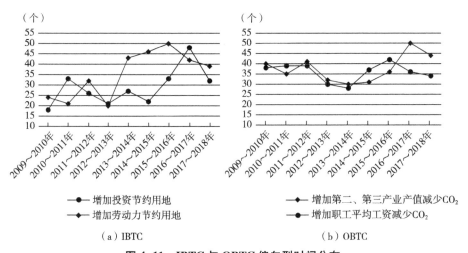

图 4-11　IBTC 与 OBTC 偏向型时间分布

其次，分析三种产出要素，其中包含两种期望产出（地均第二、第三产业产值和职工年平均工资）和一种非期望产出（碳排放量）。分别将非期望产出与两种期望产出进行比较分析，可以发现，研究时期内 OBTC 偏向增加地均第二、第三产业产值，减少碳排放量的城市有 23 个，典型代表城市有：阿坝、陇南、淄博和东营；OBTC 偏向增加职工年平均工资、减少碳排放量的城市有 27 个，典型代表城市是鄂尔多斯、海北、阿坝、甘孜、淄博和东营。说明这些城市在研究区间里重视经济效益的同时不忘环境效益，提高土地利用生产率不以牺牲环境为代价。OBTC 偏向增加碳排放量，减少地均第二、第三产业产值与职工年均工资的城市比例为 66.67%（见表 4-15），这些城市需要政府积极引导改变目前的投资结构，重视生态环境保护，努力实现环境效益、经济效益和社会效益的统一。

表 4-15　2009～2018 年技术进步的偏向性比重　　　　　单位:%

技术进步	要素偏向性	2009～2010 年	2010～2011 年	2011～2012 年	2012～2013 年	2013～2014 年	2014～2015 年	2015～2016 年	2016～2017 年	2017～2018 年
IBTC	节约资本使用劳动力	30.43	60.87	33.33	36.23	24.64	20.29	27.54	50.72	42.03
	节约建设用地使用劳动力	34.78	30.43	46.38	28.99	62.32	66.67	72.46	60.87	56.52
	节约建设用地使用资本	26.09	47.83	37.68	30.43	39.13	31.88	47.83	69.57	46.38
OBTC	增加地均第二、第三产业产值	57.97	50.72	56.52	46.38	43.48	44.93	52.17	72.46	63.77
	增加职工年均工资	55.07	56.52	56.52	43.48	40.58	53.62	60.87	52.17	49.28
	增加碳排放量	56.52	53.62	65.22	57.97	59.42	55.07	47.83	55.07	47.83

从 OBTC 偏向型的时间分布情况看，黄河流域各时期增加第二、第三产业产值，减少碳排放量的城市平均不足 38 个，增加职工平均工资、减少碳排放量的城市平均不足 36 个。说明黄河流域内近一半的城市在提高土地利用生产率的同时还在不断增加碳排放量，特别是一些能源类型的城市，例如包头、乌海、平凉、宝鸡、渭南、焦作、济宁等，研究期间土地利用生产率和碳排放量均大幅度增加，因此，这些城市在发展技术进步的同时要考虑对非期望产出的影响。

表 4-15 是 2009～2018 年技术进步的偏向性比重，从中可以发现黄河流域各

城市不同时期以增加建设用地投入作为提升土地利用生产率的主要方式，其次是投入劳动力，最后才是投入资本。而从产出看，首先是以增加地均第二、第三产业产值为主，其次是增加职工年均工资，最后是增加碳排放量。这说明黄河流域在土地利用过程中，增加建设用地投入是主要方式，而碳排放量增加依旧是制约其生产率提升的主要因素，因此重视土地利用生态效益是目前黄河流域的重要工作，这也是党的十八大以后政府工作新目标的导向。

三、土地利用全要素生产率指数重心演变分析

采用重心模型探索黄河流域城市土地利用全要素生产率指数的空间变动轨迹，各城市的坐标选用 ArcGIS 计算的几何中心点坐标。采用式（4-17）计算黄河流域各城市土地利用全要素生产率指数的重心坐标，并绘制重心变化轨迹，如图 4-12 所示。

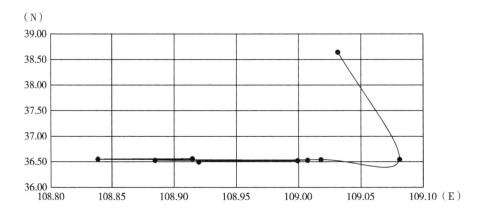

图 4-12 2009~2018 年黄河流域城市土地利用全要素生产率指数重心移动轨迹

观察图 4-12 可以发现，黄河流域城市土地利用全要素生产率指数的重心在研究区间内处于 108′8384°~109′0804°E 和 35′52°~38′64°N。从时间轴上看，重心先向东南移动，后向西移动，最后向东转移。地理位置上，2009 年重心位于内蒙古鄂尔多斯境内，2010 年后一直处于 36′50°N 上下，位于陕西延安境内。总体来讲，土地利用全要素生产率指数的重心移动变化轨迹可以分为以下三个阶段：2009~2011 年，土地利用全要素生产率指数重心向东南移动；2012~2016 年，土地利用全要素生产率指数重心逐渐向西移动；2017~2018 年，土地利用全

要素生产率指数重心向东移动。而且 2011 年和 2015 年的移动速率较快，其他时间段的移动速率较慢，移动速率缓慢表示各城市的土地利用发展差异不大，移动速率较快则代表各城市的土地利用发展差异较大。

四、土地利用全要素生产率指数变化收敛特性分析

采用式（4-17）至式（4-20）对基于 Windows-Malmquist 模型的黄河流域土地利用全要素生产率指数计算其 σ 收敛性。如图 4-13 所示，可以发现随着时间的推移，整个黄河流域土地利用全要素生产率指数变异系数没有减小的趋势，但黄河流域上游城市与下游城市内部的土地利用全要素生产率指数变异系数具有减小的态势，黄河流域中游城市在 2010~2013 年土地利用全要素生产率指数存在下降趋势，说明上游和下游各城市的土地利用全要素生产率指数满足 σ 收敛特性，而中游城市在 2010~2013 年存在离散程度逐步缩小的态势。

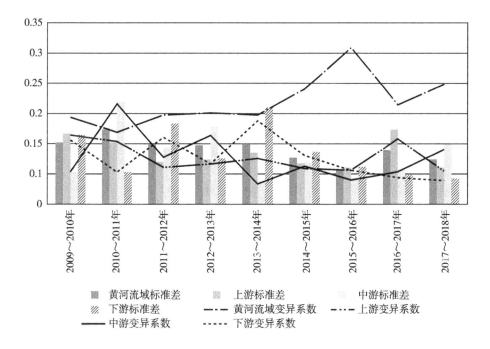

图 4-13　2009~2018 年黄河流域及其上、中、下游土地利用全要素生产率的 σ 收敛性

利用式（4-19）对黄河流域 69 个城市的土地利用生产率指数进行绝对 β 收敛分析（见表 4-16）。可以看出，各评价区域的土地利用生产率指数均通过了 t

检验，黄河流域及其上、下游的土地利用全要素生产率指数在 1% 的水平上显著，中游的土地利用全要素生产率指数则均在 5% 的水平上显著，且 β 系数都小于 0，表明黄河流域及其上、中、下游的土地利用全要素生产率指数具有绝对 β 收敛特征，如果没有外在干扰，各区域的土地利用全要素生产率指数收敛于各自的稳态，而且城市之间的土地利用全要素生产率指数具有"追赶效应"。

表 4-16　2009~2018 年黄河流域土地利用全要素生产率变化的 β 收敛检验结果

变量	绝对 β 收敛				条件 β 收敛			
	黄河流域	上游	中游	下游	黄河流域	上游	中游	下游
$\ln TFP$	-1.1230 ***	-1.1804 ***	-1.0887 ***	-1.1335 ***	-1.1210 ***	-1.1727 ***	-1.0994 ***	-1.1233 ***
urb	—	—	—	—	0.0010	0.0006	0.0030 *	-0.0002
$pgdp$	—	—	—	—	-0.0009	0.0139	0.0099	0.0003
$build$	—	—	—	—	-0.0146 *	-0.0191 ***	-0.0083	0.0224 *
_cons	-0.0012	-0.0164	0.0083	0.0085	0.3712 *	0.2850 **	0.0350	-1.0842
时间效应	控制	控制	控制	控制	控制	控制	控制	控制
城市效应	控制	控制	控制	控制	控制	控制	控制	控制
R^2	0.6816	0.7301	0.6337	0.7630	0.6846	0.7379	0.6411	0.7651
样本数	552	200	208	144	552	200	208	144
平均收敛速度	9.41%	9.74%	9.21%	10.04%	9.40%	9.70%	9.27%	9.41%

注：括号内为稳健性标准误，***、**、* 分别代表 1%、5%、10% 的显著水平。

同样选择城镇化率、人均 GDP 和建设用地占比三个指标作为控制变量，分别反映社会、经济和土地结构对促进土地利用全要素生产率指数收敛的作用，利用式（4-20）选择时间个体双向固定效应模型进行检验（见表 4-16）。可以发现，增加了控制变量条件以后，所有研究区域的土地利用生产率指数均通过了 t 检验，且回归系数均为负值，说明黄河流域各城市都朝着各自的稳态水平趋近，而且条件收敛的 β 系数普遍大于绝对收敛的 β 系数，上、下游内城市平均收敛速度大于中游内城市平均收敛速度，同一研究区域内条件收敛下的平均收敛速度也都大于绝对收敛下的平均收敛速度，体现了模型的收敛性增强。从系数值分析，当黄河流域全域的土地利用生产率指数增加 1% 时，绝对收敛下 $\ln(TFP_{i+1}/TFP_i)$ 减少 1.123%，条件收敛下 $\ln(TFP_{i+1}/TFP_i)$ 减少 1.121%。观察控制变量的影响效果可以发现，建设用地占比对城市土地利用全要素生产率指数的影响存在区域差异性，上、下游内建设用地占比呈显著正向影响，但全域内则呈显著负向影响；中游城镇化水平对城市土地利用全要素生产率指数具有正向弹性。

第七节 本章小结

本章首先选用包含非期望产出的指标体系，采用三阶段 Super-SBM-SFA 模型，分别计算消除环境变量影响前、后的黄河流域 69 个城市的土地利用效率值，并对比第一和第三阶段效率值的变化情况，发现消除环境变量影响，使黄河流域城市处于相同运气水平下后，土地利用效率值增大。进一步分解效率值，利用重心模型分析空间演变情况，分析城市土地利用效率的收敛特性。其次，选用 Windows-Malmquist 模型计算黄河流域城市土地利用效率的全要素生产率指数，从投入偏向型与产出偏向型分析指数动态变化，最后分析其空间演变和收敛特性。具体结论如下：

第一，研究区间内，黄河流域 69 个城市的土地利用效率均值为 0.4655，总体水平较低，且下游>上游>中游，但各城市的土地利用效率呈现逐年增长趋势，平均增速为 3.825%，各城市的纯技术效率值普遍较高，规模效率是导致城市土地利用效率低的主要因素。2018 年仅 5 个城市的土地利用效率值大于 1，且 8 个省会城市的土地利用效率值相对较高，城市土地利用效率不存在完全的经济规模等级递增效应，中速发展类城市的土地利用效率最低。建议黄河流域各城市积极提升城市土地利用效率时不仅要以经济效益作为参考，还应优化土地生产要素配置，适度扩大城市规模，因地制宜开展土地利用；同时，积极推进高科技成果在土地利用过程中的成果转化，依靠创新技术走高质量发展道路。

第二，黄河流域及其上、中、下游均存在 σ 收敛性，各城市土地利用效率值的离散程度呈现逐年缩小态势，同时其城市土地利用效率也具有"追赶效应"，存在绝对 β 收敛性和条件 β 收敛性，而且条件收敛的 β 系数普遍大于绝对收敛的 β 系数，同一研究区域内条件收敛下的平均收敛速度也都大于绝对收敛下的平均收敛速度，体现了模型的收敛性增强。建议黄河流域及其上、中、下游内部之间各城市加强互鉴和学习，在提升各自城市土地利用效率的同时缩短收敛时间，达到流域内的协同发展。

第三，2011年以后，黄河流域城市土地利用全要素生产率指数均大于1，表明流域内城市土地利用生产率整体处于增长趋势，且土地利用全要素生产率的增长主要源于技术进步的推动，分解指数后发现技术规模变化指数对土地利用全要素生产率指数的贡献为正，投入偏向型技术进步和产出偏向型技术进步对土地利用全要素生产率指数的贡献均为负。

第四，从投入偏向要素分析，黄河流域内44个城市偏向于使用建设用地，从产出偏向要素分析，流域内偏向于减少非期望产出的城市仅23个，说明黄河流域的土地利用生产率主要依靠投入土地资源，而产出方面则主要关注经济效益和社会效益，对生态效益关注不多。因此，建议黄河流域各城市要积极培训高层次人才，积极引导依靠劳动力和资本促进城市土地利用的高效发展。国家在流域内各省份积极实施生态保护政策，但是受经济发展影响，很多城市在土地利用建设过程中没有重视生态效益，因而效果受限，今后，各城市政府可以将国家生态保护政策与当地的经济效益和社会效益协同发展，真正做到黄河流域城市土地利用的高质量发展。

第五，从收敛性分析，黄河流域城市土地利用生产率指数在上游和下游具有σ收敛性，整个流域内和中游则不具有σ收敛性，但是其均存在绝对β收敛和条件β收敛，说明黄河流域土地利用生产率低的城市对土地利用生产率高的城市具有"追赶效应"，随着时间的推移各城市的土地利用生产率会收敛于各自的稳态；而且条件收敛回归中，建设用地占比显著负向影响城市土地利用生产率指数的提高。因此，黄河流域内各城市在土地利用过程中，可以打破地域界限，加强交流与学习，积极鼓励创新技术与环境友好型技术的推广和应用，同时，还要考虑各地区的土地资源禀赋以及产业发展、城镇建设水平，提高土地利用稳态发展水平。

第五章　城市土地利用效率驱动机理分析

第一节　基于静态面板的数据分析

一、黄河流域城市土地利用效率影响机理分析

城市土地利用效率是衡量城市发展过程中土地利用效果的一项重要指标，受城市发展过程中的社会因素、经济因素、科技因素、土地结构、产业结构和空间状态等多种因素影响，精确识别各种因素对土地利用效率的影响方向和力度，对改善城市后期土地利用效率具有重要意义。

（一）社会因素

根据前面的文献总结，选取城镇化率与人口密度作为影响城市土地利用效率的社会因素，之前学者们的研究普遍认为劳动力人口密度正向作用于城市土地利用效率，而城镇化与城市土地利用效率之间存在长期协整关系，短期内未见显著影响，本章以黄河流域城市土地利用效率为实证验证相关结论。

（二）经济因素

目前，我国进入中高速经济增长的新常态阶段，研究经济增长与城市土地利用效率之间的关系意义显著，而关于两者之间的关系学者们并未形成一致结论，李刚（2015）认为经济发展提高了城市单位面积的经济密度和强度，促进了土地利用效率的提升；匡兵等（2018）认为经济增长与城市土地利用效率之间存在倒

"U"型的库兹涅茨效应。虽然关于经济增长与城市土地利用效率之间的学术成果相对较多，但是主要集中在人地矛盾较大、经济发展较高的长三角地区、珠三角地区、长江流域内，对黄河流域的城市土地利用效率研究相对较少。因此本章选取人均 GDP 和地均 GDP 两种反映经济增长的指标，分析黄河流域内城市土地利用效率与两种经济增长指标之间的驱动机理。

（三）科技因素

科技是新时代主要生产力，科技进步一方面可以改善人们利用土地的方式，另一方面可以通过作用于其他因素进而间接影响城市土地利用效率。本章首先考察科技进步对城市土地利用效率的直接影响机理，其次将科技进步作为工具变量或者限制约束变量分析其对城市土地利用效率的间接影响机理，选择科研经费投入表征科技因素。

（四）土地结构

不同土地利用类型其经济产出、生态产出存在很大差距，聂雷等研究认为，人均耕地面积与城市土地利用效率负相关，而且公共设施占建设用地比例与城市土地利用效率之间的关系，视城市类型呈现不同的相关性（聂雷等，2019）。本章主要考虑城市建设过程中建设用地占比和耕地占比对城市土地利用效率的影响机理，选用这两个指标是出于以下两方面的考虑：一是建设用地和耕地是土地利用过程中两类主要用地，二是这两种用地结构的比重存在此消彼长的互斥关系，同时受我国耕地保护政策的影响，耕地占比的减少和建设用地的增加是政府部门关注的焦点。

（五）产业结构

近年来，随着工业化进程与城镇化进程的推进，城市产业结构与土地利用之间的关系也日益增强，很多学者借助土地财政影响产业结构进而分析其与城市土地利用的关系。梁流涛等（2017）认为城市产业结构优化能够提高土地利用效率，资本有机构成的提高，且进一步加大资本对城市土地产出的推动作用，有利于土地利用效率的提升，但不利于城市就业水平的提升。钟文等（2020）以中国各省份为研究对象，研究发现土地财政整体抑制城市土地利用效率的提高，主要通过经济集聚和产业结构的双向扭曲效应实现。本章选取第二、第三产业产值占GDP 比重作为产业结构衡量指标，分析其对城市土地利用效率的影响机理。

（六）空间状态

黄河流域内各城市地处中国西部及西北地区，黄河是各城市的主要水域资源，且地域上相邻。虽然本章测度的城市土地利用效率值已经采用环境变量，即常住人口、水域面积进行了调整，但是各城市在空间地域上的相邻，以及城市之间的政府竞争等因素都会使得黄河流域各城市存在空间上的关联。因此，本章选取不同类型空间权重矩阵分析城市之间的空间关联性。同时也实现本章研究从静态向动态向空间的扩展，使得黄河流域城市土地利用效率的驱动机理分析更加完善。

对前四个因素的指标进行描述性统计，结果如表 5-1 所示，为了消除异方差保证数据的平稳性，并使得影响因素的系数具有弹性意义，首先对部分数据进行了取对数处理，研究区间为 2009~2018 年，一共 10 年，每一年的样本数 69 个，lnte 为 [-1.743，0.336]，lnurb、density、bgdp、pgdp、build、farm、lnrd 的均值分别为 3.420、299.050、1193.739、3.865、27.399、8.768、9.337。

表 5-1　2009~2018 年黄河流域各城市土地利用效率影响因素描述性统计

变量		均值	稳健性标准差	最小值	最大值	样本数
lnte	全部	-0.8280	0.585	-1.743	0.336	690
	组间		0.231	-1.221	0.000	69
	组内		0.296	-1.452	0.189	10
lnurb	全部	3.420	0.496	2.326	4.554	690
	组间		0.481	2.406	4.547	69
	组内		0.133	2.338	4.517	10
density	全部	299.050	293.942	2.460	1440.370	690
	组间		295.200	2.610	1203.517	69
	组内		19.931	77.903	535.903	10
bgdp	全部	1193.739	1577.033	1.255	12251.590	690
	组间		1505.828	2.208	7448.467	69
	组内		499.135	-1811.396	5996.863	10
pgdp	全部	3.865	2.988	0.449	18.640	690
	组间		2.877	0.749	15.762	69
	组内		0.872	0.005	7.149	10
build	全部	27.399	18.456	0.018	68.590	690
	组间		18.573	0.018	68.417	69
	组内		0.380	26.015	34.647	10

续表

变量		均值	稳健性标准差	最小值	最大值	样本数
farm	全部	8.768	6.974	0.091	29.836	690
	组间		7.005	0.106	27.521	69
	组内		0.462	5.618	11.083	10
lnrd	全部	9.337	1.236	6.199	13.064	690
	组间		1.145	6.564	11.877	69
	组内		0.483	7.782	11.710	10

二、黄河流域城市土地利用效率静态分析

(一) 城市土地利用效率影响因素分析

为了避免出现伪回归，确保估计结果的有效性，首先对各面板数据进行平稳性检验，检验时分别采用无截距项和趋势项、有截距项和有趋势项三种模式，如果三种检验均接受原假设，则认为该序列是非平稳的，检验采用 LLC 检验和 Fisher-ADF 检验，根据 AIC 信息准则选择最优滞后阶数，检验结果如表 5-2 所示，可以发现，所有解释变量都是平稳序列，不会出现伪回归现象。这里的 te、se、和 tfp 分别代表城市土地利用效率、土地利用规模效率和土地利用全要素生产率；urb、density、pgdp、bgdp、build、farm、revenue、prop、lnrd 分别表示城镇化率，人口密度，人均 GDP，地均 GDP，建设用地占比，耕地占比，地均财政收入，第二、第三产业产值占 GDP 比重，科研经费财政支出。

表 5-2　主要变量面板单位根检验

变量	水平方程		一阶差分方程	
	LLC 检验	Fisher-ADF 检验	LLC 检验	Fisher-ADF 检验
lnte	−150.000***	−9.8893***	−20.3996***	−14.1899***
	(0.0000)	(0.0000)	(0.0000)	(0.0000)
lnse	−29.9836***	−10.2781***	−33.8474***	−14.1149***
	(0.0000)	(0.0000)	(0.0000)	(0.0000)
lntfp	−28.8532***	−13.4299***	−22.6007***	−15.1560***
	(0.0000)	(0.0000)	(0.0000)	(0.0000)

续表

变量	水平方程		一阶差分方程	
	LLC 检验	Fisher-ADF 检验	LLC 检验	Fisher-ADF 检验
lnurb	−34. 1670 ***	−14. 2538 ***	−26. 5635 ***	−17. 4082 ***
	(0. 0000)	(0. 0000)	(0. 0000)	(0. 0000)
density	−2. 3394 ***	−13. 9945 ***	−18. 5644 ***	−15. 4076 ***
	(0. 0097)	(0. 0000)	(0. 0000)	(0. 0000)
pgdp	−16. 1376 ***	−6. 2404 ***	−19. 0859 ***	−14. 8050 ***
	(0. 0000)	(0. 0000)	(0. 0000)	(0. 0000)
bgdp	−9. 0916	−7. 7377	−10. 1985	−14. 6958
	(0. 0000)	(0. 0000)	(0. 0000)	(0. 0000)
build	−400. 00 ***	−21. 9988 ***	−10. 1203 ***	−19. 1466 ***
	(0. 0000)	(0. 0000)	(0. 0000)	(0. 0000)
farm	−140. 00	−13. 6273	−12. 9253	−6. 2737
	(0. 0000)	(0. 0000)	(0. 0000)	(0. 0000)
revenue	−22. 8452	−5. 7988 ***	−20. 6648 ****	−15. 5376 ***
	(0. 0000)	(0. 0000)	(0. 0000)	(0. 0000)
prop	−84. 2967 ***	−11. 0415 ***	−6. 7659 ***	−9. 8073 ***
	(0. 0000)	(0. 0000)	(0. 0000)	(0. 0000)
lnrd	−2. 3758 ***	−8. 9181 ***	−10. 6015 ***	−12. 4681 ***
	(0. 0088)	(0. 0000)	(0. 0000)	(0. 0000)

注：LLC 检验括号前是 T 统计量，Fisher-ADF 检验括号前是 Z 统计量。＊、＊＊、＊＊＊分别表示在 10%、5%、1%统计水平上显著。

　　其次，采用静态模型分析各类因素对黄河流域城市土地利用效率的影响，这里假设样本之间不存在序列相关性和截面相关性，分别选用混合 OLS 模型、固定效应模型和随机效应模型进行稳健性估计，具体结果如表 5-3 第 2、第 3、第 5 列所示。可以看出，混合 OLS 模型中，城镇化率、地均 GDP、建设用地占比和科研经费财政支出均在 5%及以上水平显著影响城市土地利用效率。但是这个模型是将面板模型当作截面数据进行处理，因此存在估计偏误，同时由于黄河流域每个城市的市情不一样，也可能存在不随时间而变的遗漏变量，而且最大似然比检验 P 值<0.05，说明固定效应模型更适合本章研究，所以同时考虑使用固定效应模型进行估计，并对固定效应和随机效应模型进行 Hausman 检验，其卡方统计

量为 479.65，P 值为 0，说明使用固定效应模型要优于随机效应模型。然后对后两种模型分别进行组间异方差检验、序列相关检验和截面相关检验，检验结果见表 5-4。证实样本数据存在组间异方差、截面相关性和序列相关性，因此，可以认为固定效应模型相比混合 OLS 模型与随机效应模型更适合。表 5-3 中第 4 列是考虑了截面相关后得到的统计结果，可以发现与第 3 列的结果基本相似。表 5-3 中第 6 和第 7 列是采用固定效应模型和随机效应模型分别考虑了截面相关与异方差后得到的估计结果，同样采用 Hausman 检验发现卡方统计量为 1113.66，P 值为 0，因此，进一步说明使用固定效应模型更适合。

表 5-3 2009~2018 年黄河流域城市土地利用效率静态模型分析

变量	OLS	Fe	Fe_id	Re	Fe_scc	Re_scc
lnurb	-0.0653**	0.1061	0.1061	-0.1245	0.1061	-0.1245***
	(0.0270)	(0.0771)	(0.0771)	(0.0770)	(0.0646)	(0.0312)
density	-0.0002	0.0005	0.0005	-0.0001	0.0005*	-0.0001
	(0.0001)	(0.0000)	(0.0003)	(0.0003)	(0.0003)	(0.0002)
bgdp	0.0001***	-0.0001***	-0.0001***	0.0001**	-0.0001***	0.0001**
	(0.0000)	(0.0000)	(0.0000)	(0.0000)	(0.0000)	(0.0000)
pgdp	0.0100*	0.1926***	0.1926***	0.0686***	0.1926***	0.0686**
	(0.0051)	(0.0294)	(0.0294)	(0.0234)	(0.0276)	(0.0244)
build	-0.0063***	-0.0469**	-0.0469**	-0.0049	-0.0469***	-0.0049
	(0.0013)	(0.0196)	(0.0196)	(0.0036)	(0.0137)	(0.0051)
farm	-0.0012	0.0841*	0.0841*	-0.0094	0.0841***	-0.0094
	(0.0045)	(0.0491)	(0.0491)	(0.0122)	(0.0210)	(0.0080)
lnrd	0.0681***	0.1586***	0.1586***	0.1709***	0.1586***	0.1709***
	(0.0126)	(0.0351)	(0.0351)	(-0.0319)	(0.0295)	(0.0131)
_cons	-1.2100***	-2.8844***	-2.8844***	-2.1270***	-2.8844***	-2.1270***
	(0.1271)	(0.7753)	(0.7753)	(0.3707)	(0.4601)	(0.1680)
Hausman	—	—	479.65		1113.66	
P 值			0.0000		0.0000	
R²	0.4209	0.6841	0.6841	0.5931	0.6841	0.3373
N	690	690	690	690	690	690

注：*、**、***分别表示在10%、5%、1%统计水平上显著，括号内是稳健性标准误值。

最后，选用表5-3中第6列的固定效应模型进行结果分析：在1%水平上显著的影响因素有地均GDP、人均GDP、建设用地占比、耕地占比和科研经费财政支出，在10%水平上显著的影响因素有人口密度。进一步研究，地均GDP和建设用地占比对城市土地利用效率存在负向影响关系，地均GDP每减少0.01个单位，或者建设用地占比减少4.69个单位，城市土地利用效率就可以提高1%；而城镇化率、人口密度、人均GDP、耕地占比和科研经费财政支出对城市土地利用效率均呈现正向影响，如果仅考虑在1%水平上显著，则人均GDP每增加19.26个单位，或者科研经费财政支出每增加0.16%，城市土地利用效率就会增加1%。这一数据结果说明，黄河流域城市土地利用过程中，耕地开发与保护工作做得不错，没有出现牺牲大面积耕地提高土地利用效率的显著性结果，同时，城镇化也并不是影响土地利用效率的强有效因素（不显著），但是依靠科技进步与人均GDP的高产出可以获得高土地利用效率；此外建设用地占比的负相关性说明，目前黄河流域的建设用地利用存在冗余或者利用不足现象，这可以作为政府今后关注的重心。

表5-4　固定效应、随机效应的组间异方差、序列相关、截面相关检验

检验	统计量	固定效应模型	随机效应模型
组间异方差检验	卡方值	29964.49	
	P值	0.0000	
序列相关检验	F统计量	137.852	634.83（LM检验）
	P值	0.0000	0.0000
截面相关检验	Pesaran's test值	23.607	67.134
	P值	0.0000	0.0000

此外，可以在固定效应模型中考虑时间效应——双向固定效应模型（Two-Way FE），即采用考虑组间异方差和截面相关情况的固定效应模型和增加时间效应的固定效应模型进行结果对比，具体如表5-5所示。可以发现，各变量的系数值普遍减小，且人均GDP、耕地占比和科研经费财政支出三个解释变量对城市土地利用效率没有显著影响，城镇化率出现了负向影响，但各年度虚拟变量均在1%水平上显著，且检验年度虚拟变量的联合显著性，结果强烈拒绝"无时间效应"的原假设，证明模型中包含时间效应，但是考虑到N>T，且时间跨度一共10年，所以依旧采用不含时间效应的固定效应模型进行结果分析。

表 5-5　固定效应模型和双向固定效应模型结果对比

变量	固定效应模型	双向固定效应模型
lnurb	0. 1061	−0. 0405
	（0. 0650）	（0. 0229）
density	0. 0005 *	0. 0002 **
	（0. 0000）	（0. 0000）
bgdp	−0. 0001 ***	−0. 0000 ***
	（0. 0000）	（0. 0000）
pgdp	0. 1926 ***	−0. 0097
	（0. 0276）	（0. 0066）
build	−0. 0469 ***	−0. 0215 **
	（0. 0137）	（0. 0087）
farm	0. 0841 **	−0. 0078
	（0. 0210）	（0. 0069）
lnrd	0. 1586 ***	0. 0020
	（0. 0295）	（0. 0063）
时间控制		控制
_cons	−3. 0184 ***	−0. 4009
	（−0. 5780）	（0. 2807）
N	690	690

注：*、**、***分别表示在10%、5%、1%统计水平上显著，括号内是稳健性标准误值。

　　为了更详细地分析黄河流域上、中、下游城市土地利用效率的影响差异，再次采用固定效应模型考虑异方差和截面相关分别估计黄河流域上、中、下游的城市土地利用效率（见表5-6）。人口密度、人均GDP与科研经费财政支出始终是影响城市土地利用效率的主要因素，人口密度在黄河流域上、中游负向影响城市土地利用效率，在下游则相反，说明下游的人口以技术人才为主，而上、中游的技术人才处于对外流失的境地，所以出现人口密度负向影响城市土地利用效率情况。人均GDP与科研经费财政支出在三个流域内都正向影响城市土地利用效率，且上游的人均GDP系数要大于中、下游，说明研究期间内上游的经济因素对土地利用效率影响更大。地均GDP、建设用地占比、耕地占比显著影响中游城市土地利用效率，从模型的系数值反映出，中游城市的土地利用效率的提高还在依赖土地面积的增加，建设用地面积占比每增加39.01个单位或者耕地面积占比每增加45.60个单位，城市土地利用效率增加1%；中游建设用地面积占比正向影响城市土地利用效率，与全域的建设用地面积占比负向影响城市土地利用效率出现明显差异，这可能是因为中游城市依赖开发建设用地增加经济产出，进而提高了土地利用效率。下游城市中城镇化率与耕地面积占比都对土地利用效率产生正向影响，说明下游城市的城镇化与土地利用协调发展。而上游城市土地结构因素和社会因素对土地利用效率的影响仅在10%水平上显著，说明经济因素是影响上游城市土地利用效率的主要因素。

表5-6　2009～2018年黄河流域上、中、下游城市土地利用效率影响因素分析

变量	上游	中游	下游
lnurb	0.0134	0.0215	0.2170***
	(0.0960)	(0.1219)	(0.0591)
density	−0.0009*	−0.0020**	0.0010**
	(0.0004)	(0.0008)	(0.0004)
bgdp	−0.0004	−0.0001**	−0.0000
	(0.0002)	(0.0001)	(0.0000)
pgdp	0.3315***	0.1245***	0.1303***
	(0.0543)	(0.0330)	(0.0127)
build	−0.0483*	0.3901**	0.0170
	(0.0234)	(0.1373)	(0.0200)
farm	0.0068	0.4560**	0.0992***
	(0.0318)	(0.1411)	(0.0083)
lnrd	0.1386***	0.1274**	0.1228***
	(0.0269)	(0.0413)	(0.0346)
_cons	−1.8236**	−13.9605***	−6.5448***
	(0.6729)	(3.6689)	(0.9526)
R^2	0.7194	0.6888	0.8138
N	250	260	180

注：*、**、***分别表示在10%、5%、1%统计水平上显著，括号内是稳健性标准误值。

根据前文对黄河流域69个城市的地均GDP分类情况，为了对比高、中、低速发展城市的土地利用效率的影响差异，以及省会、非省会城市的土地利用效率影响差异，采用多维面板固定效应模型分别进行稳健性估计。表5-7中，模型（1）是固定时间效应和是否省会城市的估计结果，模型（2）是固定时间效应和高、中、低速发展城市的估计结果，模型（3）是三种固定效应同时存在的估计

结果。表5-7中，模型（1）和模型（3）结果均显示，非省会城市的土地利用效率与省会城市的土地利用效率相比降低了，模型（1）中减少了0.0904%，模型（3）中减少了0.0731%；中速发展类城市土地利用效率与高速发展类城市土地利用效率相比降低了，但低速发展类城市与高速发展类城市相比较，其土地利用效率增加了。

表5-7　多维面板固定效应模型估计结果

变量	模型（1）	模型（2）	模型（3）
lnurb	−0.0416** (0.0180)	−0.0205 (0.0160)	−0.0318** (0.0160)
density	0.0001** (0.0000)	0.0000 (0.0000)	0.0000 (0.0000)
bgdp	0.0001*** (0.0000)	0.0001*** (0.0000)	0.0001*** (0.0000)
pgdp	0.0051* (0.0030)	0.0015 (0.0030)	0.0039 (0.0030)
build	−0.0092*** (0.0010)	−0.0062*** (0.0010)	−0.0063*** (0.0010)
farm	0.0100*** (0.0030)	0.0050* (0.0030)	0.0091*** (0.0030)
lnrd	0.0054 (0.0080)	0.0263*** (0.0080)	0.0220*** (0.0080)
2. capital	−0.0904*** (0.0220)		−0.0731*** (0.0250)
2. class2		−0.1083*** (0.0190)	−0.0796*** (0.0230)
3. class2		0.0587 (0.0380)	0.0969** (0.0410)
时间固定	控制	控制	控制
N	690	690	690
Adj-R²	0.7461	0.7686	0.7704

注：*、**、***分别表示在10%、5%、1%统计水平上显著，括号内是稳健性标准误值。

从各类控制变量分析，当其他条件保持不变时，城镇化率和建设用地占比都抑制城市土地利用效率的增长，人均GDP、地均GDP、耕地占比和科研经费财政支出则促进城市土地利用效率的增长。

（二）城市土地利用纯技术效率影响因素分析

下文将分析社会因素、经济因素、土地结构和科研经费财政支出对城市土地利用纯技术效率的影响，重点看这些因素如何影响城市土地利用的管理和技术水平，分别对固定效应模型和随机效应模型进行组间异方差、序列相关检验和截面相关检验，结果显示两种模型均存在组间异方差、序列相关和截面相关。由于截面数远大于研究周期，因此暂时不考虑序列相关问题，采用能够克服组间异方差和截面相关的固定效应模型与随机效应模型分别进行分析。从 Hausman 检验结果得出，采用随机效应模型更适合，作为对比，同时采用了混合 OLS 模型与一般固定效应模型分析，而且采用随机效应模型同时分析黄河流域全域和上、中、下游内城市土地利用纯技术效率，结果见表 5-8。

表 5-8　2009~2018 年黄河流域及上、中、下游城市土地
利用纯技术效率静态模型分析

变量	黄河流域			上游	中游	下游
	OLS	Fe_scc	Re_scc	Re_scc	Re_scc	Re_scc
lnurb	−0.0010	−0.0027	−0.0010	−0.0013	−0.0004	−0.0007
	(0.0007)	(0.0026)	(0.0007)	(0.0010)	(0.0010)	(0.0018)
density	−0.0000	−0.0000**	−0.0000	0.0000***	0.0000	0.0000
	(0.0000)	(0.0000)	(0.0000)	(0.0000)	(0.0000)	(0.0000)
bgdp	0.0000**	0.0000***	0.0000**	0.0000	0.0000	0.0000**
	(0.0000)	(0.0000)	(0.0000)	(0.0000)	(0.0000)	(0.0000)
pgdp	−0.0006***	−0.0001	−0.0006***	−0.0002	−0.0003	−0.0006
	(0.0002)	(0.0009)	(0.0002)	(0.0003)	(0.0003)	(0.0010)
build	0.0001	0.0007	0.0001	0.0000	−0.0001	0.0005***
	(0.0001)	(0.0006)	(0.0001)	(0.0001)	(0.0001)	(0.0001)
farm	−0.0006**	−0.0047**	−0.0006**	−0.0003**	0.0002	−0.0025***
	(0.0002)	(0.0016)	(0.0002)	(0.0001)	(0.0002)	(0.0004)
lnrd	−0.0007	−0.0001	−0.0007	0.0005	0.0002	−0.0012
	(0.0004)	(0.0004)	(0.0004)	(0.0003)	(0.0003)	(0.0009)
_cons	0.0089*	0.0277	0.0089*	−0.0004	−0.0029	0.0122
	(0.0051)	(0.0244)	(0.0055)	(0.0020)	(0.0065)	(0.0168)
R^2	0.2305	0.1639	0.2305	0.1695	0.2631	0.2543

续表

变量	黄河流域			上游	中游	下游
	OLS	Fe_scc	Re_scc	Re_scc	Re_scc	Re_scc
Hausman		5.71		−47.06	11.68	3.49
P 值		0.5744			0.1116	0.7448
N	690	690	690	250	260	180

注：＊、＊＊、＊＊＊分别表示在10%、5%、1%统计水平上显著，括号内是稳健性标准误值。

从黄河流域全域看，城镇化率与人口密度对城市土地利用的管理和技术水平不存在有效影响，地均 GDP 和人均 GDP 对土地利用的管理和技术水平在5%水平及以上显著，土地结构中的耕地占比也显著影响城市土地利用的管理和技术水平，科研经费财政支出并没有有效影响城市的土地利用管理和技术水平，说明目前各城市的科研经费财政支出与土地利用技术水平没有直接关系。其中人均 GDP 和耕地占比的增多抑制了城市土地利用的管理和技术水平，只有地均 GDP 的增多可以促进城市土地利用的管理和技术水平，说明目前黄河流域内城市经济增长不完全与土地开发建设相关。

从各流域的回归模型分析，上游的人口密度和耕地占比在5%水平上显著影响城市土地利用的管理和技术水平，但是人口密度的正向影响系数非常小，说明现在上游的人口密度很小，虽然有显著影响，但是影响效果很小；中游的各类因素对城市土地利用的管理和技术水平均无显著影响，下游的地均 GDP、建设用地占比和耕地占比都对城市土地利用的管理和技术水平有显著影响，且建设用地占比负向影响城市土地利用效率，耕地占比正向影响城市土地利用效率，说明下游的城市土地利用纯技术效率依赖牺牲耕地增加建设用地的投入，而且耕地占比在上、下游呈现的负相关性与全域内的影响关系一致。

从影响效应角度分析，地均 GDP 对城市土地利用效率的影响和对城市土地利用纯技术效率的影响出现相反效果，但无论是正效应还是负效应，其系数值都很小。此外，采用加入时间效应的随机效应模型分析，发现各时间虚拟变量都不显著，因此对城市土地利用纯技术效率不再考虑时间效应。

（三）城市土地利用规模效率影响因素分析

最后分析社会因素、经济因素、土地结构、科技经费财政支出对城市土地利用规模效率的影响，分别采用混合 OLS 模型、固定效应模型和随机效应模型进行分析，对固定效应模型和随机效应模型进行组间异方差、序列相关检验和截面相关检验，结果显示两种模型均存在组间异方差、序列相关和截面相关。由于截面数远大于研究周期，因此暂时不考虑序列相关问题，采用能够克服组间异方差和截面相关的固定效应模型与随机效应模型分别进行分析，检验结果如表 5-9 所示。Hausman 检验结果显示固定效应模型更适合，因此采用表 5-9 第 6 列结果分析各类因素对黄河流域城市土地利用规模效率的影响。

表 5-9　2009~2018 年黄河流域城市土地利用规模效率静态模型分析

变量	黄河流域					
	OLS	Fe	Fe_id	Re	Fe_scc	Re_scc
lnurb	-0. 0702 ***	0. 0919	0. 0919	-0. 1309 *	0. 0919	-0. 1309 ***
	(0. 0268)	(0. 0738)	(0. 0738)	(0. 0762)	(0. 0570)	(0. 0324)
density	-0. 0002 *	0. 0004	0. 0004	-0. 0001	0. 0004	-0. 0001
	(0. 0001)	(0. 0003)	(0. 0003)	(0. 0003)	(0. 0003)	(0. 0002)
bgdp	0. 0001 ***	-0. 0001 ***	-0. 0001 ***	0. 0001 **	-0. 0001 ***	0. 0001 **
	(0. 0000)	(0. 0000)	(0. 0000)	(0. 0000)	(0. 0000)	(0. 0000)
pgdp	0. 0129 **	0. 1902 ***	0. 1902 ***	0. 0723 ***	0. 1902 ***	0. 0723 **
	(0. 0051)	(0. 0288)	(0. 0288)	(0. 0233)	(0. 0265)	(0. 0246)
build	-0. 0068 ***	-0. 0501 **	-0. 0501 **	-0. 0054	-0. 0501 ***	-0. 0054
	(0. 0013)	(0. 0198)	(0. 0198)	(0. 0035)	(0. 0140)	(0. 0052)
farm	0. 0043	0. 0974 *	0. 0974 *	-0. 0031	0. 0974 ***	-0. 0031
	(0. 0044)	(0. 0537)	(0. 0537)	(0. 0123)	(0. 0206)	(0. 0087)
lnrd	0. 0660 ***	0. 1542 ***	0. 1542 ***	0. 1685 ***	0. 1542 ***	0. 1685 ***
	(0. 0127)	(0. 0340)	(0. 0340)	(0. 0317)	(0. 0298)	(0. 0131)
_cons	-1. 1557 ***	-2. 7351 ***	-2. 7351 ***	-2. 0705 ***	-2. 7351 ***	-2. 0705 ***
	(0. 1279)	(0. 7597)	(0. 7597)	(0. 3731)	(0. 4734)	(0. 175)
R^2	0. 4229	0. 6827	0. 6827	0. 5972	0. 6827	0. 3421
Hausman	478. 49					
P 值	0. 0000					
N	690	690	690	690	690	690

注：*、**、*** 分别表示在 10%、5%、1% 统计水平上显著，括号内是稳健性标准误值。

社会因素对城市土地利用规模效率无显著影响，经济因素中地均 GDP 对城市土地利用规模效率在 1% 显著性水平上产生负向影响，而人均 GDP 则产生正向影响，这与对城市土地利用效率的影响效果相同。土地结构中建设用地占比和耕地占比均在 1% 水平上显著影响，但是影响方向相反，说明流域内土地结构优化可以直接影响城市土地利用效率和规模效率的提升，科研经费财政支出增加可以促进城市土地利用规模效率的提升。可以发现，所有因素对城市土地利用效率的影响效应和对城市土地利用规模效率的影响效应几乎相同。

继续采用上述模型分析黄河流域上、中、下游各影响因素对城市土地利用规模效率的影响效果，结果见表5-10。5%显著性水平下，只有人均GDP和科研经费财政支出在三个区域存在显著正向影响；10%显著性水平下，人口密度对土地利用规模效率产生影响，但是上、中游为负向影响，下游则为正向影响，同样说明下游内人才比例可能高于上、中游，因此下游人口密度能够有效推进土地利用规模效率，而上、中游城市则应该制定强有力的吸引人才政策，避免本地人才流失，吸引外来人才进入本地工作。耕地占比在中游和下游内显著影响城市土地利用规模效率，但在上游却并不显著，表明黄河流域中、下游的建设用地与耕地矛盾较为突出，而上游城市由于现存未利用土地面积较大，所以该矛盾并未凸显。

表5-10　黄河流域上、中、下游城市土地利用规模效率影响因素分析

变量	上游	中游	下游
lnurb	0.0024 （0.0984）	0.0145 （0.1178）	0.2095*** （0.0517）
density	−0.0009* （0.0004）	−0.0017* （0.0008）	0.0008* （0.0004）
bgdp	−0.0003 （0.0002）	−0.0001** （0.0000）	−0.0000* （0.0000）
pgdp	0.3211*** （0.0521）	0.1239*** （0.0327）	0.1266*** （0.0145）
build	−0.0508* （0.0241）	0.3706** （0.1380）	0.0298 （0.0215）
farm	0.0138 （0.0322）	0.4549** （0.1404）	0.1197*** （0.0174）
lnrd	0.1352*** （0.0272）	0.1259** （0.0410）	0.1067** （0.0379）
_cons	−1.6939** （0.6921）	−13.4929*** （3.6658）	−7.1346*** （1.1880）
Adj-R^2	0.7290	0.6931	0.7893
N	250	260	180

注：*、**、***分别表示在10%、5%、1%统计水平上显著，括号内是稳健性标准误值。

继续加入时间效应，采用克服异方差和截面相关的固定效应模型进行双效固定效用分析，结果见表 5-11。由表 5-11 可以发现，加入时间效应以后，城镇化率对城市土地利用规模效率的影响开始显著，并呈现负相关性，而地均 GDP、耕地占比和科研经费财政支出则没有显著性影响，其他因素的影响效应没有改变，只是标准误缩小。这说明时间效应的影响冲淡了耕地占比和科研经费财政支出的影响效果。

表 5-11　固定效应模型和双向固定效应模型结果对比

变量	固定效应模型	双向固定效应模型
lnurb	0.0919	−0.0513 *
	（0.0570）	（0.0231）
density	0.0004	0.0002
	（0.0003）	（0.0001）
bgdp	−0.0001 ***	−0.0000 ***
	（0.0000）	（0.0000）
pgdp	0.1902 ***	−0.0086
	（0.0265）	（0.0070）
build	−0.0501 ***	−0.0253 **
	（0.0140）	（0.0087）
farm	0.0974 ***	0.0073
	（0.0206）	（0.0098）
lnrd	0.1542 ***	−0.0001
	（0.0298）	（0.0069）
时间控制		控制
_cons	−2.7351 ***	−0.2909
	（0.4734）	（0.2839）
R^2	0.6827	0.8893
N	690	690

注：*、**、***分别表示在 10%、5%、1%统计水平上显著，括号内是稳健性标准误值。

三、低碳约束下黄河流域城市土地利用效率静态分析

随着社会经济的进步，国家日益重视生态环境保护，2011 年国务院印发《"十二五"控制温室气体排放工作方案》，要求按照低碳发展理念，积极应对气

候变化，调整经济结构、优化产业结构和能源结构、努力增加碳汇，在健全激励机制和约束机制促进经济社会可持续发展的同时有效控制碳排放。2012 年印发《国务院办公厅关于印发"十二五"控制温室气体碳排放工作方案重点工作部门分工》（国办函〔2012〕68 号），2014 年国家发改委以发改气候〔2014〕1828 号印发《单位国内生产总值二氧化碳排放降低目标责任考核评估办法》，2016 年开始进行低碳省区和低碳城市试点。2016 年《国家发展改革委办公厅关于开展"十二五"单位国内生产总值二氧化碳排放降低目标责任考核评估的通知》（发改办气候〔1238〕号）提出对全国各省区市开展碳强度现场考核评估，这项工作不仅检查"十二五"期间各地区的单位国内生产总值二氧化碳排放目标完成情况，同时还督促"十三五"期间国家碳减排工作的继续推进。因此各地政府纷纷采用各种技术手段（节能减排）或者物理手段（增加植被、恢复生态）控制碳排放。

本章在计算城市土地利用效率的时候，将碳排放量作为非期望产出进行测度，因此在分析城市土地利用效率影响因素时，将碳排放强度作为约束变量进行分析，采用联立方程模型，加入对碳排放强度的约束条件，分析低碳约束下城市土地利用效率的影响变化。

联立方程模型（Simultaneous-equation Model）始于萨缪尔森和希克斯在 20 世纪 30 年代的研究，它是用若干相互关联的单方程同时表示一个系统中几个经济变量相互联立依存性的模型，模型中的每个方程描述了变量之间的因果关系，通常联立方程中都包含随机方程。模型中的内生变量是由模型系统决定其取值，内生变量在方程组中既可以是被解释变量也可以是解释变量，模型中的外生变量和滞后内生变量统称为前定变量。

按照联立方程模型的思想，分别建立以下模型：

$$lnte = \beta_0 + \beta_1 strc + \beta_2 lnrd + \beta_3 lnurb + \beta_4 density + \beta_5 bgdp + \beta_6 pgdp + \beta_7 build + \beta_8 farm + \varepsilon_{it}$$

$$(5-1)$$

$$strc = \beta_0 + \beta_1 prop + \beta_2 lnrd + \beta_3 lnurb + \beta_4 density + \beta_5 bgdp + \beta_6 pgdp + \beta_7 build + \beta_8 farm + \delta_{it}$$

$$(5-2)$$

其中，两个内生变量分别为城市土地利用效率（$lnte$）和碳排放强度（$strc$），式（5-1）的核心解释变量是碳排放强度（$strc$）和科研经费财政支出（$lnrd$），式（5-2）的核心解释变量是第二、第三产业产值占 GDP 比重（$prop$）和科研经费财政支出（$lnrd$），ε_{it}、δ_{it} 是结构误差项。

对数据进行平稳性检验，避免出现面板数据的伪回归问题，检验方法采用
LLC 检验（见表 5-12），可以发现各变量的稳健性检验 P 值都小于 0.05，拒绝
面板中所有截面序列都是非平稳的原假设，认为各序列平稳。

表 5-12 固定效应模型估计

变量	土地利用效率		碳排放强度	
	方程（1）	方程（2）	方程（3）	方程（4）
strc	−0.1708 ***	−0.0486 *		
	（0.0506）	（−0.0409）		
prop			−0.0285 ***	−0.0235 ***
			（0.0072）	（−0.0082）
lnrd	0.3532 ***	0.1614 ***	0.0415	0.1100 **
	（0.0433）	（0.0356）	（0.0537）	（0.0574）
lnurb		0.1075		0.0253
		（0.0778）		（0.1136）
density		0.0005		0.0000
		（0.0003）		（0.0004）
bgdp		−0.0001 ***		0.0000
		（0.0000）		（0.0001）
pgdp		0.1898 ***		−0.0452 *
		（0.0293）		（0.0261）
build		−0.0458 **		0.0159
		（0.0191）		（0.0236）
farm		0.0781 *		−0.0515
		（0.0465）		（0.1051）
_cons	−4.3569 ***	2.8417 ***	2.7845 ***	1.8506
	（−0.4180）	（0.7317）	（0.6245）	（1.4334）
Adj-R^2	0.4588	0.6864	0.1272	0.1691
N	690	690	690	690

注：*、**、***分别表示在 10%、5%、1%统计水平上显著，括号内是稳健性标准误值。

根据前面的分析，首先采用固定效应模型对两个方程分别进行回归（见表
5-12），可以发现方程（1）中碳排放强度对城市土地利用效率在 1%水平上显著

抑制，方程（2）加入控制变量后，碳排放强度对城市土地利用效率在10%水平上显著抑制；科研经费财政支出始终在1%的显著水平上正向影响土地利用效率；其他控制变量中，经济因素（地均GDP、人均GDP）在1%水平上显著影响，但影响方向相反，土地结构因素也都显著影响，但影响方向相反。表5-12方程（3）中第二、第三产业产值占GDP比重在1%水平上显著抑制碳排放强度，科研经费财政支出的影响效果不显著；方程（4）加入控制变量后，第二、第三产业产值占GDP比重仍在1%水平上显著抑制碳排放强度，科研经费财政也呈现出5%的显著性正向影响；其他控制变量中人均GDP在10%水平上显著负向影响碳排放强度。前两个方程中科研经费财政支出促进城市土地利用效率提升，碳排放强度则抑制城市土地利用效率提升；后两个方程中科研经费财政支出正向影响碳排放强度，但影响效果不全部显著，第二、第三产业产值占GDP比重则与碳排放强度显著负相关，且科研经费财政支出系数大于第二、第三产业产值占GDP比重的影响系数。

对上面的联立方程模型进行阶条件检验，发现两个方程都是恰好识别，秩条件也满足。本章采用似无相关模型和三阶段最小二乘法进行回归分析。似无相关模型可以考虑每个截面方程间扰动项可能存在同期相关性，所以利用样本信息和方程间扰动项的方差协方差矩阵结构，有效提高OLS估计的精度，而三阶段最小二乘法因为在第三阶段回归中应用了广义最小二乘法（FGLS），回归过程中考虑了联立方程的相关性，避免了二阶段最小二乘法出现的偏倚现象，使得回归更有效。

为了体现低碳约束，我们从以下两条路径设置约束条件：第一，假设科研经费财政支出与碳排放强度对城市土地利用效率的影响系数互为相反数，或者说碳排放强度的影响可以被科研经费的投入"抵消掉"（事实上并不是真正的抵消，而是依靠科研投入减弱碳排放强度对城市土地利用效率的负向影响），这个条件设置在式（5-1）上，模型估计结果如表5-13所示。

表5-13　低碳约束（一）下城市土地利用效率的影响

变量	土地利用效率				碳排放强度			
	SUR		3SLS		SUR		3SLS	
	(1) 无	(2) 有	(3) 无	(4) 有	(5) 无	(6) 有	(7) 无	(8) 有
strc	−0.0886***	−0.1651***	−0.5800***	−0.1841***				
	(−0.0216)	(−0.0128)	(−0.1075)	(−0.0159)				

续表

变量	土地利用效率				碳排放强度			
	SUR		3SLS		SUR		3SLS	
	(1) 无	(2) 有	(3) 无	(4) 有	(5) 无	(6) 有	(7) 无	(8) 有
prop					-0.0249***	-0.0268***	-0.0235***	-0.0280***
					(-0.0031)	(-0.0031)	(-0.0031)	(-0.0030)
lnrd	0.1636***	0.1651***	0.1915***	0.1841***	0.1132***	0.1165***	0.1100***	0.1275***
	(-0.0149)	(-0.0128)	(-0.0213)	(-0.0159)	(-0.0262)	(-0.0259)	(-0.0262)	(-0.0259)
lnurb	0.1088**	0.1110**	0.1238**	0.1122**	0.0250	0.0245	0.0253	0.0245
	(-0.0448)	(-0.0454)	(-0.0614)	(-0.0461)	(-0.0758)	(-0.0758)	(-0.0758)	(-0.0758)
density	0.0005	0.0004	0.0003	0.0004	0.0000	0.0000	0.0000	0.0001
	(-0.0003)	(-0.0003)	(-0.0004)	(-0.0003)	(-0.0005)	(-0.0005)	(-0.0005)	(-0.0005)
bgdp	-0.0001***	-0.0001***	-0.0001***	-0.0001***	0.0000	0.0000	0.0000	0.0000
	(0.0000)	(0.0000)	(0.0000)	(0.0000)	(0.0000)	(0.0000)	(0.0000)	(0.0000)
pgdp	0.1875***	0.1838***	0.1591***	0.1779***	-0.0444**	-0.0432**	-0.0452**	-0.0448**
	(-0.0106)	(-0.0107)	(-0.0158)	(-0.0112)	(-0.0180)	(-0.0180)	(-0.0180)	(-0.0180)
build	-0.0449***	-0.0434**	-0.0340	-0.0421**	0.0156	0.0150	0.0159	0.0151
	(-0.0167)	(-0.0170)	(-0.0230)	(-0.0172)	(-0.0283)	(-0.0283)	(-0.0283)	(-0.0283)
farm	0.0732***	0.0646***	0.0131	0.0575**	-0.0472	-0.0413	-0.0515	-0.0399
	(-0.0245)	(-0.0249)	(-0.0359)	(-0.0255)	(-0.0424)	(-0.0423)	(-0.0424)	(-0.0423)
_cons	-2.8065***	-2.7177***	-2.3748***	-2.8365***	1.9102**	1.9945**	1.8506**	1.9820**
	(-0.5339)	(-0.5352)	(-0.7369)	(-0.5458)	(-0.9125)	(-0.9121)	(-0.9126)	(-0.9122)
Adj-R^2	0.6848	0.6731	0.4117	0.6680	0.1688	0.1677	0.1691	0.1664
P 值	0.0000	0.0000	0.0000	0.0000	0.0000	-0.0050	0.0000	-0.0040
N	690	690	690	690	690	690	690	690

注：*、**、***分别表示在 10%、5%、1%统计水平上显著，括号内是稳健性标准误值。

表5-13 中奇数模型都是没有约束条件的估计，而偶数模型中都是包含约束条件的估计，列（1）、列（2）、列（5）、列（6）是 SUR 模型回归结果，列（3）、列（4）、列（7）、列（8）是 3SLS 模型估计结果。从两种模型调整后的 R^2 值分析，似无相关模型的拟合优度更好。分析列（5）~列（8）的回归结果，主要解释变量第二、第三产业产值占 GDP 比重和科研经费财政支出都显著影响了碳排放强度，与表5-12 中影响方向吻合，且与实际情况相符合，说明黄河流

域第二、第三产业价值的增加导致更多的碳排放量。对比列（1）～列（2）的回归结果，可以发现加入约束条件并没有改变主要解释变量及各控制变量对城市土地利用效率和碳排放强度的显著影响效果，而且各变量系数值变化也不大，但是加入约束条件后，碳排放强度对城市土地利用效率的影响系数增强，说明通过科研经费财政支出减少碳排放强度进而影响城市土地利用效率的途径可行，这也正是目前各类排污企业选择清洁发展机制手段减少碳排放的一种主要方式。对比列（3）～列（4）的回归结果，加入约束条件后科研经费财政支出与碳排放强度对城市土地利用的显著影响没有改变，而且控制变量中城镇化率和人均 GDP、地均GDP 始终对城市土地利用效率有显著影响，同时两种土地结构因素也对城市土地利用效率产生显著影响，说明当利用科研经费财政支出限制碳排放强度后，土地结构优化也可以更有效地提高城市土地利用效率。

第二，将约束条件设置在式（5-2）上，如果科研经费财政支出与第二、第三产业产值占 GDP 比重的系数相等，或者说因为第二、第三产业产值占 GDP 比重增加导致碳排放强度增加的影响与科研经费投入减弱碳排放强度的影响效果相同，其模型估计结果如表 5-14 所示。

表 5-14 低碳约束（二）下城市土地利用效率的影响

变量	碳排放强度				土地利用效率			
	SUR		3SLS		SUR		3SLS	
	（1）无	（2）有	（3）无	（4）有	（5）无	（6）有	（7）无	（8）有
prop	−0.0249 ***	−0.0232 ***	−0.0235 ***	−0.0218 ***				
	(0.0031)	(0.0031)	(0.0031)	(0.0031)				
strco2					−0.0886 ***	−0.0855 ***	−0.5800 ***	−0.6194 ***
					(0.0216)	(0.0216)	(0.1075)	(0.1069)
lnrd	0.1132 ***	0.0232 ***	0.1100 ***	0.0218 ***	0.1636 ***	0.1600 ***	0.1915 ***	0.1460 ***
	(0.0262)	(0.0031)	(0.0262)	(0.0031)	(0.0149)	(0.0149)	(0.0213)	(0.0164)
lnurb	0.0250	0.0227	0.0253	0.0231	0.1088 **	0.1086 **	0.1238 **	0.1236 **
	(0.0758)	(0.0764)	(0.0758)	(0.0764)	(0.0448)	(0.0448)	(0.0614)	(0.0614)
density	0.0000	0.0000	0.0000	0.0000	0.0005	0.0005	0.0003	0.0002
	(0.0005)	(0.0005)	(0.0005)	(0.0005)	(0.0003)	(0.0003)	(0.0004)	(0.0004)
bgdp	0.0000	0.0000	0.0000	0.0000	−0.0001 ***	−0.0001 ***	−0.0001 ***	−0.0001 ***
	(0.0000)	(0.0000)	(0.0000)	(0.0000)	(0.0000)	(0.0000)	(0.0000)	(0.0000)

续表

变量	碳排放强度				土地利用效率			
	SUR		3SLS		SUR		3SLS	
	(1) 无	(2) 有	(3) 无	(4) 有	(5) 无	(6) 有	(7) 无	(8) 有
pgdp	−0. 0444 **	−0. 0219	−0. 0452 **	−0. 0231	0. 1875 ***	0. 1886 ***	0. 1591 ***	0. 1698 ***
	(0. 0180)	(0. 0169)	(0. 0180)	(0. 0169)	(0. 0106)	(0. 0106)	(0. 0158)	(0. 0154)
build	0. 0156	0. 0118	0. 0159	0. 0122	−0. 0449 ***	−0. 0452 ***	−0. 0340	−0. 0355
	(0. 0283)	(0. 0285)	(0. 0283)	(0. 0285)	(0. 0167)	(0. 0167)	(0. 0230)	(0. 0230)
farm	−0. 0472	−0. 0293	−0. 0515	−0. 0338	0. 0732 ***	0. 0746 ***	0. 0131	0. 0211
	(0. 0424)	(0. 0424)	(0. 0424)	(0. 0424)	(0. 0245)	(0. 0245)	(0. 0359)	(0. 0358)
_cons	1. 9102 **	2. 4879 ***	1. 8506 **	2. 4204 ***	−2. 8065 ***	−2. 7834 ***	−2. 3748 **	−1. 9795 ***
	(0. 9125)	(0. 9044)	(0. 9126)	(0. 9044)	(0. 5339)	(0. 5339)	(0. 7369)	(0. 7275)
Adj-R^2	0. 1688	0. 1550	0. 1691	0. 1552	0. 6848	0. 6850	0. 4117	0. 3647
P 值	0. 0000	0. 0000	0. 0000	0. 0000	0. 0000	0. 0000	0. 0000	0. 0000
N	690	690	690	690	690	690	690	690

注：*、**、***分别表示在10%、5%、1%统计水平上显著，括号内是稳健性标准误值。

如表5-14所示，从模型调整后的 R^2 值看，SUR 模型的拟合优度优于 3SLS 模型，这与前面的结果相同，但这可能是没有考虑截面相关与时间效应的缘故。对比列（1）、列（3）和列（2）、列（4），可以发现加入约束条件后主要解释变量第二、第三产业产值占 GDP 比重和科研经费财政支出依然对碳排放强度有显著影响，而且第二、第三产业产值占 GDP 比重对碳排放强度的影响略有减弱，说明科研经费财政支出增加可以促进碳排放强度的减弱，进一步减轻对城市土地利用效率的影响，这种间接影响效果虽然不明显但显著。而且这种影响机制没有经济因素和土地结构在单一方程估计时对城市土地利用效率的影响效果，说明采用科研经费财政支出增加第二、第三产业产值占 GDP 比重同样可以提升城市土地利用效率。

综上所述，碳排放强度对城市土地利用效率有显著负向作用，但可以采用增加科研经费财政支出降低碳排放强度的方式提高城市土地利用效率，而且这种方式还不影响其他社会、经济、土地结构因素对土地利用效率的显著影响。

四、黄河流域城市土地利用全要素生产率影响分析

前文都是关于城市土地利用效率影响因素的分析，而土地利用全要素生产率

（Total Factor Productivity，TFP）是指产出数量不能归因于生产要素数量的那部分，所以借助第四章第六节计算得到的 MI 指数，将 2009 年的土地利用全要素生产率视为 1，之后各年连乘得到每一年的土地利用生产率，影响因素依旧选择前述的社会因素、经济因素、土地结构、产业结构等。2009~2018 年黄河流域城市的土地利用全要素生产率平均值如图 5-1 所示，区域内整体呈现逐年递增的趋势，10 年内所有城市土地利用全要素生产率平均增长 1.2649。增长大于平均增长值的有 33 个城市，郑州增长最多（4.9951），仅有甘孜出现负增长（-0.0939）。

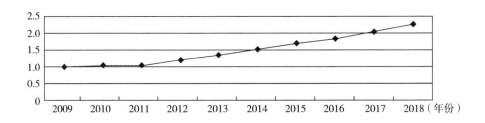

图 5-1　2009~2018 年黄河流域城市土地利用全要素生产率变化

为了更进一步地说明黄河流域城市土地利用的驱动机理，下面对土地利用全要素生产率影响因素展开分析，各类影响因素解释如前所述。首先对固定效应模型进行异方差、截面相关性、序列相关性检验，可以发现，模型不存在序列相关性，但是存在异方差和截面相关性；其次对随机效应模型进行检验，发现既存在异方差、截面相关性，也存在序列相关性，但是使用 Hausman 检验固定效应与随机效应，拒绝了原假设，因此更偏向于使用固定效应进行模型估计。为了详细说明上述情况，分别用四种模型对城市土地利用全要素生产率进行回归估计，模型 1 是混合面板回归模型，模型 2 是固定效应面板模型，模型 3 是随机效应面板模型，模型 4 和模型 5 是克服异方差—序列相关—截面相关的固定效应和随机效应稳健性估计，估计结果见表 5-15。

表 5-15　黄河流域城市土地利用全要素生产率影响因素分析

变量	模型 1	模型 2	模型 3	模型 4	模型 5
	OLS	Fe	Re	Fe-Scc	Re-Scc
lnurb	-0.1652 ***	0.0829	-0.2164 **	0.0829	-0.2164 ***
	（0.0347）	（0.0733）	（0.0863）	（0.0538）	（0.0563）

续表

变量	模型 1	模型 2	模型 3	模型 4	模型 5
	OLS	Fe	Re	Fe-Scc	Re-Scc
density	−0.0002 *	−0.0007 **	−0.0008 **	−0.0007 **	−0.0008 ***
	(0.0001)	(0.0003)	(0.0000)	(0.0002)	(0.0002)
bgdp	0.0001 ***	−0.0000	0.0002 ***	−0.0000	0.0002 ***
	(0.0000)	(0.0000)	(0.0000)	(0.0000)	(0.0000)
pgdp	0.0133 **	0.1644 ***	0.0476 ***	0.1644 ***	0.0476 *
	(0.0055)	(0.0259)	(0.0176)	(0.0265)	(0.0218)
build	0.0030 *	−0.0652 ***	0.0093 **	−0.0652 ***	0.0093 ***
	(0.0016)	(0.0174)	(0.0046)	(0.0198)	(0.0013)
farm	−0.0064	0.1018 *	−0.0251	0.1018 **	−0.0251 ***
	(0.0064)	(0.0609)	(0.0183)	(0.0364)	(0.0073)
lnrd	0.0380 **	0.1301 ***	0.1376 ***	0.1301 ***	0.1376 ***
	(0.0155)	(0.0332)	(0.0349)	(0.0327)	(0.0167)
prop	0.0043 *	0.0132 ***	0.0093 *	0.0132 ***	0.0093 ***
	(0.0023)	(0.0047)	(0.0049)	(0.0026)	(0.0038)
_cons	0.0856	−1.8040 **	−1.1887 **	−1.8040 ***	−1.1887 ***
	(0.1641)	(0.8256)	(0.5117)	(0.6090)	(0.2717)
N	690	690	690	690	690
Adj-R^2	0.1664	0.7292	0.6317	0.7292	0.1390
Hausman		596.61 ***		594.00 ***	

注：*、**、***分别表示在10%、5%、1%统计水平上显著，括号内是稳健性标准误值。

从表5-15可以看出，模型2和模型4、模型3和模型5各变量系数相同，但稳健性结果不同，根据Hausman检验结果确认使用固定效应模型，因此以模型4作为回归解释，人口密度和建设用地占比显著抑制城市土地利用全要素生产率的提升，人均GDP、耕地占比和科研经费财政支出，以及第二、第三产业产值占GDP比重都显著正向促进城市土地利用全要素生产率的提升。从各变量系数值分析，当其他条件不变时，人均GDP每增加0.1644万元，城市土地利用全要素生产率即可提高1%，或者科研经费财政支出每增加13.01%，城市土地利用全要素生产率也可提高1%。因此，黄河流域各城市今后可以提升人均GDP和科研经费投入以加强对土地利用的影响，城镇化率和地均GDP对黄河流域城市土地利用全要素生产率的提升没有显著作用，而且城镇化率在固定效应与随机效应两种模型下影响方向不同，所以猜测两者之间存在非线性关系，后期可做专题研究。

同时，为了对比黄河流域上、中、下游的城市土地利用全要素生产率影响因素，继续采用克服异方差—序列相关—截面相关的固定效应稳健性估计黄河流域上、中、下游的城市土地利用全要素生产率，其结果如表5-16所示。可以看出，人均GDP在三个流域内都显著正向促进土地利用全要素生产率的提升，科研经费财政支出与产业结构也都显著正向促进城市土地利用全要素生产率的提升，这与本章第一节中的结果相同；人口密度仅在上游产生显著抑制作用，地均GDP在上游产生负向影响却不显著，耕地占比对土地利用全要素生产率的影响仅在下游显著，说明各影响因素在黄河流域不同区域内存在差异性。

表5-16　黄河流域上、中、下游城市土地利用全要素生产率影响因素分析

变量	上游	中游	下游
lnurb	0.0305	−0.0648	0.1844 **
	（0.0907）	（0.1098）	（0.0738）
density	−0.0010 **	−0.0015	−0.0004
	（0.0004）	（0.0009）	（0.0002）
bgdp	−0.0004	−0.0001 *	−0.0001 **
	（0.0003）	（0.0001）	（0.000）
pgdp	0.3592 ***	0.1237 ***	0.0651 ***
	（0.0565）	（0.0346）	（0.0193）
build	−0.0353	0.1594	0.0085
	（0.0243）	（0.1940）	（0.0279）
farm	−0.0676	0.3227	0.1707 ***
	（0.0404）	（0.1864）	（0.0126）
lnrd	0.1435 ***	0.0908 **	0.0472
	（0.0355）	（0.0294）	（0.0304）
prop	0.0060	0.0137 **	0.0168 ***
	（0.0058）	（0.0049）	（0.0029）
_cons	−1.2172	−7.4314	−5.9962 ***
	（0.7707）	（5.1089）	（1.6844）
Adj-R^2	0.7396	0.7129	0.9043
N	250	260	180

注：*、**、***分别表示在10%、5%、1%统计水平上显著，括号内是稳健性标准误值。

继续采用多维面板固定时间效应模型进行稳健性估计，表 5-17 中，模型（1）是固定时间效应和高、中、低速发展城市的估计结果，模型（2）是固定时间效应和是否为省会城市的估计结果，模型（3）是三种固定效应同时存在的估计结果。模型（1）和模型（3）显示，中速发展类城市较高速发展类城市土地利用全要素生产率增加了，低速发展类城市较高速发展类城市土地利用全要素生产率也增加了，且增加效果更显著，说明经济发展速度较慢的城市其土地利用全要素生产率增长更快，这也说明黄河流域城市土地利用全要素生产率可能存在绝对收敛性。模型（2）和模型（3）显示，非省会城市较省会城市的土地利用全要素生产率增长更快，这与前文中非省会城市较省会城市的土地利用效率减少的结果相反，说明作为省会城市拥有的各类资源能够更有效地促进城市土地利用效率的提升，但是却抑制了城市土地利用全要素生产率更快增长。

表 5-17 不同固定效应下的估计结果

变量	模型（1）	模型（2）	模型（3）
lnurb	-0.0583^{***}	-0.0721^{***}	-0.0569^{***}
	（0.0181）	（0.0196）	（0.0189）
density	0.0001	0.0001^{**}	0.0001
	（0.0001）	（0.0001）	（0.0001）
bgdp	0.000	0.000	0.000
	（0.000）	（0.000）	（0.000）
pgdp	0.0049	0.0037	0.0045
	（0.0038）	（0.0038）	（0.0041）
build	0.0011	-0.0002	0.0011
	（0.0009）	（0.0009）	（0.0009）
farm	0.0115^{***}	0.0014	0.0109^{***}
	（0.0032）	（0.0032）	（0.0036）
lnrd	-0.0073	-0.01400	-0.0068
	（0.0091）	（0.0091）	（0.0091）
prop	0.0026^{**}	0.0011	0.0027^{**}
	（0.0012）	（0.0013）	（0.0012）
2. class2	0.1330^{***}		0.1287^{***}
	（0.0257）		（0.0297）
3. class2	0.2671^{***}		0.2617^{***}
	（0.0387）		（0.0437）

续表

变量	模型（1）	模型（2）	模型（3）
2. capital		0.0750***	0.0109*
		（0.0256）	（0.0302）
时间效应	控制	控制	控制
Adj-R^2	0.7504	0.7344	0.7500
N	690	690	690

注：*、**、***分别表示在10%、5%、1%统计水平上显著，括号内是稳健性标准误值。

通过以上分析可以发现，人口密度和建设用地占比抑制黄河流域城市土地利用全要素生产率增长，人均GDP、耕地占比、科研经费财政支出和第二、第三产业产值占GDP比重却促进土地利用全要素生产率的提升，但这种影响关系存在区域差异性。

第二节　基于动态面板GMM模型的分析

一、动态面板GMM模型

GMM模型是能够包含多期滞后因变量与解释变量（工具变量）的动态面板模型，主要分为一次差分GMM估计、水平GMM估计、系统GMM估计三种模式，其中差分GMM估计最早由Arellano和Bond（1991）提出，水平GMM估计于1995年提出，1998年Blundell和Bond综合了前两种GMM估计的优点，得到了当回归系数α的真实值接近1或者方差比很大时表现更好的系统GMM估计（冯骥，2016）。包含滞后一期的一般GMM模型如下：

$$y_{it} = \alpha_0 + \alpha_1 y_{it-1} + \beta_j \sum_j x_{jit} + u_i + \varepsilon_{it} \tag{5-3}$$

其中，y_{it-1}代表第i个城市第t年滞后一期的城市土地利用效率，x_{jit}代表第j个解释变量第i个城市第t年影响城市土地利用效率变动的因素，u_i代表不同城市个体的差异，ε_{it}代表误差项。

GMM模型基于以下基本假设：第一，个体效应独立同分布：$E(u_i, \varepsilon_{it}) = 0$，$Var(u_i) = \sigma_u^2$。第二，误差项是序列无关的，$cov(\varepsilon_{it}, \varepsilon_{it-s}) = 0$（$s \neq 0$）。

而且与个体效应、因变量的初始值不相关。第三，当 $t \geq 2$ 时，$E\left(y_{i1}, , \varepsilon_{it}\right) = 0$。

考虑到前面使用的 OLS 混合回归模型和固定效应模型等会受到内生性问题的困扰，即个体效应 u_i 与被解释变量的滞后项、解释变量之间可能存在相关关系，且误差项和被解释变量滞后项之间的方差—协方差矩阵不为零等，这些相关性的存在违反了外生性的假设，本章需要建立的模型中，城市土地利用效率的滞后一期甚至几期都有可能影响当期的城市土地利用效率，同时城市土地利用效率也有可能反过来影响城市经济发展和土地结构优化等。

此外，各城市之间是否会存在较大的异质性（方差比很大）也需考虑，因为 GMM 估计可能会因为个体内部较大的方差比而产生弱工具变量问题。

为了解决个体异质性问题，可以对式（5-3）做一次差分处理，然后得到以下的方程式：

$$Dy_{it} = \alpha_0 + \alpha_1 Dy_{it-1} + \beta_j \sum_j Dx_{jit} + D\varepsilon_{it} \tag{5-4}$$

其中，Dy_{it-1} 是内生变量，在前面三个假设条件下，可以推导出差分 GMM 的矩条件是：

$$E\left(Dy_{it-s}, D\varepsilon_{it}\right) = 0，当 t = 3，\cdots，T，且 s \geq 2 \text{ 时} \tag{5-5}$$

当考虑被解释变量对解释变量的反馈效应时，假定 $s \leq t$ 时，$E\left(x_{it}, \varepsilon_{is}\right) \neq 0$；$s > t$ 时，$E\left(x_{it}, \varepsilon_{is}\right) = 0$，这个时候的矩条件为：

$$E\left(Dx_{it-s}, D\varepsilon_{is}\right) = 0，当 t = 2，\cdots，T，且 s \geq 1 \text{ 时} \tag{5-6}$$

其中，Dx_{it-s} 是 Dx_{it} 的有效工具变量，其中 $s \geq 1$。当 T 很小时，差分 GMM 会产生弱变量问题，因此，又加入了水平 GMM 矩条件，可得：

$$E\left[Dy_{it-1}\left(\mu_i + \varepsilon_{it}\right)\right] = 0，t = 2，3，\cdots，T \tag{5-7}$$

$$E\left[Dx_{it}\left(\mu_i + \varepsilon_{it}\right)\right] = 0，t = 2，3，\cdots，T \tag{5-8}$$

将差分 GMM 和水平 GMM 的误差做加权平均后当作系统 GMM 的误差项，可以进一步得到系统 GMM 估计量，此时增加了因变量处置平稳性的假设条件，即：

$$y_{i1} = \frac{\mu_i}{1 - \alpha} + \varepsilon_{i0}，i = 1，2，\cdots，N \tag{5-9}$$

其中，$\varepsilon_{i0} = \sum_{j=0}^{\infty} \alpha^j e_{i1-j}$，且与 μ_i 不相关。比较而言，系统 GMM 估计值要比前两种模型的估计值更准确些，这是由于：一是可以消除解释变量与被解释变量的不可观测的个体异质性；二是可以通过模型控制方程中解释变量、被解释变量的滞后项期数，还可以考虑外来冲击变量对解释变量后期的影响等；三是消除了被解释变量对解释变量的潜在反向因果关系。

二、黄河流域城市土地利用效率影响因素动态分析

土地作为一种稀缺性资源，其开发与利用需要经过一个比较长的周期，如果仅依靠静态面板模型估计各类影响因素的因果关系，需要依赖各年度城市土地利用效率之间不相关的假设，然而，现实中这种不相关可能并不存在。因此动态面板模型中将城市土地利用效率的滞后一期到四期作为当期的城市土地利用效率的解释变量，但对于其他的解释变量，不再将其滞后项作为工具变量，避免 GMM 估计量引致尺度扭曲。

（一）城市土地利用效率影响因素动态分析

为了进一步证实系统 GMM 估计比差分估计更精准，选择两步法的差分 GMM 模型与系统 GMM 模型分别估计社会因素、经济因素、土地结构等对黄河流域城市土地利用效率的影响。社会因素选择城镇化率、人口密度两个指标，经济因素选择人均 GDP 和地均 GDP 两个指标，土地结构选择城市建设用地占比和耕地占比两个指标。为了更直观地观察土地利用效率与社会因素、经济因素、土地结构之间的关系，首先选择人口密度、地均 GDP 和建设用地占比三个指标分别绘出其与城市土地利用效率之间的散点图（见图5-2）。

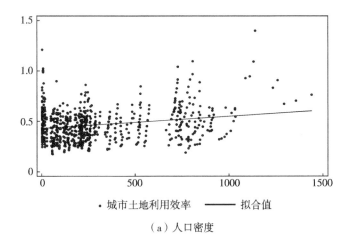

（a）人口密度

图5-2 黄河流域人口密度、地均 GDP 和建设用地占比与城市土地利用效率散点图

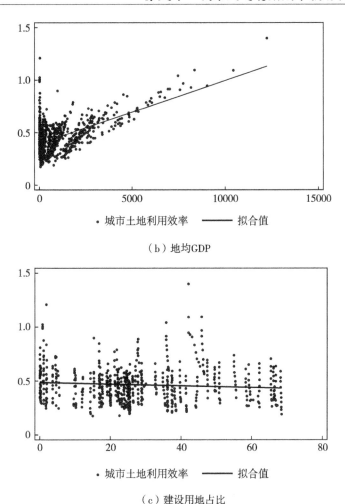

（b）地均GDP

（c）建设用地占比

图 5-2　黄河流域人口密度、地均 GDP 和建设用地占比与城市土地利用效率散点图（续）

从图 5-2 中可以看出，地均 GDP 与城市土地利用效率表现出很强的正相关性，而人口密度、建设用地占比与城市土地利用效率的相关性不明显。这说明经济因素对土地利用效率的影响可能要大于社会因素和土地结构因素，不过散点图分析只是一种无条件的相关性分析，需要进一步加入城市土地利用效率的内生变量建立动态面板数据进行分析。

表 5-18 是分别采用差分 GMM 和系统 GMM 模型对黄河流域城市土地利用效率的影响分析，列（2）～（4）显示了使用差分 GMM 模型的结果，列（5）～（7）显示了使用系统 GMM 模型的结果，模型分析过程中，采用逐步加入变量的

方式，列（2）和列（3）是仅有社会因素的分析，列（3）和列（6）是加入经济因素的分析，列（4）和列（7）是再次加入土地结构因素的分析。总体来看，无论是差分 GMM 还是系统 GMM，城市土地利用效率的滞后期始终对当期有影响，说明城市土地利用不是一蹴而就的，合理的规划或者利用方式对城市土地利用效率的现在及未来都会产生显著影响。再从各具体影响指标分析，社会因素的两个指标对城市土地利用的影响都不显著，而经济因素的地均 GDP 指标对城市土地利用效率的影响在 1% 的水平上显著，且系数为正，说明地均 GDP 对城市土地利用效率的影响是正相关的，但是影响力比较小；人均 GDP 指标对城市土地利用效率的影响不显著，但是在差分 GMM 模式下系数为正，在系统 GMM 模式下系数为负，说明人均 GDP 指标对城市土地利用效率的影响并不稳健，这与社会因素中的人口密度对城市土地利用效率的影响不显著恰好呼应。土地结构因素中的耕地占比在差分 GMM 模式下显著，在系统 GMM 模式下不显著，但是系数的符号相同。列（3）～（6）的 Sargan 检验 P 值均大于 0.05，通过了过度识别检验，说明选择的工具变量均有效；而且 AR（1）的 P 值都小于 0.05，AR（2）的 P 值都大于 0.1，说明模型扰动干扰差分误差项不存在二阶自相关，适合使用系统 GMM 模型。此外，系统 GMM 模型的标准误普遍比差分 GMM 偏低，说明系统 GMM 模型的精度提高了。

表 5-18　2009～2018 年黄河流域城市土地利用效率动态 GMM 模型分析

变量	差分 GMM（1）	差分 GMM（2）	差分 GMM（3）	系统 GMM（4）	系统 GMM（5）	系统 GMM（6）
L1. te	0.8137***	0.8023***	0.8335***	0.8781***	0.8842***	0.8732***
	（0.0582）	（0.0744）	（0.0750）	（0.0430）	（0.0390）	（0.0329）
L2. te	0.0118	−0.0017	0.0079	−0.0524	−0.0462	−0.0219
	（0.0613）	（0.0595）	（0.0604）	（0.0523）	（0.0461）	（0.0409）
L3. te	0.1119***	0.0952**	0.0856***	0.1164***	0.0934***	0.0843***
	（0.0310）	（0.0301）	（0.0292）	（0.0372）	（0.0341）	（0.0299）
urb	0.0007	0.0007	0.0008	0.0001	0.0000	0.0003
	（0.0005）	（0.0006）	（0.0005）	（0.0010）	（0.0011）	（0.0009）
density	0.0000	0.0001	0.0001	0.0000	−0.0001	0.0001
	（0.0001）	（0.0001）	（0.0001）	（0.0001）	（0.0001）	（0.0001）
pgdp		0.0003	0.0012		−0.0123	−0.0001
		（0.0176）	（0.0165）		（0.0078）	（0.0087）

续表

变量	差分 GMM	差分 GMM	差分 GMM	系统 GMM	系统 GMM	系统 GMM
	(1)	(2)	(3)	(4)	(5)	(6)
bgdp		0.0000**	0.0001***		0.0000***	0.0000***
		(0.0000)	(0.0000)		(0.0000)	(0.0000)
build			0.0241			0.0020
			(0.0313)			(0.0027)
farm			-0.0362			-0.0106
			(0.0232)			(0.0090)
prop			-0.0023*			-0.0053*
			(0.0013)			(0.0028)
_cons	0.0291	-0.0873	-0.2456	0.0549	0.0782	0.4852**
	(0.0441)	(0.0968)	(1.0357)	(0.0484)	(0.0620)	(0.2310)
工具变量	26	28	31	33	35	38
obs	414	414	414	483	483	483
Sargan 检验	34.11	33.78	31.19	36.72	34.44	35.04
P 值	0.0254	0.0277	0.0528	0.1004	0.0796	0.1380
AR (1) P 值	0.0010	0.0012	0.0011	0.0005	0.0006	0.0005
AR (2) P 值	0.1717	0.1381	0.1555	0.1135	0.1618	0.1875

注：*、**、*** 分别表示在10%、5%、1%统计水平上显著，括号内是稳健性标准误值。

因此，根据系统 GMM 模型的结果进行分析，城镇化率与人口密度对土地利用效率无显著影响，但是地均 GDP 的增加会促进城市土地利用效率的提高，人均 GDP 的增加却会抑制城市土地利用效率的提高，说明目前黄河流域城市产值存在以牺牲土地为代价的不合理获取方式；建设用地占比和耕地占比对城市土地利用效率分别产生正向和负向影响，说明黄河流域城市土地利用效率目前还是以牺牲耕地、增加建设用地为主要途径，这也正是流域内城市的土地利用效率普遍偏低的主要原因；第二、第三产业产值占 GDP 比重对城市土地利用效率产生负向影响，这主要是由于本章研究的城市土地利用效率是包含非期望产出的，由于第二、第三产业产值占 GDP 比重增加会导致更多的城市土地利用效率的非期望产出，最终降低城市土地利用效率。

再选用两步法分别对黄河流域的上、中、下游城市运用差分 GMM 和系统 GMM 模型分析社会、经济、土地结构三类因素的影响效果，回归结果如表 5-19 所示。Sargan 检验的 P 值说明不能拒绝工具变量有效性的零假设，同时回归模型的二阶序列相关检验结果均支持回归方程不存在二阶序列相关的假设，因此估计结果值得信赖。

表 5-19　2009~2018 年黄河流域上、中、下游城市土地利用效率动态 GMM 模型分析

变量	上游		中游		下游	
	差分 GMM	系统 GMM	差分 GMM	系统 GMM	差分 GMM	系统 GMM
L1	0.8249 ***	0.9110 ***	0.8317 ***	0.9165 ***	0.4991 ***	0.5358 ***
	(0.0791)	(0.1253)	(0.1633)	(0.0392)	(0.1441)	(0.1646)
urb	0.0009 ***	0.0006	−0.0048 ***	−0.0039 **	0.0006	0.0000
	(0.0003)	(0.0010)	(0.0011)	(0.0018)	(0.0016)	(0.0019)
density	−0.0011	0.0019	0.0001	−0.0002	0.0001	0.0002
	(0.0020)	(0.0041)	(0.0006)	(0.0004)	(0.0014)	(0.0004)
bgdp	−0.0003	0.0000	−0.0001	0.0000	0.0000	0.0000
	(−0.0002)	(−0.0004)	(−0.0001)	(0.0000)	(0.0000)	(−0.0001)
pgdp	0.1554 *	0.0936	0.0315	0.0053	0.0652 *	0.0605
	(0.0861)	(0.0872)	(0.0558)	(0.0170)	(0.0372)	(0.0393)
build	−0.0275	0.0050	−0.0491	−0.0039	0.0111	0.0067
	(0.0208)	(0.0325)	(0.2801)	(0.0073)	(0.1099)	(0.0125)
farm	0.0578	−0.0228	0.0574	0.0124	−0.0411	−0.0234
	(0.1040)	(0.0828)	(0.1758)	(0.0194)	(0.2152)	(0.0361)
prop	−0.0032	−0.0002	0.0068	0.0068	0.0207	0.0177
	(0.0082)	(0.0094)	(0.0076)	(0.0047)	(0.0276)	(0.0143)
_cons	0.2321	−0.4031	0.1538	−0.4338	−2.5058	−2.3556 **
	(0.7349)	(0.6617)	(7.2588)	(0.4333)	(7.5654)	(0.9210)
工具变量	23	31	23	31	23	31
obs	200	225	208	234	144	162
Sargan 检验	21.33	22.60	22.19	24.25	16.05	15.21
P 值	0.0935	0.4249	0.0748	0.3344	0.3103	0.8529
AR（1）P 值	0.0018	0.0060	0.0321	0.0309	0.1691	0.1518
AR（2）P 值	0.4987	0.5227	0.8081	0.6032	0.2137	0.0954

注：*、**、***分别表示在10%、5%、1%统计水平上显著，括号内是稳健性标准误值。

如表 5-19 所示，黄河流域上、中游城市土地利用效率的滞后一期对当期在两种模型下均有显著影响，但是下游中差分 GMM 模型显示城市土地利用效率滞后一期对当期没有显著影响，且 AR（1）>0.05，说明下游城市土地利用效率不存在残差序列一阶自相关。社会因素的人口密度依旧对城市土地利用效率无显著影响，但城镇化率在上游正向影响城市土地利用效率，在中游负向影响城市土地

利用效率；经济因素和土地结构因素在各流域内不显著影响城市土地利用效率。以上分析表明，在黄河流域上、中、下游城市内部，城镇化率对土地利用效率的影响还是最大的，而各流域内的经济因素对城市土地利用效率并未产生明显影响，这也是黄河流域内各城市经济普遍落后于长三角、珠三角地区城市经济的主要原因。

（二）城市土地利用规模效率影响因素动态分析

同样采用差分 GMM 和系统 GMM 模型分析各类因素对城市土地利用规模效率的影响效果，结果如表 5-20 所示。考虑到差分 GMM 可能会存在"弱工具变量"导致系数估计结果精度较差，所以分析结果以系统 GMM 为主，以差分 GMM模型作为对比。表 5-20 中，Sargan 检验接受了工具变量有效性的零假设，整个模型的设定是合理的，黄河流域全域和上、中游城市的 AR（1）的 P 值均小于0.05，AR（2）的 P 值均大于 0.1，说明回归模型存在一阶序列相关但不存在二阶序列相关。从系数值的显著性观察，城市土地利用规模效率的滞后一期都对当期有显著影响，各类影响因素中，只有城镇化率在上游和中游显著影响城市土地利用规模效率，但在上游是显著正向影响，下游是显著负向影响，且影响系数非常小。地均 GDP 在全域内显著正向促进城市土地利用规模效率的提升，但在上、中、下游这种显著性不存在。

表 5-20　2009~2018 年黄河流域及上、中、下游城市土地利用规模效率影响分析

变量	黄河流域		上游		中游		下游	
	差分 GMM	系统 GMM	差分 GMM	系统 GMM	差分 GMM	系统 GMM	差分 GMM	系统 GMM
L. se	0.8639 ***	0.8635 ***	0.817 ***	0.893 ***	0.822 ***	0.896 ***	0.514 ***	0.621 **
	（0.0760）	（0.0412）	（0.0730）	（0.1500）	（0.1650）	（0.0540）	（0.1150）	（0.1940）
L2. se	−0.0008	−0.0192						
	（0.0564）	（0.0392）						
L3. se	0.0632 **	0.0757 ***						
	（0.0301）	（0.0290）						
urb	0.0006	0.0004	0.001 ***	0.0000	−0.005 ***	−0.004 ***	0.0010	0.0010
	（0.0005）	（0.0005）	（0.0000）	（0.0010）	（0.0010）	（0.0020）	（0.0020）	（0.0040）
density	−0.0001	−0.0001	−0.0010	0.0010	0.0000	0.0000	0.0000	0.0000
	（0.0001）	（0.0001）	（0.0020）	（0.0030）	（0.0010）	（0.0000）	（0.0010）	（0.0010）
bgdp	0.0001 **	0.0000 *	0.0000	0.0000	0.0000	0.0000	0.0000	0.0000
	（0.0000）	（0.0000）	（0.0000）	（0.0000）	（0.0000）	（0.0000）	（0.0000）	（0.0000）

续表

变量	黄河流域		上游		中游		下游	
	差分 GMM	系统 GMM	差分 GMM	系统 GMM	差分 GMM	系统 GMM	差分 GMM	系统 GMM
pgdp	-0.0041	0.0039	0.151**	0.0960	0.0340	0.0080	0.0540	0.0380
	(0.0187)	(0.0104)	(0.0760)	(0.0900)	(0.0550)	(0.0210)	(0.0630)	(0.0530)
build	0.0033	0.0025	-0.0290	0.0010	-0.0580	-0.0030	0.0230	0.0070
	(0.0291)	(0.0027)	(0.0200)	(0.0250)	(0.2680)	(0.0030)	(0.0960)	(0.0090)
farm	-0.0685*	-0.0065	0.0690**	0.0070	0.0540	-0.0010	-0.0420	-0.0320
	(0.0361)	(0.0106)	(0.0940)	(0.0960)	(0.1820)	(0.0140)	(0.1670)	(0.0360)
prop	-0.0023	-0.0049	-0.0030	-0.0020	0.0080	0.0070	0.0200	0.0150
	(0.0015)	(0.0033)	(0.0080)	(0.0080)	(0.0080)	(0.0040)	(0.0200)	(0.0120)
_cons	0.6775	0.4147	0.1820	-0.2740	0.2930	-0.4830	-2.8800	-1.7740
	(0.9013)	(0.2811)	(0.7260)	(0.6200)	(6.9310)	(0.4310)	(6.1050)	(1.1240)
工具变量	31	38	23	31	23	31	23	35
N	414	483	200	225	208	234	144	162
AR (1) P 值	0.0008	0.0005	0.0022	0.0079	0.0317	0.0299	0.0963	0.0766
AR (2) P 值	0.1667	0.1904	0.5327	0.5359	0.7429	0.5459	0.1776	0.2072
卡方值	24.806	33.23	21.21	22.60	21.73	23.20	15.32	16.61
P 值	0.2090	0.1895	0.0964	0.4246	0.0844	0.3903	0.3569	0.7843

注：*、**、***分别表示在10%、5%、1%统计水平上显著，括号内是稳健性标准误值。

三、低碳约束下黄河流域城市土地利用效率动态分析

本章第一节仅对约束条件下碳排放强度影响城市土地利用效率进行了静态分析，没有考虑时间效应和城市土地利用效率滞后期对当期的影响，但前文检验结果显示样本数据还存在时间效应，因此在模型（5-1）和模型（5-2）中加入城市土地利用效率滞后期和时间效应动态分析低碳约束下碳排放对城市土地利用效率的影响。依旧采用联立方程模型，模型如下：

$$\ln te = \beta_0 + \beta_1 L.\ln te + \beta_2 strc + \beta_3 \ln rd + \beta_4 \ln urb + \beta_5 density + \beta_6 bgdp + \beta_7 pgdp + \beta_8 build +$$
$$\beta_9 farm + \varepsilon_{it} \tag{5-10}$$

$$strc = \beta_0 + \beta_1 L.\ln te + \beta_2 prop + \beta_3 \ln rd + \beta_4 \ln urb + \beta_5 density + \beta_6 bgdp + \beta_7 pgdp + \beta_8 build +$$
$$\beta_9 farm + \delta_{it} \tag{5-11}$$

各变量含义同前文，在此不再赘述，首先对以上的联立方程模型进行阶条件

和秩条件检验，两个方程都是恰好识别，而且满足秩条件。继续采用似无相关模型与三阶段最小二乘法两种模型同时分析。从两条路径设置约束条件，第一个约束条件放在式（5-10）中，假设科研经费财政支出与碳排放强度对城市土地利用效率的影响系数互为相反数；第二个约束条件放在式（5-11）中，假设科研经费财政支出与第二、第三产业产值占比的系数相等，对碳排放强度的影响效果相反，影响力相同。两种约束条件下模型回归结果分别如表5-21和表5-22所示。

表5-21　低碳约束下黄河流域城市土地利用效率的动态影响（一）

| 变量 | 土地利用效率 | | | | 碳排放强度 | | | |
| | SUR | | 3SLS | | SUR | | 3SLS | |
	(1)	(2)	(3)	(4)	(5)	(6)	(7)	(8)
L. lnte	0.8765***	0.8760***	0.8759***	0.8763***	0.1567***	0.1567***	0.1567***	0.1567***
	(0.0206)	(0.0202)	(0.0211)	(0.0204)	(0.0610)	(0.0610)	(0.0610)	(0.0610)
strc	-0.0486***	-0.0447***	-0.0398	-0.0443***				
	(0.0136)	(0.0073)	(0.0596)	(0.0086)				
prop					-0.0197***	-0.0198***	-0.0197***	-0.0198***
					(0.0034)	(0.0034)	(0.0034)	(0.0034)
lnrd	0.0445***	0.0447***	0.0443***	0.0443***	0.0438*	0.0438*	0.0438*	0.0438*
	(0.0086)	(0.0073)	(0.0086)	(0.0086)	(0.0249)	(0.0249)	(0.0249)	(0.0249)
lnurb	-0.0119	-0.0119	-0.0119	-0.0119	-0.0224	-0.0224	-0.0224	-0.0224
	(0.0251)	(0.0251)	(0.0251)	(0.0251)	(0.0723)	(0.0723)	(0.0723)	(0.0723)
density	0.0002	0.0002	0.0002	0.0002	-0.0002	-0.0002	-0.0002	-0.0002
	(0.0002)	(0.0002)	(0.0002)	(0.0002)	(0.0005)	(0.0005)	(0.0005)	(0.0005)
bgdp	-0.0000**	-0.0000**	-0.0000**	-0.0000**	0.0000	0.0000	0.0000	0.0000
	(0.0000)	(0.0000)	(0.0000)	(0.0000)	(0.0000)	(0.0000)	(0.0000)	(0.0000)
pgdp	0.0288***	0.0289***	0.0292***	0.0290***	-0.0507***	-0.0507***	-0.0507***	-0.0507***
	(0.0069)	(0.0069)	(0.0073)	(0.0069)	(0.0198)	(0.0198)	(0.0198)	(0.0198)
build	-0.0249***	-0.0249***	-0.0250***	-0.0250***	0.0089	0.0089	0.0089	0.0089
	(0.0087)	(0.0087)	(0.0087)	(0.0087)	(0.0250)	(0.0250)	(0.0250)	(0.0250)
farm	0.0147	0.0151	0.0157	0.0152	-0.0531	-0.0531	-0.0531	-0.0531
	(0.0160)	(0.0160)	(0.0173)	(0.0161)	(0.0468)	(0.0468)	(0.0468)	(0.0468)
_cons	0.0374	0.0289	0.0240	0.0316	2.7202***	2.7204***	2.7202***	2.7204***
	(0.2973)	(0.2920)	(0.3103)	(0.2936)	(0.8759)	(0.8759)	(0.8759)	(0.8759)

续表

变量	土地利用效率				碳排放强度			
	SUR		3SLS		SUR		3SLS	
	(1)	(2)	(3)	(4)	(5)	(6)	(7)	(8)
R^2	0.9147	0.9147	0.9147	0.9147	0.1275	0.1275	0.1275	0.1275
P 值	0.0000	0.0000	0.0000	0.0000	0.0000	0.0000	0.0000	0.0000
N	621	621	621	621	621	621	621	621

注：*、**、***分别表示在10%、5%、1%统计水平上显著，括号内是稳健性标准误值。

表5-21 中，列（1）、列（2）、列（5）、列（6）是采用 SUR 模型估计的结果，列（3）、列（4）、列（7）、列（8）是采用 3SLS 模型估计的结果，列（1）、列（3）、列（5）、列（7）是未加约束条件的回归结果，列（2）、列（4）、列（6）、列（8）是加入约束条件的回归结果。可以发现，无论哪种模型土地利用效率滞后一期都会显著影响当期土地利用效率和碳排放强度，同时碳排放强度和科研经费财政支出都显著影响城市土地利用效率，第二、第三产业产值占 GDP 比重和科研经费财政支出也显著影响碳排放强度，且碳排放强度和第二、第三产业产值占 GDP 比重对两个解释变量都是负向影响，加入约束条件后并没有影响这种显著关系。因此，当考虑动态效应时，利用科研经费财政支出影响碳排放强度进而提高城市土地利用效率依旧可行；控制变量中经济因素和建设用地占比也都显著影响城市土地利用效率。

表5-22 低碳约束下黄河流域城市土地利用效率的动态影响（二）

变量	碳排放强度				土地利用效率			
	SUR		3SLS		SUR		3SLS	
	(1)	(2)	(3)	(4)	(5)	(6)	(7)	(8)
L. lnte	0.1567***	0.1746***	0.1567***	0.1746**	0.8765***	0.8765***	0.8759***	0.8757***
	(0.0610)	(0.0582)	(0.0610)	(0.0582)	(0.0206)	(0.0206)	(0.0211)	(0.0211)
prop	−0.0197***	−0.0196***	−0.0197***	−0.0196***				
	(0.0034)	(0.0034)	(0.0034)	(0.0034)				
strco2					−0.0486***	−0.0486***	−0.0398	−0.0398
					(0.0136)	(0.0136)	(0.0596)	(0.0596)
lnrd	0.0438*	0.0196***	0.0438*	0.0196***	0.0445***	0.0445***	0.0443***	0.0445***
	(0.0249)	(0.0034)	(0.0249)	(0.0034)	(0.0086)	(0.0086)	(0.0086)	(0.0086)

续表

变量	碳排放强度				土地利用效率			
	SUR		3SLS		SUR		3SLS	
	(1)	(2)	(3)	(4)	(5)	(6)	(7)	(8)
lnurb	−0.0224	−0.0254	−0.0224	−0.0254	−0.0119	−0.0119	−0.0119	−0.0119
	(0.0723)	(0.0723)	(0.0723)	(0.0723)	(0.0251)	(0.0251)	(0.0251)	(0.0251)
density	−0.0002	−0.0002	−0.0002	−0.0002	0.0002	0.0002	0.0002	0.0002
	(0.0005)	(0.0005)	(0.0005)	(0.0005)	(0.0002)	(0.0002)	(0.0002)	(0.0002)
bgdp	0.0000	0.0000	0.0000	0.0000	−0.0000**	−0.0000**	−0.0000**	−0.0000**
	(0.0000)	(0.0000)	(0.0000)	(0.0000)	(0.0000)	(0.0000)	(0.0000)	(0.0000)
pgdp	−0.0507***	−0.0484**	−0.0507***	−0.0484**	0.0288***	0.0288***	0.0292***	0.0291***
	(0.0198)	(0.0196)	(0.0198)	(0.0196)	(0.0069)	(0.0069)	(0.0073)	(0.0073)
build	0.0089	0.0081	0.0089	0.0081	−0.0249***	−0.0249***	−0.0250***	−0.0250***
	(0.0250)	(0.0250)	(0.0250)	(0.0250)	(0.0087)	(0.0087)	(0.0087)	(0.0087)
farm	−0.0531	−0.0467	−0.0531	−0.0467	0.0147	0.0147	0.0157	0.0156
	(0.0468)	(0.0464)	(0.0468)	(0.0464)	(0.0160)	(0.0160)	(0.0173)	(0.0173)
_cons	2.7202***	2.9135***	2.7202***	2.9135***	0.0374	0.0373	0.0240	0.0220
	(0.8759)	(0.8540)	(0.8759)	(0.8540)	(0.2973)	(0.2973)	(0.3103)	(0.3103)
Adj-R^2	0.1275	0.1262	0.1275	0.1262	0.9147	0.9147	0.9147	0.9147
P 值	0.0000	0.0000	0.0000	0.0000	0.0000	0.0000	0.0000	0.0000
N	621	621	621	621	621	621	621	621

注：*、**、***分别表示在10%、5%、1%统计水平上显著，括号内是稳健性标准误值。

表5-22中，列（1）、列（2）、列（5）、列（6）是采用 SUR 模型估计的结果，列（3）、列（4）、列（7）、列（8）是采用 3SLS 模型估计的结果，观察列（1）~（4）回归结果，无论是否加入约束条件，滞后一期土地利用效率对当期土地利用效率和碳排放强度都有显著正向影响，同时第二、第三产业产值占比和科研经费财政支出显著影响碳排放强度，说明两个被解释变量互为因果关系。观察列（5）~（8）回归结果，发现在 SUR 模型下碳排放强度显著影响城市土地利用效率，但是在 3SLS 模型下影响效果不显著，但从系数值观察，碳排放强度与土地利用效率存在负相关关系。加入第二个约束条件并没有影响各主要解释变量对土地利用效率的影响，而且也不影响解释系数，因此，当考虑城市土地利用效率的动态性时，采用增加科研经费财政支出降低第二、第三产业产值占 GDP

比重进而促进城市土地利用效率的提升也是一条可行路径。

第三节　产业协同集聚对城市土地
利用效率的影响分析

一、影响机理分析

黄河流域内城市相较于长三角地区城市，其工业基础、创新能力、服务业、信息产业、数字化发展都比较落后，但近几年呼包鄂榆城市群、宁夏沿黄城市群、关中平原城市群、兰西城市群、山东半岛城市群、中原城市群、晋中城市群，其内部的产业集聚、经贸往来、要素流动也颇见成效。产业协同集聚是优化国土空间布局、促进产业结构转型、提升城市土地效率的重要手段，通过异质性产业的互动关联机制，可以实现由要素驱动向创新驱动转变的城市土地利用效率提高。关注产业分工与协同、产业空间分布与内在机制对城市土地利用的影响，努力发挥城市产业间的互动与合作优势，进而影响土地资源生产要素的优化调整，实现城市间的互动关联，有目标地实现产业结构、土地结构合理配置。

产业专业化集聚是同一行业之间的企业在特定地理范围内的高度集中，理论研究可以追溯到马歇尔提出的产业区理论，马歇尔认为工业企业在产业区集聚最根本的原因就是可以获得外部规模经济。之后，新经济地理理论创始人保罗·克鲁格曼提出集聚引发的运输成本减少会导致集聚经济和外部性。其一，集中的厂商可以促进其形成专业化的供应商队伍；其二，地理位置的集中有利于劳动力市场的共享；其三，有助于知识外溢。因此，产业集聚主要体现为专业化集聚与多样化集聚，每个城市受自身自然因素、社会经济的影响，可能在某个产业上形成自己的优势。专业化集聚保证上、下游产业之间的垂直关联，其空间外部性主要体现在经济关联；而多样化集聚则更多体现在产业之间的水平关联和空间外部性的知识关联。如果整个区域只有一个产业则会陷入原材料供应不足、产品需求受限的危机，所以跨行业的多样化集聚可以促进产业间的技术交流、知识外溢，其基本思想如图5-3所示。

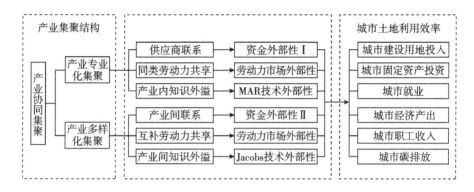

图5-3 产业协同集聚影响城市土地利用效率机理

产业协同集聚对城市土地利用效率的影响同时体现为正、负两种效应。一方面，产业集聚的互补效应和资金外部性可以减少建设用地的投入、增加城市就业量，而且产业集聚引起的规模报酬递增还可以促进经济增长。另一方面，产业协同集聚的拥挤效应、挤占效应也会影响城市土地利用效率。首先是拥挤效应，产业协同集聚虽然节约了运输成本，但是密集的经济活动会导致交通、公共基础设施的拥挤以及环境恶化，阻碍城市土地利用效率的提升；其次是挤占效应，产业协同集聚会吸引大量的生产要素集中，挤占周围地区的资源，受沉没成本限制，企业很难自由地进入和退出，不同地域的城市可能会因为抢占资源而出现互相竞争的局面。从 Marshall（1890）强调的产业协同集聚的三个关键因素分析，专业化协同集聚形成同类知识和信息的共享，强化了产业优势，形成 MAR 技术外部性，提高单位土地利用效率。同时，产业中间投入品与最终产品供应商之间的受市场价格机制影响的资金联系，可以降低企业的生产成本，提高城市的经济产出而影响土地利用效率，这种不完全竞争市场中同类企业集聚形成的外部性称为资金外部性Ⅰ，而同类劳动力市场的外部性，可以增加城市就业、减少人力资本投入，进而提高城市土地利用效率。同理，产业多样化集聚形成产业间的信息与知识共享，有利于提供创新机会，形成 Jacobs 技术外部性，同时产业结构之间的纵向联系减少了生产者的运输成本和消费者的购买成本，构成了生产者与消费者之间的资金外部性Ⅱ，提升了集聚企业的利润，促进了城市土地利用效率的提高，多样化集聚形成的劳动力"蓄水池"能够降低工人的失业风险，保障劳动力的稳定收入，促进城市土地利用效率提高。

国内学者就产业协同集聚做了很多实证分析，例如伍先福（2019）、豆建民和刘叶（2016）等，都以中国城市为基础数据，分析了产业协同集聚对城市全要素生产率、城市经济增长的影响，得到的结论是产业协同集聚对两者的影响关系不是线性的，随着产业专业化集聚度的提高，协同集聚对城市全要素生产率增长影响由负转正，城市制造业与生产性服务业协同集聚对城市经济增长的正向效应受城市规模限制。

目前，衡量产业协同集聚的指标主要有 E-G 指数（Ellison and Glaeser，1997）和 D-O 指数（Duranton and Overman，2005），国内学者陈建军等（2016）基于 Ellison 和 Glaeser（1997）的思想，构建了 Θ 指数计算产业协同集聚，基于数据可得性原则，本章选 Θ 指数进行计算：

$$\Theta_{ij}=\left(1-\frac{S_{mi}-S_{mj}}{S_{mi}+S_{mj}}\right)+(S_{mi}+S_{mj}) \tag{5-12}$$

其中，Θ_{ij} 表示产业 i 和产业 j 的协同集聚度；S_{mi} 表示 i 产业在 m 城市的集聚度，选用区位熵代表产业的集聚度，$S_{mi}=\dfrac{L_{mi}}{L_m}\bigg/\dfrac{L_i}{L}$，$L_{mi}$ 表示 m 城市 i 产业的产值，L_m 表示 m 城市的总产值，L_i 表示黄河流域内各城市 i 产业的总产值，L 表示黄河流域内所有城市的总产值。Θ_{ij} 指数值越大表示 i、j 两种产业的协同集聚水平越高，反之相反。根据陈建军等（2016）的研究结论，Θ_{ij} 指数与 E-G 指数在样本范围内的相关系数高达 0.9404。

二、黄河流域产业协同集聚对城市土地利用效率的影响分析

受数据可获得性限制，下文主要分析产业之间的协同集聚对城市土地利用效率的影响机制，利用前文的公式分别计算得到第一、第二、第三产业的区位熵，研究区间内黄河流域一产区位熵始终高于二产区位熵和三产区位熵，2010 年以后二产区位熵与三产区位熵呈现先扩大差距后缩小差距的态势，但始终表现为二产集聚度高于三产集聚度。接下来重点分析第一、第三产业协同集聚和第二、第三产业协同集聚对城市土地利用效率的影响。利用式（5-12）分别计算黄河流域和上、中、下游区域内的第一、第三产业协同集聚指数和第二、第三产业协同集聚指数，结果如图 5-4 所示。从时间序列看，第二、第三产业协同集聚指数基本保持不变，第一、第三产业协同集聚指数略有提高，上游城市的第二、第三产业协同集聚指数呈现先上升后下降的态势，而中、下游城市的第二、第三产业协同集聚指数则持续上升，且下游上升幅度更明显，上游的第一、第三产业协同集聚指数在波动中上升，中、下游城市的第一、第三产业协同集聚指数上升态势不

明显。从研究区域看,下游城市的第二、第三产业协同集聚指数最高,中游城市居中,上游最低,流域内整体第二、第三产业协同集聚指数受上游影响出现下降,但下游城市的第一、第三产业协同集聚指数最高,中游和下游相差不大,流域内整体第一、第三产业协同集聚指数受上游影响出现上升。说明黄河流域上游的工业化水平偏低,但农林牧渔业水平有所进步。

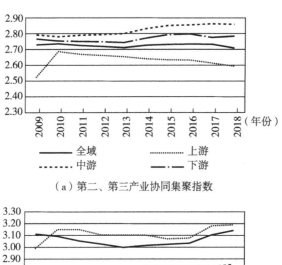

（a）第二、第三产业协同集聚指数

（b）第一、第三产业协同集聚指数

图 5-4 2009~2018 年黄河流域产业协同集聚水平

再从黄河流域各城市的产业协同集聚水平分析（见图 5-5）,发现黄河流域大部分城市的第一、第三产业协同集聚水平要高于第二、第三产业协同集聚水平,说明流域内大部分城市的第二产业还不发达,但是对于流域内的一些资源型城市,其第二、第三产业协同集聚指数相对较高,例如包头、鄂尔多斯、乌海、大同、朔州、榆林、阳泉等,两类指数发展均衡的城市主要有临汾、宝鸡、铜川、呼和浩特、洛阳。除了四川以外,流域内流经城市面积占流经省份面积的70%以上,因此结论具有代表性。从剩余的 8 个省份分析,黄河上游青海、甘肃、宁夏三个省份的第一、第三产业协同集聚指数明显高于第二、第三产业协同

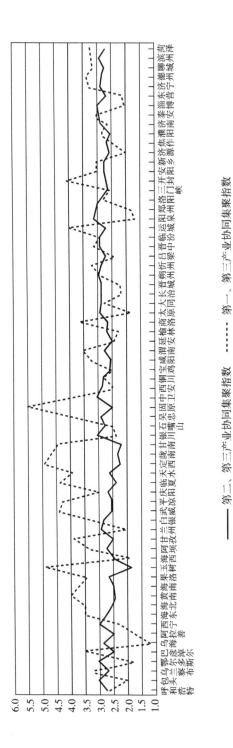

图 5-5 黄河流域各城市产业协同集聚水平

集聚指数，中游的陕西、下游的河南和山东第一、第三产业协同集聚指数略高第二、第三产业协同集聚指数，但山西和内蒙古的第二、第三产业协同集聚指数却高于第一、第三产业协同集聚指数。

为了更好地反映城市专业化发展优势，利用第二、第三产业的区位熵分别反映第二、第三产业对城市发展的主导作用，按照所有城市第二、第三产业区位熵的中位数进行划分，可以将黄河流域 69 个城市划分到四个象限中，第一象限第二、第三产业区位熵均高，城市属于"双轮驱动"发展，第二象限以第二产业发展为主，第三象限以第一产业发展为主，第四象限则属于第二、第三产业"双低"的城市。结果如图 5-6 所示，包头、西宁、银川、中卫、朔州、忻州、阳泉、晋中、郑州、泰安 10 个城市属于"双轮驱动"发展，这些城市具有较高的第二、第三产业协同集聚指数，呼和浩特、西安、太原、兰州、大同、运城、果洛、天水、固原、陇南、定西、临夏、甘南 13 个城市的第二产业集聚度较高，开封、甘孜、武威、海北、平凉、黄南、玉树 7 个城市的第一产业集聚度较高，但大部分城市处于"双低"发展，这些城市不仅第二、第三产业区位熵较低，而且协同发展指数也不高。整个黄河流域内第二产业区位熵与第三产业区位熵都大于 1 的只有银川、郑州和阳泉 3 个城市，说明这 3 个城市在流域内具有发展优势，而且其城市经济在黄河流域内具有发展优势。

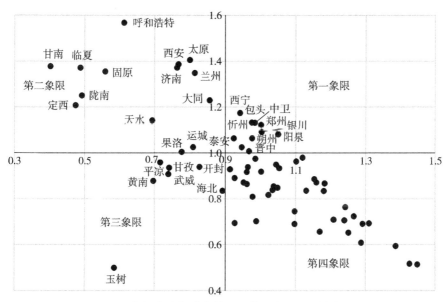

图 5-6　黄河流域各城市第二、第三产业区位熵象限图

利用散点图观察产业协同集聚和城市土地利用效率之间的关系（见图5-7），可以发现第一、第三产业协同集聚与城市土地利用效率之间存在弱负相关性，而第二、第三产业协同集聚与城市土地利用效率之间存在弱正相关性，下面采用模型进行验证。

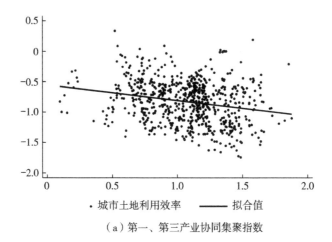

（a）第一、第三产业协同集聚指数

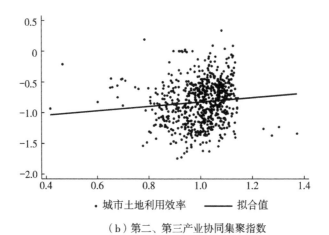

（b）第二、第三产业协同集聚指数

图5-7　黄河流域产业协同集聚与城市土地利用效率散点图

控制变量选用前文提及的四类指标：反映社会因素的城镇化率和人口密度；反映经济因素的地均GDP和人均GDP；反映土地结构的建设用地占比和耕地占比；反映科技因素的科研经费财政支出。经检验，模型数据存在组间异方差、截面相关性和序列相关性，考虑到截面个数远大于时间数，暂不考虑序列相关性问题，所以采用考虑组间异方差和截面相关的固定效应模型分地区、分行业进行静态分析，lnasg 和 lnisg 分别代表第一、第三产业协同集聚和第二、第三产业协同集聚指数取自然对数，结果见表5-23。

表 5-23　黄河流域产业协同集聚对城市土地利用效率的静态影响

变量	黄河流域		上游		中游		下游	
	fe_asg	fe_two	fe1_asg	fe1_two	fe2_asg	fe2_two	fe3_asg	fe3_two
lnasg	0.6165 **	0.6378 **	0.6723 ***	0.7218 ***	0.5913 ***	0.3488	−0.3610	−0.6967 *
	(0.2350)	(0.2540)	(0.1462)	(0.1429)	(0.1524)	(0.2015)	(0.3053)	(0.3749)
lnisg		−0.1749		−0.2684		1.0137 **		1.5236 **
		(0.2645)		(0.1919)		(0.3727)		(0.6390)
lnurb	0.1022	0.1033	0.0021	0.0100	−0.0305	−0.0253	0.2032 ***	0.2501 ***
	(0.0779)	(0.0782)	(0.1110)	(0.1117)	(0.1329)	(0.1264)	(0.0573)	(0.0640)
density	0.0005 *	0.0006	−0.0007	−0.0008	−0.0024 **	−0.0020 **	0.0009 *	0.0007
	(0.0003)	(0.0003)	(0.0005)	(0.0005)	(0.0008)	(0.0008)	(0.0005)	(0.0005)
bgdp	−0.0001 ***	−0.0001 ***	−0.0002	−0.0002	−0.0001	−0.0001	0.0000	0.0000
	(0.0000)	(0.0000)	(0.0002)	(0.0002)	(0.0000)	(0.0000)	(0.0000)	(0.0000)
pgdp	0.1880 ***	0.1868 ***	0.2750 ***	0.2725 ***	0.1348 ***	0.1345 ***	0.1397 ***	0.1153 ***
	(0.0227)	(0.0221)	(0.0414)	(0.0406)	(0.0270)	(0.0259)	(0.0177)	(0.0168)
build	−0.0521 ***	−0.0509 **	−0.0523 **	−0.0506 **	0.3488 **	0.3304 **	0.0275	0.0434 **
	(0.0131)	(0.0114)	(0.0225)	(0.0216)	(0.1104)	(0.1080)	(0.0219)	(0.0177)
farm	0.0800 ***	0.0818 ***	0.0069	0.0076	0.3954 ***	0.3980 ***	0.1072 ***	0.0798 ***
	(0.0155)	(0.0170)	(0.0370)	(0.0359)	(0.1055)	(0.1075)	(0.0075)	(0.0118)
lnrd	0.1619 ***	0.1612 ***	0.1779 ***	0.1774 ***	0.1147 ***	0.1011 ***	0.1262 **	0.1324 **
	(0.0294)	(0.0295)	(0.0255)	(0.0247)	(0.0409)	(0.0371)	(0.0383)	(0.0424)
_cons	−3.3951 ***	−3.2934 ***	−2.7134 ***	−2.5521 **	−12.9022 ***	−13.2782 ***	−6.7973 ***	−8.3763 ***
	(0.3825)	(0.4345)	(0.5132)	(0.6006)	(2.9370)	(2.6928)	(1.0535)	(0.9986)
R^2	0.7055	0.7062	0.7565	0.7585	0.7039	0.7114	0.8157	0.8299
N	690	690	250	250	260	260	180	180

注：*、**、***分别表示在10%、5%、1%统计水平上显著，括号内是稳健性标准误值。

从表5-23中可以发现，所有模型拟合优度都大于0.7，模型拟合效果良好。从黄河流域全域看，第一、第三产业协同集聚指数对城市土地利用效率在5%的水平上有显著正向影响，但第二、第三产业协同集聚指数则对城市土地利用效率无显著影响，但在黄河流域中、下游内则存在显著促进作用，所以推测第二、第三产业协同集聚指数对城市土地利用效率的影响可能存在"门限效应"，后期可进行分析验证。各控制变量对城市土地利用效率的影响方向与前文完全相同，且将两个协同集聚指数都加入模型后，第一、第三产业协同集聚指数的影响系数变大，说明整个流域内第一、第三产业协同集聚指数对城市土地利用效率具有更大的影响效果。

从各流域分析，第一、第三产业协同集聚指数对黄河上、中游城市土地利用效率增长效应依然正向显著，但下游呈现负向影响效应，效应大小依次为：上游>全域>中游>下游。此外，中、下游第二、第三产业协同集聚对城市土地利用效率的影响在5%的水平上正向显著，但上游内呈现负向影响且不显著，这说明产业协同集聚对城市土地利用效率的影响具有区域差异性。各控制变量中人均GDP、建设用地占比、耕地占比和科研经费财政支出对城市土地利用效率影响依然显著，其中人均GDP、耕地占比和科学研究经费财政支出都是正向作用于城市土地利用效率，建设用地占比在全域和上游呈现负向作用，而在中、下游呈现正向作用，说明在产业协同集聚的影响下，中、下游城市依靠投入建设用地保证土地利用效率的提高。

为了寻找第二、第三产业协同集聚作用于城市土地利用效率时呈现出的不同影响程度，本章分别构建第二、第三产业区位熵作为门槛变量，以第二、第三产业协同集聚度作为门槛依赖变量进行门槛效应验证。同时，这种模型构建方法还可以较好地解决解释变量的内生性问题，即根据门槛值得到解释变量的基础，分析对被解释变量的影响效果。

采用Hansen（1999）提出的门槛模型进行实证分析，这个模型可以客观地划分门槛值区间，有效避免主观确定区间分界点对研究结果的不利影响。包含一个门槛值的面板模型设定如下：

$$y_{it} = \mu_i + \beta_1 x_{it} \cdot I(q_{it} \leq \gamma) + \beta_2 x_{it} \cdot I(q_{it} > \gamma) + \theta z_{it} \varepsilon_{it} \tag{5-13}$$

其中，y_{it}为被解释变量，x_{it}为解释变量，z_{it}是其他控制变量，$I(\cdot)$为指示函数，当（）内结果为真时取1，反之取0，ε_{it}是服从IID且为正态分布的扰动项。该模型还可以进一步扩展为两个门限值的模型。

根据前面的分析结果，模型中核心解释变量与控制变量均为外生变量，这恰好符合门限模型的要求，为了深入分析二产区位熵、三产区位熵在不同区间对城市土地利用效率的影响，利用门槛模型分别估计第二、第三产业协同集聚对城市土地利用效率和城市土地利用规模效率的影响。选择 F 统计量检验单一门槛效应的显著性。利用国内学者王群勇和陆凤芝（2018）关于门槛模型的估计方式，将所有样本分成 300 个格栅，每重门槛值检验采用 Bootstrap 抽样 200 次，每个门槛分组内异常值去除比例 0.01，分别以二产区位熵 lnlq2 和三产区位熵 lnlq3 作为门槛变量，得到的临界值、置信区间和 P 值如表 5-24 所示。

表 5-24 门槛特征检验结果

被解释变量	门槛变量	门槛数	F 值	P 值	门槛估计值	95%置信区间	临界值		
							10%	5%	1%
lnte	lnlq2	1	87.38	0.0000	-0.3170	[-0.3220 -0.3150]	27.7039	29.6489	42.4391
	lnlq2	2	17.86	0.2300	-0.3910	[-0.4100 -0.3810]	21.2143	29.8996	43.3749
	lnlq3	1	29.20	0.0300	-0.1810	[-0.2040 -0.1800]	22.9897	25.4184	37.9184
	lnlq3	2	19.87	0.1700	-0.2080	[-0.2210 -0.2050]	22.8394	28.1173	34.9003
lnse	lnlq2	1	83.64	0.0000	-0.3170	[-0.3910 -0.3150]	26.8348	32.0202	39.8922
	lnlq2	2	17.79	0.2400	-0.3910	[-0.4100 -0.3810]	23.3061	26.0797	30.3908
	lnlq3	1	29.10	0.0400	-0.1810	[-0.2005 -0.1800]	25.1185	27.1654	37.1080
	lnlq3	2	16.29	0.2350	-0.2080	[-0.2005 -0.1800]	22.4274	24.8065	30.5471

如表 5-24 所示，从门限回归结果分析，以二产区位熵指数作为门槛变量，无论对城市土地利用效率还是规模效率均存在一阶门槛有效、二阶门槛无效的结果，且一阶门槛值均为-0.3170；以三产区位熵作为门槛变量，无论对城市土地利用效率还是规模效率均存在一阶门槛有效、二阶门槛无效的结果，且一阶门槛值均为-0.1810。

采用门槛模型并考虑时间效应和个体效应分别对城市土地利用效率和规模效率进行结果估计（见表 5-25），从二产区位熵指数影响城市土地利用效率的门槛效应来看，当二产区位熵 lnlq2 小于门槛值-0.3170 时，第二、第三产业协同集聚指数对城市土地利用效率和城市土地利用规模效率的影响均在 1%水平上显著，且影响系数差别不大；当二产区位熵 lnlq2 跨越门槛值-0.3170 后，第二、第三产业协同集聚指数对两个被解释变量的影响也是正向的，但是不显著，这说明第二、第三产业协同集聚指数作用于城市土地利用效率的正向作用建立在一定的产业规模上，特别是第二产业规模；当二产区位熵较高时，第二、第三产业协同集聚度的提升意味着两大产业的同步发展，但对城市土地利用并未见明显增效。从三产区位熵指数影响分析，当三产区位熵 lnlq3 小于门槛值-0.1810 时，第二、第三产业协同集聚指数对城市土地利用效率和城市土地利用规模效率的负向影响分别在1%和5%水平上显著，且影响系数差别不大；当三产区位熵 lnlq3 跨越门槛值-0.1810后，第二、第三产业协同集聚指数对两个被解释变量虽然也呈现负相关影响，但仅在10%水平上显著。综合以上结果，说明二产区位熵和三产区位熵是第二、第三产业协同集聚指数影响城市土地利用效率和规模效率的门槛变量，且在二产区位熵较低的状态下，第二、第三产业协同集聚指数更能促进城市土地利用效率和规模效率的提升；而在三产区位熵较低的状态下，第二、第三产业协同集聚指数则会抑制城市土地利用效率和规模效率的提升，当二产区位熵和三产区位熵进入较高水平时，第二、第三产业协同集聚指数对城市土地利用效率的影响不显著。

表5-25　一阶门槛回归结果

变量	被解释变量 lnte		被解释变量 lnse	
lnisg （lnlq2≤-0.3170）	0.3614 *** （0.0998）		0.3618 *** （0.1008）	
lnisg （lnlq2>-0.3170）	0.1293 （0.0896）		0.1326 （0.0905）	
lnisg （lnlq3≤-0.1810）		-0.2558 *** （0.0966）		-0.2509 ** （0.0973）
lnisg （lnlq3>-0.1810）		-0.1798 （0.0923）		-0.1745 * （0.0929）
lnurb	-0.0358 （0.0272）	-0.0427 （0.0283）	-0.0468 * （0.0274）	-0.0536 * （0.0285）
density	0.0002 （0.0002）	0.0002 （0.0002）	0.0001 （0.0002）	0.0002 （0.0002）
bgdp	-0.0000 （0.0000）	-0.0000 （0.0000）	-0.0000 ** （0.0000）	-0.0000 ** （0.0000）
pgdp	-0.0076 （0.0085）	-0.0100 （0.0088）	-0.0064 （0.0085）	-0.0088 （0.0089）
build	-0.0366 *** （0.0103）	-0.0188 * （0.0105）	-0.0403 *** （0.0104）	-0.0226 ** （0.0106）
farm	-0.0234 （0.0161）	-0.0168 （0.0168）	-0.0081 （0.0163）	-0.0017 （0.0169）
lnrd	0.0067 （0.0099）	-0.0032 （0.0103）	0.0045 （0.0099）	-0.0053 （0.0103）

续表

变量	被解释变量 lnte		被解释变量 lnse	
_cons	−0.0800	−0.1506	0.0225	−0.0438
	(0.3323)	(0.3463)	(0.3354)	(−0.3487)
个体效应	控制	控制	控制	控制
时间效应	控制	控制	控制	控制
观测数	690	690	690	690
Adj-R²	0.9054	0.8976	0.9015	0.8939

注：*、**、***分别表示在10%、5%、1%统计水平上显著，括号内是稳健性标准误值。

究其原因，可能是第二产业的专业化集聚衍生出对第三产业的中间需求，进而促进第二、第三产业协同集聚影响城市土地利用效率提升。当二产区位熵较低时，所在城市的土地利用规模较小，产业间的协同集聚可以有效提升城市的土地管理技术水平和土地利用规模；而随着二产专业化程度的提升，受城市土地资源的稀缺性限制，技术进步空间越来越小，二产专业化程度提升日益困难，若此时城市三产专业化程度不能跟随发展需求，通过产业协同集聚带动土地利用效率提升将变得困难和不可行，甚至出现反向效果，阻碍土地利用效率和土地利用规模的进一步提升。因此，黄河流域要想提升城市土地利用效率，要兼顾第二、第三产业的专业化发展，不能顾此失彼，影响城市土地利用的高效发展。

根据 Hansen（2005）的方法，门槛估计值为似然比检验统计量为零时的 γ 值，图 5-8 和图 5-9 分别直观反映了二产区位熵、三产区位熵作为门槛变量时，第二、第三产业协同集聚对城市土地利用效率和城市土地利用规模效率回归的 LR 图，图 5-9 可以清晰证实存在一个门限。

借鉴伍先福（2019）的检验方式，利用连续变量交乘项回归结果进行稳健性检验，分别以两个门槛变量和第二、第三产业协同集聚指数的交乘项进行克服异方差和截面相关的固定效应模型回归，如果交乘项系数为正，说明门槛变量对产业协同集聚指数具有积极强化作用，如果交乘项系数为负，说明门槛变量对产业协同集聚指数具有消极抵抗作用。表 5-26 中回归结果所示，二产区位熵与协同集聚指数的交乘项系数为负，三产区位熵与协同集聚指数的交乘项系数为正，且回归结果均在 5% 的水平上显著，说明二产区位熵对产业协同集聚指数具有抵抗作用，而三产区位熵对产业协同集聚指数具有强化作用。或者说在二产区位熵指数的平均值水平上，第二、第三产业协同集聚指数对城市土地利用效率和规模效

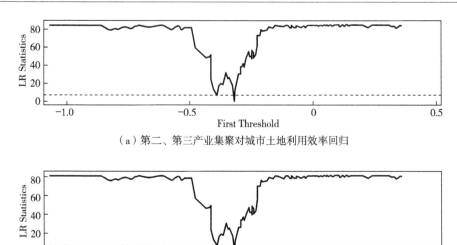

（a）第二、第三产业集聚对城市土地利用效率回归

（b）第二、第三产业集聚对城市土地利用规模回归

图 5-8　二产区位熵的门限估计值

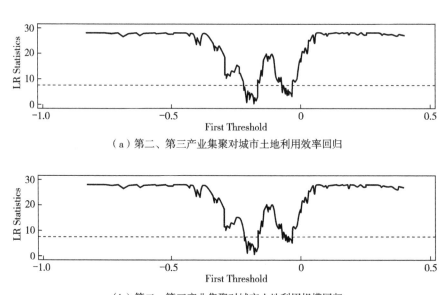

（a）第二、第三产业集聚对城市土地利用效率回归

（b）第二、第三产业集聚对城市土地利用规模回归

图 5-9　三产区位熵的门限估计值

率产生抑制作用，在三产区位熵指数的平均值水平上，第二、第三产业协同集聚

指数对城市土地利用效率和规模效率产生促进作用。这与前面门槛效应结果一致，其回归结果具有稳健性。

表 5-26　稳健性检验

变量	被解释变量 lnte		被解释变量 lnse	
lnisg	0.3957 ** (0.1753)	−0.5350 (0.4132)	0.4000 ** (0.1675)	−0.5294 (0.4124)
lnurb	0.0974 (0.0703)	0.1135 (0.0733)	0.0832 (0.0629)	0.0993 (0.0658)
density	0.0005 * (0.0003)	0.0005 * (0.0003)	0.0005 (0.0003)	0.0005 (0.0003)
bgdp	−0.0001 *** (0.0000)	−0.0001 *** (0.0000)	−0.0001 *** (0.0000)	−0.0001 *** (0.0000)
pgdp	0.2037 *** (0.0271)	0.2023 *** (0.0260)	0.2013 *** (0.0262)	0.2000 *** (0.0251)
build	−0.0432 *** (0.0127)	−0.0494 *** (0.0113)	−0.0464 *** (0.0128)	−0.0526 *** (0.0115)
farm	0.0707 *** (0.0175)	0.0778 *** (0.0168)	0.0840 *** (0.0164)	0.0910 *** (0.0160)
lnrd	0.1603 *** (0.0296)	0.1668 *** (0.0291)	0.1560 *** (0.0299)	0.1625 *** (0.0294)
c. lnisg#c. lnq2	−0.4709 ** (0.2047)		−0.4700 * (0.2107)	
c. lnisg#c. lnq3		0.4888 ** (0.1981)		0.4882 ** (0.2010)
_cons	−3.3186 *** (0.4823)	−2.3178 *** (0.6361)	−3.1720 *** (0.4977)	−2.1727 *** (0.6455)
Adj-R^2	0.6979	0.7032	0.6968	0.7022

注：*、**、***分别表示在10%、5%、1%统计水平上显著，括号内是稳健性标准误值。

三、黄河流域产业协同集聚对城市土地利用全要素生产率的影响分析

图 5-10 为黄河流域第二、第三产业协同集聚指数与城市土地利用全要素生产率的散点图，图示表明两者之间存在弱正相关关系。考虑到第二、第三产业协同集聚指数与二产专业化和三产专业化相关，因此，同样采用门槛模型进行分析。

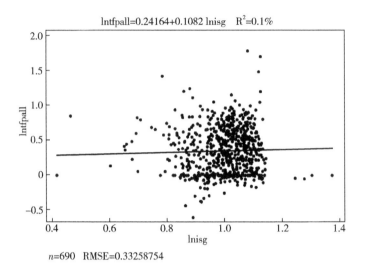

$$\text{lntfpall}=0.24164+0.1082\,\text{lnisg} \quad R^2=0.1\%$$

$n=690$　RMSE=0.33258754

图5-10　黄河流域第二、第三产业协同集聚与城市土地利用全要素生产率的散点图

下文重点分析黄河流域第二、第三产业协同集聚对城市土地利用全要素生产率的影响，与前文相同，分别构建二产区位熵和三产区位熵作为门槛变量，以第二、第三产业协同集聚度作为门槛依赖变量进行门限效应验证。门限模型要求所有核心解释变量与控制变量均为外生变量，因此，模型沿用以前所用各类控制变量，但考虑到各变量因具有时间趋势可能出现异方差问题，进而导致回归结果的偏误，所以对所有变量一律进行自然对数化处理。

首先确定门槛值，将所有样本分成 300 个栅格，每重门槛值检验时采用 Bootstrap 抽样 200 次，每个门限分组内异常值去除比例 0.01，分别以二产区位熵 lnlq2 和三产区位熵 lnlq3 作为门限变量，计算门槛临界值、P 值以及各自的置信区间，具体如表 5-27 所示。

表 5-27　门槛特征检验结果

被解释变量	门槛变量	门槛数	F 值	P 值	门槛估计值	95%置信区间	临界值 10%	临界值 5%	临界值 1%
lntfp	lnlq2	1	65.66	0.0050	-0.3910	[-0.4085 -0.3535]	26.4394	32.1979	44.9362
	lnlq2	2	17.86	0.2050	0.0070	[0.0045 0.0080]	26.6680	34.5244	56.5838
	lnlq3	1	31.24	0.0550	-0.2920	[-0.3030 -0.2880]	25.0612	32.2648	40.7689
	lnlq3	2	32.25	0.0450	-0.0380	[-0.0530 -0.0370]	26.1996	32.2009	46.5107

如表 5-28 模型（1）和模型（2）所示，从门限回归结果分析，以二产区位熵指数作为门槛变量对城市土地利用全要素生产率存在一阶门槛有效、二阶门槛无效的结果，且一阶门槛值为-0.3910；以三产区位熵指数作为门槛变量对城市土地利用全要素生产率存在二阶门槛有效、三阶门槛无效的结果，且一、二阶门槛值分别为-0.2920、-0.0380。采用门限模型并考虑时间效应和个体效应对城市土地利用全要素生产率进行结果估计，从二产区位熵指数影响城市土地利用全要素生产率的门槛效应来看，当二产区位熵 lnlq2 小于门槛值-0.3910 时，第二、第三产业协同集聚指数对城市土地利用全要素生产率的促进作用要明显强于二产区位熵大于门槛值时，且均在 1% 的水平上显著。这说明第二、第三产业协同集聚指数作用于城市土地利用效率的影响力建立在产业规模上，特别是第三产业规模，当三产区位熵较高时，产业协同集聚度的提升意味着两大产业的同步发展，但对城市土地利用全要素生产率并未见明显增效。从三产区位熵指数影响来看，当三产区位熵 lnlq3 小于门槛值-0.2920 时，第二、第三产业协同集聚指数对城市利用全要素生产率的抑制作用在 5% 的水平上显著，但是大于门槛值-0.2920后其抑制作用不显著。从变量系数判断，第二、第三产业协同集聚指数对城市土地利用全要素生产率的影响随门槛值增加而逐步缩小。综上所述，当二产区位熵小于门槛值-0.3910，或者三产区位熵小于门槛值-0.2920 时，第二、第三产业协同集聚指数对城市土地利用全要素生产率的影响效果最强，因此二产区位熵和三产区位熵是第二、第三产业协同集聚指数影响城市土地利用全要素生产率的门限变量，且二产专业化小于 0.6764 时，第二、第三产业协同集聚指数更能促进城市土地利用全要素生产率的提升，三产专业化小于 0.7468 时，第二、第三产业协同集聚指数更能抑制城市土地利用全要素生产率的提升，这也充分证明黄河流域各城市应该加大三产专业化建设，优化产业结构，促进城市土地利用全要素生产率有效提升。

表 5-28　双向固定效应门槛模型估计

变量	模型（1）	模型（2）	模型（3）
	门槛变量 lnlq2/单门槛	门槛变量 lnlq3/双门槛	门槛变量 lnisg/双门槛
lnurb	−0.0198 （0.0318）	−0.0350 （0.0319）	−0.0380 （0.0321）
lndensity	−0.0699** （0.0337）	−0.0551 （0.0336）	−0.0329 （0.0337）

续表

变量	模型（1）	模型（2）	模型（3）
	门槛变量 lnlq2/单门槛	门槛变量 lnlq3/双门槛	门槛变量 lnisg/双门槛
lnbgdp	0.3297 ***	0.4425 ***	0.2156 **
	（0.1016）	（0.1044）	（0.1046）
lnpgdp	−0.0584	−0.1187	−0.0286
	（0.0980）	（0.0987）	（0.1026）
lnbuild	−0.5187 ***	−0.4013 **	−0.3182 **
	（0.1591）	（0.1596）	（0.1619）
lnfarm	0.2641 *	0.1236	0.0708
	（0.1428）	（0.1430）	（0.1447）
lnrd	0.0003	−0.0058	−0.0056
	（0.0119）	（0.0120）	（0.0120）
lnisg（lnlq2≤−0.3910）	0.5810 ***		
	（0.1223）		
lnisg（lnlq2>−0.3910）	0.3189 ***		
	（0.1090）		
lnisg（lnlq3≤−0.2920）		−0.2469 **	
		（0.1198）	
lnisg（−0.2920<lnlq3<−0.0380）		−0.1397	
		（0.1120）	
lnisg（lnlq3>−0.2920）		−0.0564	
		（0.1116）	
lnisg（lnisg≤0.9190）			0.7568 ***
			（0.1427）
lnisg（0.9190<lnisg≤1.1250）			0.6270 ***
			（0.1296）
lnisg（lnisg>1.1250）			0.4306 ***
			（0.1190）
_cons	−0.7501	−0.9322	−0.7266
	（0.6640）	（0.6687）	（0.6800）
R^2	0.8901	0.8900	0.8886
时间效应	控制	控制	控制
个体效应	控制	控制	控制

续表

变量	模型（1）	模型（2）	模型（3）
	门槛变量 lnlq2/单门槛	门槛变量 lnlq3/双门槛	门槛变量 lnisg/双门槛
N	690	690	690

注：*、**、***分别表示在10%、5%、1%统计水平上显著，括号内是稳健性标准误值。

为了进一步区分第二、第三产业协同集聚指数对城市土地利用全要素生产率的影响，继续以第二、第三产业协同集聚指数作为门槛变量，观察城市土地利用全要素生产率的系数值是否随第二、第三产业协同集聚指数的增加而减弱。如表5-28模型（3）所示，当 lnisg<0.9190 时，第二、第三产业协同集聚指数对城市土地利用全要素生产率的系数最大，而当 lnisg>1.1250 时，第二、第三产业协同集聚指数对城市土地利用全要素生产率的系数最小，且各阶段影响显著，因此随着第二、第三产业协同集聚指数的提升，其对城市土地利用全要素生产率的促进作用反而会越来越小。

总结以上分析，黄河流域城市二产集聚度和三产集聚度都偏低，说明流域内产业专业化程度较低，当三产专业化处于平均值水平时，随着二产专业化程度的加深，第二、第三产业协同集聚指数对剔除要素投入以外的其他因素导致的土地利用效率增加具有促进作用递减趋势；但是当二产专业化处于平均值水平时，随着三产专业化程度的加深，第二、第三产业协同集聚指数对城市土地利用全要素生产率具有抑制作用递减的趋势。

图 5-11 和图 5-12 分别是以二产区位熵作为门槛变量的单门槛 LR 图和以三产区位熵作为门槛变量的两门槛 LR 图，图示结果与前面的分析相吻合。

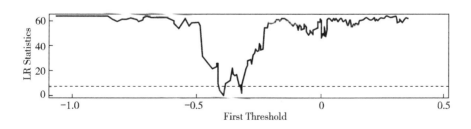

图 5-11　二产区位熵的门槛估计值

同样，把二产区位熵与第二、第三产业协同集聚指数的交互项以及三产区位熵与第二、第三产业协同集聚指数的交互项放入模型中验证模型的稳健性。从回归结果分析，二产区位熵与第二、第三产业集聚指数的交乘项系数为负，且在5%的水平上显著，说明二产专业化对第二、第三产业协同集聚具有消极抵抗作用，三产区位熵与第二、第三产业协同集聚指数的交乘项系数虽不显著但值为正，说明三产专业化对第二、第三产业协同集聚具有积极强化作用，这与门槛回归结果相同，证明其具有稳健性。

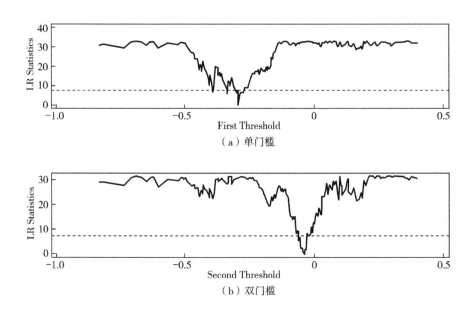

（a）单门槛

（b）双门槛

图5-12　三产区位熵的门槛估计值

第四节　城市土地利用效率空间格局演变分析

一、空间相关性分析模型

选用探索性空间数据分析方法（Exploratory Spatial Data Analysis，ESDA）研究黄河流域各城市土地利用效率的空间相关性。ESDA是借助统计学原理与图形图表相结合，分析研究区域的空间性质，常用的ESDA工具有全局空间自相关与局部空间自相关。

（一）全局空间自相关

空间自相关反映了研究区域的空间依赖性，体现了研究对象属性值与其空间位置属性的一致关系，空间自相关统计指标主要有 Moran's I、Geary's、Getis's G 和标准偏差椭圆等。空间自相关分空间正相关与空间负相关，正相关表明要素属性值与其相邻空间要素属性值具有相似性，负相关则表示相反。本章选用 Moran's I 指数反映土地利用的集聚程度，选用 Moran's I 散点图和 LISA 聚类图进一步解释不同城市内土地利用的空间非平衡和异质性特征。

全局 Moran's I 指数描述了属性值在整个研究区域的空间特征，计算公式如下：

$$I = \frac{\sum\limits_{i=1}^{n}\sum\limits_{j=1}^{n} w_{ij}(x_i - \bar{x})(y_j - \bar{y})}{\sigma^2 \sum\limits_{i=1}^{n}\sum\limits_{j=1}^{n} W_{ij}} \tag{5-14}$$

其中，x_i 和 y_j 分别表示不同城市的土地利用效率，且 $i \neq j$，w_{ij} 表示空间权重矩阵，$\bar{x}$ 表示黄河流域各城市土地利用效率的均值，σ^2 表示土地利用效率的方差，n 表示研究的城市个数。Moran's I 指数的取值范围为 $[-1, 1]$，其绝对值越接近 1 表示在空间上两个单元的相关性越高，指数为正表示两个单元间存在正相关性，指数为负表示两个单元间存在负相关性。

（二）局部空间自相关

局部空间自相关可以进一步解释指标在局部单元内的空间非平衡和一致性特征，所以采用局部 Moran's I 指数和 LISA 集聚图研究黄河流域内各城市的局部关联性。局部 Moran's I 指数计算公式为：

$$I_{局部} = \frac{n(x_i - \bar{x})\sum\limits_{j=1}^{n} w_{ij}(x_j - \bar{x})}{\sum\limits_{i=1}^{n}(x_i - \bar{x})^2} = z_i \sum\limits_{j=1}^{n} w_{ij}z_j \tag{5-15}$$

其中，z_i 和 z_j 分别表示研究区域 i 和 j 被标准化后的观测值，其余指标含义同上。局部 Moran's I 指数的取值也为 $[-1, 1]$，正值表示研究区域的低值被低值或者高值被高值环绕，负值表示研究区域的低值被高值或者高值被低值环绕。$I_{局部} > 0$ 且 $z_i > 0$ 表示研究区域 i 属于 HH（高—高）型，$I_{局部} > 0$ 且 $z_i < 0$ 表示研究区域 i 属于 LL（低—低）型，$I_{局部} < 0$ 且 $z_i > 0$ 表示研究区域 i 属于 HL（高—低）型，$I_{局部} < 0$ 且 $z_i < 0$ 表示研究区域 i 属于 LH（低—高）型。不同类

别的区域空间差异特性如表 5-29 所示。

表 5-29　局部空间集聚效应的差异类型

空间差异类型	特性
HH 型（高—高）	高属性观测值区域产生集聚效应，具有较大的空间关联性；区域间存在扩散作用，空间差异区域缩小
LL 型（低—低）	低属性观测值区域产生集聚效应，具有较大的空间关联性；区域间存在扩散作用，空间差异区域缩小
HL 型（高—低）	高观测值区域被周边低值区域包围其中，具有较小的空间关联性；区域间存在极化作用，空间差异趋于扩大
LH 型（低—高）	低观测值区域被孤立在周边高值区域中，空间相关性较弱；区域间存在极化作用，空间差异趋于扩大

局部 Moran's I 散点图与 LISA 集聚图反映了不同时期局部空间的集聚效应或者差异性。对于 Moran's I 指数的统计检验，通常采用 z 检验，在 95% 置信水平下，$z > |1.96|$ 表示统计性显著。

$$z = \frac{I - E(I)}{\sqrt{\mathrm{var}(I)}} \tag{5-16}$$

二、空间权重矩阵

空间权重矩阵与传统经济学相比较，考虑了空间地理位置或者空间经济发展对邻近区域的影响，通常可以将空间是否相邻、是否在设定的距离范围内、是否有共同邻接单元甚至经济距离等作为权重赋值，反映研究区域内不同单元之间的空间关系。对其分类，空间权重矩阵可划分为邻接矩阵和距离矩阵。邻接矩阵进一步可划分为 Bishop 邻接、Rock 邻接、Queen 邻接，Bishop 邻接表示两个相邻区域是共顶点连接，Rock 邻接表示两个相邻区域是共邻边连接，Queen 邻接既可以是共顶点连接也可以是共邻边连接。选择 Queen 邻接作为邻接矩阵分析，即当城市 i 与城市 j 相邻，则空间权重矩阵中的 w_{ij} 取值为 1，否则取值为 0，当 $i=j$ 时，$w_{ij}=0$。距离矩阵进一步可划分为狭义距离矩阵和广义距离矩阵，狭义距离指两个区域的质心距离或者行政距离，$w_{ij} = \dfrac{1}{d_{ij}}$，$d_{ij}$ 表示 i、j 两个研究区域之间的质心距离（行政距离）；广义距离包含多种形式的虚拟距离，例如经济距离权重 $w_{ij} = \dfrac{1}{y_i - y_j}$，$y_i$ 表示研究区域 i 的经济发展水平（通常用人均 GDP 表示）。

三、黄河流域城市土地利用效率空间演变分析

从地理位置看，黄河流域途经 9 个省份 69 个地级市，位于 34°~41°N，且由西向东横跨青藏高原、内蒙古高原、黄土高原和黄淮海平原四个地貌单元，干旱半干旱气候使得整个流域内水土流失严重。为了更好地分析样本期间（2009~2018 年）黄河流域城市土地利用效率是否出现两极分化现象，采用核密度函数图形（见图 5-13）进行观察，横轴表示城市土地利用效率，纵轴表示估计的核密度函数。通常，核密度函数图呈现"单峰"形态，进而说明研究变量存在唯一的收敛均衡点，若存在多个"波峰"则说明存在多个不同水平的收敛点，进而说明研究变量呈现两极或者多极分化现象。

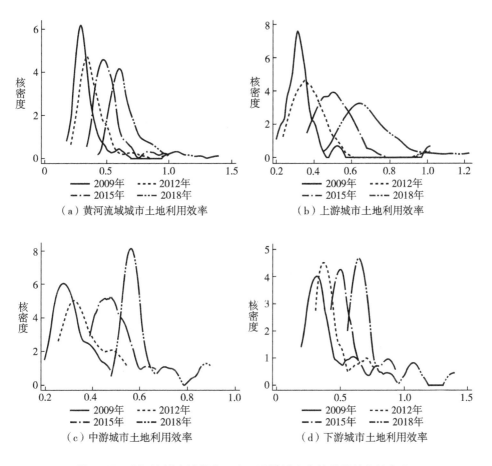

图 5-13 黄河流域全域及上、中、下游城市土地利用效率核密度

从核密度曲线的重心位置分析，如图 5-13 所示，2009~2018 年黄河流域及其上、中、下游始终向右迁移，说明 4 个研究区域内城市土地利用效率均呈现上升趋势，主要原因是研究区间内社会稳定发展，经济发展进入新常态，生态保护措施得当，土地利用渐趋合理，效率值逐年递增。

从核密度曲线主峰波峰高度分析，黄河流域全域及上游区域内主峰波峰高度逐步下降，说明城市土地利用效率在两个区域内呈现逐步扩大态势，但是中游的主峰波峰高度在 2015 年和 2018 年呈现上升趋势，下游的主峰波峰高度在 2012 年和 2018 年呈现上升趋势，说明中、下游城市的土地利用效率出现先扩大差距后缩小差距的局面，反映出中、下游城市之间存在土地开发与利用互相借鉴和学习，在研究区间后期呈现收敛的性质。

从核密度曲线波峰数量分析，2009~2018 年黄河流域城市土地利用效率呈现一个主峰和多个轻微次峰，这种"多峰"特征表明城市土地利用效率具有多极化性质，而且下游的"次峰"特征表现尤为明显，但是这些"次峰"主要位于核密度的尾部，所以并不影响其收敛性，同时进一步证实了本书第四章黄河流域内城市土地利用效率存在 σ 收敛性的结论。

从核密度曲线拖尾分析，黄河流域城市各年的右侧拖尾表现出加长、抬厚的趋势，表明研究区间内土地利用效率较高的城市比例有所上升，这种态势在中、下游城市中表现得更明显，说明各研究区域内高土地利用效率的城市比重也在逐年递增。

以上分析说明黄河流域及其上、中、下游城市土地利用效率的动态演进过程是一种区域特色和时段特征叠加共生的结果。

继续以第四章三阶段土地利用效率模型计算得出的效率值进行分析，从空间维度看，2009~2018 年黄河流域各城市土地利用效率均值为 0.1751~1.3986（见图 5-14），相比较而言，处于下游的城市土地利用效率均值较高（0.5207），其次是上游城市（0.4569），中游城市的土地利用效率均值最低（0.4356）。不同城市土地利用效率均值最大差异达 0.6915，上、中、下游城市内部的土地利用效率差异分别为 0.6915、0.7019、1.2080。这说明下游城市总体的土地利用效率虽高，但是各城市之间的差异也较大，上、中游城市的土地利用效率虽低，但城市内部之间的差异却较小。对比流域内 8 个省会城市的土地利用效率，郑州（0.8885）>济南（0.7695）>西安（0.6115）>太原（0.6082）>银川（0.5233）>呼和浩特（0.4947）>兰州（0.4918）>西宁（0.4544），后 3 个城市

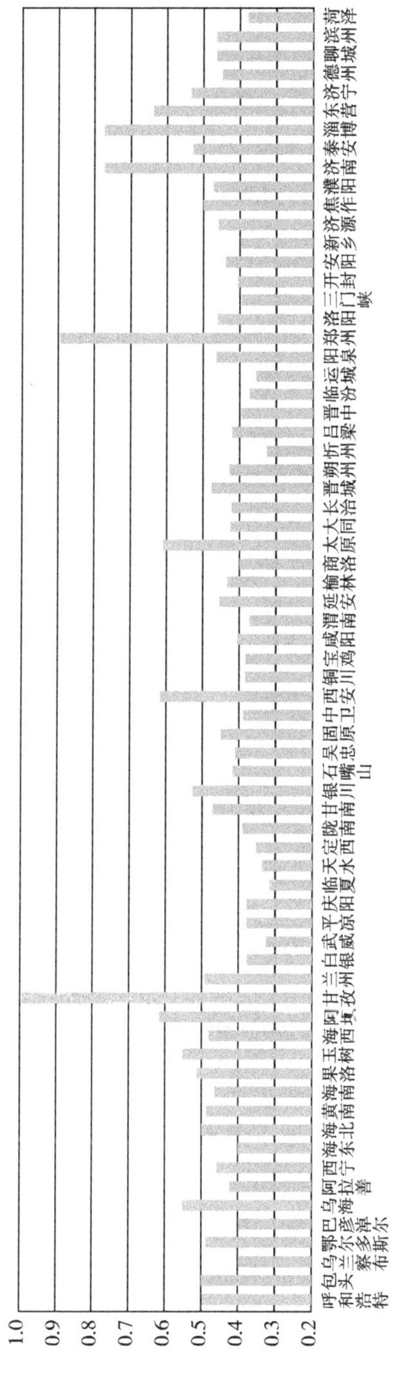

图 5-14 2009~2018 年黄河流域各城市土地利用效率均值

的水平基本相同。

为了更好地呈现黄河流域各城市之间的土地利用效率差异，突出空间差异特征，利用 ArcGIS 软件分析 2009 年和 2018 年黄河流域各城市的土地利用效率空间分布。从时间轴看，包头、兰州、太原、海北、玉树、东营的土地利用效率由 0.8~1.0 转变为 1.0~1.4，而其他城市则从 0~0.3 转变为 0.3~0.6 或者保持不变，说明大部分城市的土地利用效率呈现增长态势。

四、黄河流域城市土地利用效率空间自相关性分析

根据式（5-13）并利用 GeoDA 空间分析软件，测算得出 2009~2018 年黄河流域城市土地利用效率的全局 Moran's I 指数，如表 5-30 所示。

表 5-30   2009~2018 年黄河流域城市土地利用效率全局 Moran's I 指数

年份	Moran's I	E (I)	MEAN	SD	Z (I)	P-value
2009	0.1041	−0.0147	−0.0137	0.0682	1.7263	0.0570
2010	0.1811	−0.0147	−0.0136	0.0686	2.8353	0.0080
2011	0.1411	−0.0147	−0.0143	0.0684	2.2729	0.0250
2012	0.1524	−0.0147	−0.0141	0.0699	2.3817	0.0230
2013	0.2377	−0.0147	−0.0127	0.0701	3.5714	0.0010
2014	0.1697	−0.0147	−0.0138	0.0698	2.6290	0.0130
2015	0.1343	−0.0147	−0.0130	0.0708	2.0815	0.0280
2016	0.1500	−0.0147	−0.0129	0.0711	2.2905	0.0240
2017	0.1043	−0.0147	−0.0135	0.0721	1.6348	0.0540
2018	0.0552	−0.0147	−0.0138	0.0711	0.9712	0.1670

根据表 5-30 可以发现，2009~2018 年黄河流域各城市土地利用效率 Moran's I 指数大都在 10% 的水平下显著，只有 2018 年不显著，而且各年的 Moran's I 指数均为正值，表明 69 个城市之间存在邻近正效应，或者说具有空间溢出性，即某个城市的土地利用效率不仅会影响周围邻近城市的土地利用效率，而且自身也会受邻近城市的影响。由于 Moran's I 指数的变化区间为 ［0.0552，0.2377］，变化较小，说明整个流域内强弱交替变化特征不明显，全局空间相关性基本形成稳定状态。

局部 Moran's I 指数散点图可以反映研究区域的空间异质性，以笛卡儿指数

坐标系表示，其横坐标是各城市土地利用效率标准化后的属性值，纵坐标是标准化后的空间权重矩阵决定的相邻单元属性值的平均值。可以发现，2009 年局部 Moran's I 指数在 5% 水平下显著的城市有 8 个。2009 年处于低—低集聚区的城市有 5 个，分别是天水、平凉、固原、定西、临夏，处于高—高集聚区的城市有 3 个，分别是果洛、玉树、阿坝，没有处于低—高集聚区和高—低集聚区的城市，61 个城市不显著，说明 2009 年黄河流域内城市的土地利用效率普遍偏低，而上游城市的土地利用效率较高。2018 年局部 Moran's I 指数在 5% 水平下显著的城市有 12 个。2018 年处于高—高集聚区的城市只有 1 个，即淄博，但处于低—低集聚区的城市变为 6 个，分别是榆林、延安、临汾、运城、三门峡和平凉，处于低—高集聚区的城市有 3 个，即海西、开封和滨州，处于高—低集聚区的城市有 2 个，分别是西安和太原。说明经过 10 年的发展，部分低—低集聚区内的城市已经提高了土地利用效率，但平凉一直处于低效率阶段；一些省会城市的土地利用效率提高较快，进入高效土地利用阶段，但是其周边城市土地利用效率依然较低。结合前面分析得到的空间相关性结果，这些城市今后可以带动周边城市提高其土地利用效率。整体而言，黄河下游城市的土地利用效率提高较快。

第五节 基于空间杜宾模型的黄河流域城市土地利用效率空间效应分析

传统的线性回归方法以研究变量之间的线性关系为主，对研究区域之间的空间关联未加考虑，但研究区域之间的地理位置相关性、经济相关性、社会相关性等都会影响被解释变量的变动，或者说研究变量存在空间效应或空间溢出性。空间计量模型是研究空间交互作用和空间结构的主要工具。

一、空间计量模型

空间计量模型引入了空间联系变量来估算和检验研究对象各类相关性对被解释变量以及解释变量的影响，Paelinck 和 Klaassen（1979）定义这类研究领域为空间相互依赖、空间关系不对称性等；Ansellin（1988）将空间计量经济学定义为：处理区域科学模型统计分析中的空间所引起的特殊性的技术总称。常用的空间常系数回归模型主要有空间滞后模型（Spatial Lag Model，SLM）、空间误差模型（Spatial Error Model，SEM）和空间杜宾模型（Spatial Dubin Model，SDM）。

空间滞后模型是表征时间依赖关系的模型，其基本形式如下：

$$y_{it} = \rho w y_{it-1} + \beta x_{it} + \varepsilon \quad \varepsilon \sim (0, \delta^2) \tag{5-17}$$

其中，t 代表时间，y_{it-1} 表示 t 时期 i 城市土地利用效率受其他城市 $t-1$ 时期土地利用效率的影响。

空间误差模型是针对空间异质性或者个体差异的模型，其基本形式如下：

$$y_{it} = \beta x_{it} + \mu \quad \mu = \lambda w u + \varepsilon \quad \varepsilon \sim (0, \delta^2) \tag{5-18}$$

其中，x_{it} 是 i 城市 t 时期的其他解释变量，空间误差模型适用于残差项中包含遗漏变量的情况。

空间杜宾模型考虑了自变量空间滞后项与因变量之间的相关性，其基本形式如下：

$$y_{it} = \rho w y_{it-1} + \beta_1 x_{it} + \beta_2 w x_{it} + \varepsilon \quad \varepsilon \sim (0, \delta^2) \tag{5-19}$$

这里的变量解释如上所述，方程中两个空间权重矩阵可以相同，也可以不同。

二、设定空间权重矩阵

地理学第一定律认为，任何事物都是与其他事物相关的，只不过相邻的事物关联更紧密。利用空间权重矩阵描述事物之间的关联程度，通常采用邻接关系、空间距离和经济距离表征空间权重关系，也可以将两种或者多种关系综合考虑，采用多种距离关系表征空间权重，现就本章使用的空间权重矩阵类型进行说明。

（一）邻接权重矩阵

依据空间之间的相邻关系，邻接可以表现为共边或者共点，考虑到本章的研究对象是城市之间的邻接，以共边邻接为主，因此权重矩阵 W_{ij} 可以根据下述方式获得：

$$W_{ij} = \begin{cases} 1, & i \text{ 城市与 } j \text{ 城市相邻} \\ 0, & i \text{ 城市与 } j \text{ 城市不相邻} \end{cases} \tag{5-20}$$

当 $i = j$ 时，$W_{ij} = 0$，根据以上思想，空间邻接权重矩阵是对称矩阵。

（二）距离权重矩阵

空间单元城市之间除了地域上的邻接关系以外，还可以用两地之间的距离描述相邻关系，空间计量经济学中称为狭义距离，可以用两个城市的行政中心距离度量，本章选择两个城市的中心质点进行计算，利用 ArcGIS 软件进行要素转点后得到城市的经纬度坐标，利用此坐标计算两个城市之间的直线距离作为空间距离矩阵，计算公式如下：

$$w_{ij} = \frac{1}{d_{ij}^2} \tag{5-21}$$

其中，d_{ij} 表示 i 城市与 j 城市之间的质点距离，距离越远，空间权重系数越小，空间相关性越差。

（三）经济权重矩阵

经济矩阵可以用两个城市的人均 GDP 指标计算获得，d'_{ij} 表示 i 城市与 j 城市之间的经济距离系数，计算公式为：

$$d'_{ij} = \frac{1}{|gdp_i - gdp_j|} \tag{5-22}$$

其中，gdp_i 表示 i 城市的经济发展水平，可以选用人均 GDP 指标计算。

（四）经济距离权重矩阵

地理学第一定律表明城市之间的联系随着地理距离的增加而递减，但是在现实中，两个经济水平差异小、距离远的城市之间，可能要比经济水平差异大、距离远的城市之间联系更多，因此可以考虑建立经济距离权重矩阵：

$$W_2 = W_1 diag(\overline{Y_1}/\overline{Y}, \quad \overline{Y_2}/\overline{Y}, \quad \cdots, \quad \overline{Y_n}/\overline{Y}) \tag{5-23}$$

其中，W_1 是距离权重矩阵，$\overline{Y_n}$ 是第 n 个城市研究区间内的平均人均 GDP，$\overline{Y}$ 是所有城市研究区间内的平均人均 GDP。

三、黄河流域城市土地利用效率空间效应研究

城市土地利用效率一方面受本地区的社会、经济因素影响，另一方面取决于周边城市的社会、经济因素，即存在空间外生交互效应，同时某个城市的土地利用效率也会受周边城市的土地利用效率影响，即存在内生交互效应，因此选择空间杜宾模型分析 i 城市内部及周边城市的社会、经济、土地结构、产业结构等因素对其土地利用效率的影响，以及 i 城市以外其他黄河流域城市土地利用效率对其的影响效果。社会因素选择城镇化率（urb）和人口密度（density）表示，经济因素选择人均 GDP（pgdp）表示，土地结构用建设用地占比（build）和耕地占比（farm）表示，将城镇村及工矿用地与交通运输用地之和占全市行政区域面积比重计入建设用地占比，将水田、水浇地及旱地之和占全市行政区域面积比重

计入耕地占比。

基于以上分析，考虑面板模型是短面板，因此构建既包含空间个体固定效应也包含空间时间效应的杜宾模型：

$$\ln Y_{it} = \alpha + X_{it}\beta + \rho WY_{it} + \theta \sum WX_{it} + \mu_i + \upsilon_t + \varepsilon_{it} \tag{5-24}$$

其中，Y_{it} 表示 i 城市 t 年的土地利用效率，α 是常数项，X_{it} 是各类影响变量的集合，W 是空间权重矩阵，WX_{it} 是自变量的空间滞后项，WY_{it} 是因变量的空间滞后项，μ_i 是空间个体固定效应，υ_t 是空间时点固定效应，ε_{it} 是模型的误差项，ρ 和 θ 是空间相关系数。

当 $\theta = 0$ 且 $\rho \neq 0$ 时，空间杜宾模型可以简化为空间滞后模型，当 $\phi\theta + \beta\rho = 0$ 时，空间杜宾模型可以简化为空间误差模型，非空间模型系数可以直接反映自变量对因变量的影响，但空间杜宾模型的相关系数不能直接反映自变量变化对因变量的影响，可以借助求偏导数将自变量对因变量的总效应分解为直接效应、间接效应，辅助解释不同个体的自变量对因变量的影响。在特定稳定条件下，分解方程为：

$$\begin{bmatrix} \dfrac{\partial E(\ln te_1)}{\partial x_1} & \cdots & \dfrac{\partial E(\ln te_1)}{\partial x_1} \\ \vdots & \ddots & \vdots \\ \dfrac{\partial E(\ln te_n)}{\partial x_n} & \cdots & \dfrac{\partial E(\ln te_1)}{\partial x_1} \end{bmatrix} = (I-\rho W)^{-1} \begin{bmatrix} \beta_k & w_{12}\theta_k & \cdots & w_{1n}\theta_k \\ \vdots & \vdots & \ddots & \vdots \\ w_{1n}\theta_k & w_{1n}\theta_k & \cdots & \beta_k \end{bmatrix}$$

$$= (I-\rho W)^{-1} \times (\beta_k I + \theta_k) \tag{5-25}$$

直接效应等于模型系数及反馈效应之和，即上述矩阵对角元素的平均值，间接效应为上述矩阵非对角元素的行平均值。

首先利用邻接权重矩阵进行 LM 检验并构建 R-LM 统计量进行空间相关性检验，检验结果为：LM no lag = 0.052，R-LM no lag = 0.002，LM no error = 0.000，R-LM no error = 0.000，表明在1%水平上显著拒绝了原假设，因此选用空间计量模型进行估计。接着采用 Hausman 检验确定采用固定效应模型或者随机效应模型，卡方统计量为 46.90，P 值为 0.0000，在1%水平上拒绝采用随机效应模型。

表 5-31 LR 检验与 Wald 检验

检验类型	LR	P 值	df	AIC	BIC
H_0：参数约束有效，SLM 优于无约束模型 SDM	78.47	0.0000	7	-1288.206	-1256.449

续表

检验类型	LR	P 值	df	AIC	BIC
H_1：参数约束无效，SDM 优于无约束模型 SLM			12	-1356.672	-1302.231
H_0：参数约束有效，SEM 优于无约束模型 SDM	70.61	0.0000	11	-1296.065	-1264.308
H_1：参数约束无效，SDM 优于无约束模型 SEM			20	-1356.672	-1302.231
H_0：可简化为 SLM 模型	46.20	0.0000	—	—	—
H_1：不可简化为 SLM 模型					
H_0：可简化为 SEM 模型	36.18	0.0000	—	—	—
H_1：不可简化为 SEM 模型					

表 5-31 是 LR 检验和 Wald 检验结果，可以看出，两类检验结果的 P 值均在 1% 水平上显著拒绝原假设，因此该空间杜宾模型不可简化为空间滞后模型与空间误差模型。为了避免模型对检验结果造成的不稳定冲击，分别采用邻接矩阵、距离矩阵、经济距离矩阵作为空间权重矩阵建立杜宾模型，回归结果如表 5-32 所示。从空间自相关系数 ρ 的显著性分析，后两种空间权重矩阵构建的杜宾模型都在 1% 水平上显著，进一步说明黄河流域城市土地利用效率存在空间自相关性。

表 5-32　不同权重矩阵空间杜宾模型回归结果

变量	邻接矩阵	距离矩阵	经济距离矩阵
urb	-0.0022**	-0.0018**	-0.0017*
	(0.0009)	(0.0009)	(0.0009)
density	0.0001	0.0001	0.0001
	(0.0001)	(0.0001)	(0.0001)
pgdp	-0.0146	-0.0077	-0.0077
	(0.0100)	(0.0098)	(0.0097)
build	-0.0157**	-0.0178**	-0.0166**
	(0.0079)	(0.0078)	(0.0073)
farm	-0.0357**	-0.0370**	-0.0299**
	(0.0160)	(0.0170)	(0.0153)
W * urb	0.0136	-0.0044	-0.0017
	(0.0116)	(0.0027)	(0.0021)
W * density	-0.0024	0.0001	-0.0002
	(0.0019)	(0.0006)	(0.0005)

变量	邻接矩阵	距离矩阵	经济距离矩阵
W * pgdp	0.2685 *** (0.0747)	0.0932 *** (0.0214)	0.0782 *** (0.0168)
W * build	0.1557 * (0.0873)	−0.0127 (0.0368)	−0.0007 (0.0393)
W * farm	0.0137 (0.0711)	0.0642 (0.0423)	0.0625 (0.0359)
ρ	0.3260 (0.1984)	0.6986 *** (0.0737)	0.6920 *** (0.0725)
Sigma2_e	0.0079 *** (0.0015)	0.0077 *** (0.0014)	0.0079 *** (0.0015)
AIC	−1326.7	−1314.1	−1291.8
BIC	−1204.2	−1191.6	−1169.3

注：*、**、***分别表示在10%、5%、1%统计水平上显著，括号内是稳健性标准误值。

由表5-32可知，城市的城镇化率和土地结构（建设用地占比与耕地占比）对本地城市土地利用效率具有显著负向作用，但邻近城市的城镇化率和耕地占比对本地城市影响作用不显著，建设用地占比在邻接权重矩阵下对周围城市土地利用效率产生促进作用，说明周边城市会借鉴和学习邻近城市建设用地的扩张或利用方式。周围城市的人均GDP对本地城市的土地利用效率具有积极促进作用，但本地城市的人均GDP却不能有效促进本地城市土地利用效率的提升，这主要是因为测算土地利用效率时，产出部分主要以地区经济和社会效益增长作为衡量，但同时也考虑了环境效益，说明本地区的环境效益恶化要大于人均GDP的增长，但是本地区的经济增长却可以促进周围城市的经济增长，进而提升周围城市土地利用效率，周围城市的其他社会因素、土地结构也不会显著影响本地城市的土地利用效率。

从三种效应分析，直接效应衡量各类因素对本地城市土地利用效率的直接影响，包括反馈效应，即其他城市的土地利用效率影响本地城市的土地利用效率。间接效应也称空间溢出效应，衡量邻近城市的各类因素对本地城市土地利用效率的影响，总效应是直接效应和间接效应的总和，解释了某个地区的某个解释变量的变动对所有地区被解释变量的平均影响。

如表5-33所示，直接效应结果显示，在三种权重矩阵下，城镇化率和土地结构显著负向影响本地城市的土地利用效率，这主要是因为城镇化引发建设用地的需求量增大，但是这部分土地主要用于进行房地产投资建设与城市公共基础设施建设，土地与资本投入增加比例大于经济、社会、环境产出效益，因此直接抑制了城市土地利用效率的提高，在距离权重矩阵模式下，城镇化率对城市土地利用效率存在空间溢出负效应，而邻接矩阵与经济距离矩阵下，空间溢出效应不显著。人均 GDP 对本地城市的土地利用直接效应不显著，但是三种权重下的间接效应与总效应均显著为正，说明邻近地区城市的经济发展对本地区城市土地利用效率产生促进作用。城市的建设用地占比对本地区土地利用直接效应为负，但在邻接矩阵下，其空间溢出效应和总效应却为正，这是由于建设用地扩张主要集中在建成区内，因此建成区土地扩张对提高地区整体土地利用效率增长具有促进作用，但对当地土地利用存在一定的负外部性。

表 5-33　固定效应杜宾模型解释变量效应分解

变量	直接效应			间接效应			总效应		
	邻接矩阵	距离矩阵	经济距离矩阵	邻接矩阵	距离矩阵	经济距离矩阵	邻接矩阵	距离矩阵	经济距离矩阵
urb	−0.0022 **	−0.0023 ***	−0.0019 **	0.0177	−0.0198 **	−0.0101	0.0155	−0.0222 **	−0.012
	(0.001)	(0.0009)	(0.0009)	(0.0155)	(0.0093)	(0.0076)	(0.0159)	(0.0095)	(0.0079)
density	0.0001	0.0001	0.0001	0.0037	0.0007	−0.0002	−0.0037	0.0008	−0.0001
	(0.0001)	(0.0001)	(0.0001)	(0.0034)	(0.0023)	(0.0017)	(0.0034)	(0.0024)	(0.0018)
pgdp	−0.0117	0.0015	−0.0001	0.3891 ***	0.2911 ***	0.2384 ***	0.3774 ***	0.2926 ***	0.2384 ***
	(0.0105)	(0.0106)	(0.0107)	(0.042)	(0.0688)	(0.0584)	(0.0415)	(0.0698)	(0.0609)
build	−0.0141 *	−0.0196 **	−0.0171 **	0.2110 **	−0.0903	−0.0373	0.1969 *	−0.1099	−0.0544
	(0.0086)	(0.0083)	(0.0074)	(0.1061)	(0.1272)	(0.1248)	(0.1065)	(0.1293)	(0.1259)
farm	−0.0388 *	−0.0368 **	−0.029 *	0.0128	0.1223	0.1317	−0.026	0.0856	0.1027
	(0.0181)	(0.0189)	(0.0174)	(0.1014)	(0.1313)	(0.1143)	(0.1002)	(0.1328)	(0.1165)

注：* 、** 、*** 分别表示在10%、5%、1%统计水平上显著，括号内是稳健性标准误值。

第六节　本章小结

本章主要分析黄河流域城市土地利用效率的影响因素，首先不考虑内生变量的影响进行静态分析，其次采用包含因变量滞后期的动态 GMM 模型进行分析，进一步设定不同的低碳约束假设,分析黄河流域城市土地利用效率的动态影响效果,再次将产业协同集聚对城市土地利用效率的影响进行单独分析,最后在分析黄河流域城市土地利用效率的空间格局演变基础上,加入不同空间权重矩阵分析其空间溢出效应。主要结论如下:

第一,5%显著性水平下,人均 GDP、耕地占比和科研经费财政支出促进城市土地利用效率提升,而地均 GDP 与建设用地占比则抑制城市土地利用效率增长。地均 GDP、建设用地占比对土地利用效率的影响存在区域差异性,但人均 GDP、耕地占比和科研经费财政支出在黄河流域上、中、下游始终显示促进作用。假设科研经费财政支出与碳排放强度对城市土地利用效率的影响系数互为相反数,或者说碳排放强度的影响可以被科研经费的投入"抵消掉",促进城市土地利用效率的影响因素有城镇化率、人均 GDP 和耕地占比,抑制因素有地均 GDP 与建设用地占比。假设第二、第三产业产值占 GDP 比重增加导致碳排放强度增加的影响与科研经费投入减弱碳排放强度的影响效果相同,促进城市土地利用效率增长的因素有城镇化率、人均 GDP 与耕地占比,抑制因素有碳排放强度、地均 GDP 和建设用地占比。以上两条约束路径结果表明,投入科研经费以减少碳排放强度,或者投入科研经费抑制产业结构比重增大导致的碳排放强度,两种约束条件都不会改变各类因素对城市土地利用效率的影响方向。

第二,考虑城市土地利用滞后期对当期的影响,采用 GMM 模型进行分析,可以发现,只有地均 GDP(促进作用)与产业结构(抑制作用)两个因素对城市土地利用效率产生显著影响,其他因素影响效果均不显著,但是城市土地利用滞后一期至滞后三期均对当期产生显著作用,说明城市土地利用效率的改善不是一蹴而就的,前期工作效果会对后期产生重要影响。继续利用两种假设条件进行分析,结果显示土地利用效率滞后一期会显著影响当期土地利用效率和当期碳排放强度,两种假设条件下,都没有改变各因素对城市土地利用效率的影响方向,人均 GDP 促进城市土地利用效率提升,地均 GDP 和建设用地占比则抑制城市土地利用效率提升。因此,当考虑动态效应时,利用科研经费财政支出降低碳排放强度或者优化产业结构比重均可以进一步促进城市土地利用效率提升。

第三,黄河流域内一产区位熵始终高于二产区位熵和三产区位熵,而且,第一、第三产业协同集聚指数对城市土地利用效率在5%水平上具有显著正向促进作用，但第二、第三产业协同集聚指数则对城市土地利用效率无显著影响，但黄河流域中、下游内则存在显著促进作用。继续采用门限模型分析，发现二产区位熵和三产区位熵是第二、第三产业协同集聚指数影响城市土地利用效率和规模效率的门槛变量，且在二产区位熵较低状态下，第二、第三产业协同集聚指数更能促进城市土地利用效率和规模效率的提升，而在三产区位熵较低状态下，第二、第三产业协同集聚指数则会抑制城市土地利用效率和规模效率的提升，当二产区位熵和三产区位熵进入较高水平时，第二、第三产业协同集聚指数对城市土地利用效率的影响不显著。

第四，通过自相关分析，得出黄河流域 69 个城市之间存在邻近正效应，整个流域内强弱交替变化特征明显，而且在研究期内，黄河流域的低—低集聚区普遍多于高—高集聚区，黄河流域上游的高—高集聚区城市土地利用效率发生了下降，下游则形成了新的高—高集聚区，部分省会城市虽进入高效土地利用阶段，但并未形成集聚区。因此建议各省会城市积极发挥辐射带动作用，带领邻近城市通过人才投入、资本投入、科技投入等方式，同时兼顾碳排放量的负向制约，有效提升城市土地利用效率。

第五，采用空间杜宾模型分析黄河流域城市土地利用效率的空间效应，可以发现，城市的城镇化率、建设用地占比和耕地占比对本地的土地利用效率均产生显著抑制作用，本地人均 GDP 对本地城市的土地利用效率也产生抑制作用，但作用不明显，周边城市的人均 GDP 也会对本地城市的土地利用效率产生促进作用，而且促进作用显著。这说明考虑城市之间的空间效应后，周边城市经济发展对当地城市的土地利用具有溢出效应。

第七节　相关成果

一、黄河流域城市土地利用效率与土地财政、经济增长影响分析

（一）引言

随着我国城镇化发展，各地政府为了达到预期经济目标，通过土地管理制度控制土地供给结构，以价格"剪刀差"实现土地财政。一方面，低价甚至无偿

提供工业用地，利用价格优势和税收优惠招商引资建成工业园区，引入朝阳产业或者优势产业，推进本地工业化进程；另一方面，缩减商住用地供给，利用土地垄断地位抬高商、服用地价格（郑思齐等，2014）。土地财政为地方政府进行城市基础设施建设提供重要保障，吸引农村人口向城市转移，新流入人口对商住用地和产业建设的需求促使政府进一步采取价格"剪刀差"形式实现土地财政，在这种循环过程中，土地财政与经济增长如何影响土地利用效率，土地财政与经济增长之间是否会因土地利用效率的不同呈现非线性变化，这是下文研究的重点。同时，土地财政模式对城市经济增长的最终影响效应如何，经济增长与土地财政会不会存在互相促进的关系，也可以通过以下研究揭示。

（二）理论基础与文献综述

中华人民共和国成立以来共经历了四次土地政策调整，最后一次是1978年改革开放以后实行的家庭联产承包责任制，这些政策的基本目的是调动广大人民的积极性，依赖制度保障和辛勤耕作提高土地利用效率。随着城镇化建设的加快，土地作为一种重要资本参与社会发展与经济建设。国内外学者关于土地利用效率的研究侧重点不同，国外学者注重从微观视角分析土地利用效率与区位竞争、土地产权、土地结构、土地优化配置的结合，如 Benabdallah 和 Wight（1992）认为城市设置多层次的土地结构有助于提高城市土地利用效率，Mills（1967）通过分析大都市的土地结构，提出优化城市土地资源配置可以提高城市土地利用效率。国内学者大都致力于土地利用效率的测度和影响因素研究，测度模型主要有综合评价法（杨奎等，2016）、地理分析工具（Yuan et al.，2019）和数据包络法（吴振华等，2018）等，研究区域也从单个城市、省域、城市群扩展到全国层面。影响因素研究方面以土地利用效率投入要素和产出要素为主，但土地财政、经济增长与城市土地利用效率之间也存在相互传递的影响机制。

1. 土地财政与城市土地利用效率

土地财政对土地利用效率的影响机制主要来自政府的助推，分税制改革后，中央政府将更多事权下移给地方政府，但限制了更多的财权，地方政府面对地区建设的财力缺口，将注意力转移到土地资本，各地政府对土地财政的依赖程度进一步加深，政府依靠改变土地结构、实现土地财政来增加财政收入，这些收入可以支持地区进行基础建设和投资新兴产业，提高土地利用效率。黄振雄和罗能生（2019）分析中国各地级城市土地财政对土地利用效率的影响时，发现两者呈现倒"U"型关系，且商住用地与工业用地出让的相对价差对土地利用效率的影响也为倒"U"型，土地财政对不同城市的土地利用效率影响存在差异性。钟文等（2020）研究中国东、中、西部地区土地财政对城市土地利用效率的影响时，发现土地财政通过经济集聚和产业结构的双向扭曲效应影响城市土地利用效率，但对东、中、西部地区的作用效果存在区域差异。郭文伟和周媛（2020）认为土地财政对全要素生产率有三种影响途径：一是土地财政通过技术创新抑制全要素生产率；二是通过规模经济抑制全要素生产率；三是通过资源配置途径抑制全要素生产率。

2. 经济增长与城市土地利用效率

经济增长与城市土地利用效率之间的关系一直是学者们关注的焦点，这是由于：其一，大部分关于城市土地利用效率的定义都与城市经济效益直接相关；其二，经济增长通过土地的"规模效应"提升土地利用效率，但受土地数量及质量的限制，这种"规模效应"不能长期存在，甚至可能存在"拐点"。部分学者基于耦合理论，选择经济增长指标和土地利用效率指标进行耦合协调关系研究，证明两者之间的耦合关系存在区域差异性（李萍、谭静，2010；刘彦花等，2017）。梁宇哲和张顺瑶（2019）以广东省21个地级城市为样本，利用象限图法分析土地利用效率与经济发展的配置一致性、均衡一致性和偏移一致性，证明广东省经济重心与土地利用重心存在62.5%的一致性。梁流涛等（2017）分析中国的经济增长主要是资本推动所致，所以资本密度对土地利用效率具有推动作用。匡兵等（2018）以湖北12个地级城市为样本进行研究，发现经济发展与城市土地利用效率之间存在"U"型的库兹涅茨曲线效应。卢新海等（2016）、张立新等（2020）则分析了城市建设用地利用效率的空间非均衡性。这些研究都表明，经济增长与城市土地利用效率之间存在密切的影响关系。

3. 土地财政与经济增长

2009年我国土地成交价款总额为1.43万亿元，2018年突破6.5万亿元，10年间翻了4.5倍，土地出让收入约占地方财政预算的66.48%。在我国官员晋升的考核机制下，地方政府将土地财政收入主要用于城市基础建设，短期内可以促进城市的GDP增长（梅冬州等，2018），土地财政不但可以直接促进经济高质量发展，而且可以通过产业结构升级效应和城镇化效应间接提升经济增长质量（郭文伟、周媛，2020）。然而由于土地资源的稀缺性和我国耕地资源的保护政策必然会导致依靠土地财政发展经济不可持续。而且商业土地开发价格虚高、房价泡沫、实体经济空心化等问题也必将阻碍城市的经济高质量发展和土地利用效率的提升。张少辉和余泳泽（2019）认为土地财政对经济增长的影响具有不确定性。王小斌和李郁芳（2014）认为土地财政与发展经济的城镇化建设存在双向联动关系。吕炜和许宏伟（2012）分析了土地财政的经济影响后，得出土地财政具有财富再分配的扭曲效应，在市场经济资源配置和产业结构发展的扭曲效应下，长此以往土地财政会阻碍经济可持续发展。因此土地财政与经济增长之间的关系目前还没有形成统一结论。

城市内土地财政、经济增长和城市土地利用效率之间的影响机制如图 5-15 所示。这种影响机制存在区域差异性，国内学者对于其中任何两者之间的关系研究目前主要集中在长江经济带和珠江经济带内，对生态环境较脆弱的黄河流域内城市，以及三者之间的递进影响机制研究鲜少见到。而且，现有研究尚存在进一步改进的空间，缺乏从效率提升的视角探索土地财政和经济增长对城市土地利用效率的直接与间接影响。因此，本节运用包含非期望产出的三阶段 DEA 模型测算城市土地利用效率，去除人口、水域环境变量对城市土地利用效率的影响，以 2009~2020 年黄河流域 69 个城市为研究样本，采用联立方程模型探讨土地财政和经济增长对城市土地利用效率的递进影响，期望能从实证的角度补充相关研究。

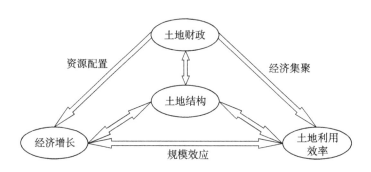

图 5-15　土地财政、经济增长、城市土地利用效率影响机制

（三）模型构建与数据来源

1. 研究区概况

黄河流域地处我国西北部，途经 9 个省份 69 个地级市，虽然幅员辽阔，但其主要的黄土地貌和干旱半干旱气候使得整个流域内水土流失严重，黄河"水少沙多、水沙异源"的突出特征对沿途城市的生态治理、经济发展和土地利用提出了更高要求。黄河流域内土地面积 218.3 万平方千米，占国土面积的 22.74%，2020 年 GDP 总量 133754 亿元，占全国经济总量的 13.3%，22.74% 的土地面积经济总量却不足 15%，地均 GDP 水平较低，因此，土地利用效率高投入低产出，成为黄河流域经济高质量发展的主要瓶颈。

2. 模型构建

由于城市土地利用效率与土地财政、经济增长之间存在紧密的关联性，也可能存在双向因果关系，因此借助联立方程模型构建三者之间的方程组，分析三者之间的反馈机制，同时为了检验结果的稳健性，分别采用似无相关回归模型（SUR）和三阶段最小二乘（3SLS）进行统计估计。选用似无相关模型是考虑联立方程组内数据都来自同一个城市，所以各方程的扰动项之间可能存在同期相关，采用数据的变系数形式进行检验后，拒绝各方程的扰动项无同期相关的原假设，说明采用 SUR 模型合理。选用 3SLS 方法估计，一是因为它是最常见的系统估计方法，二是因为方程中包含了内生解释变量，而且如果方程属于过度识别，广义最小二乘法会造成参数有偏估计，而 3SLS 方法是 2SLS 和 FGLS 两种方法的结合，考虑了联立方程的相关性，提高了样本估计的有效性。出于以上考虑，构建面板联立方程组模型公式如下：

$$\ln te = \text{L.}\ln te + land + bgdp + build + revenue + \varepsilon_{it} \tag{5-26}$$

$$land = \text{L.}land + bgdp + build + revenue + urb + density + \mu_{it} \tag{5-27}$$

$$bgdp = land + build + revenue + urb + prop + \sigma_{it} \tag{5-28}$$

式（5-26）和式（5-27）中，分别加入了土地利用效率和土地财政的滞后一期项，反映上一期土地利用效率/土地财政对当期的影响。其中，$\ln te$、$land$、$bgdp$ 分别代表城市土地利用效率的自然对数、土地财政、经济增长三个内生变量，$build$、$revenue$、urb、$density$、$prop$ 分别代表各城市的建设用地占比、地均财政收入、城镇化率、人口密度和产业结构，$\text{L.}\ln te$ 和 $\text{L.}land$ 分别是滞后一期城市土地利用效率对数值和滞后一期土地财政对数值，一共 7 个先决变量。ε_{it}、μ_{it}、σ_{it} 分别代表三个方程的结构误差项，i 表示黄河流域内不同城市，t 表示不同年份。

3. 数据来源

采用 2009~2020 年黄河流域 69 个城市的面板数据作为研究样本，各变量数据来自 Wind 数据库、EPS 数据库，以及历年《中国城市统计年鉴》和《中国国土资源统计年鉴》，部分缺失数据查看政府工作报告或者使用插值法获得。各变量说明如下：

（1）城市土地利用效率自然对数值（lnte）：这里的城市范围是指城市的行政区划范围，采用三阶段非径向 Super-SBM-SFA 模型测度城市土地利用效率，这种方法不仅可以破解径向 DEA 方法的局限，而且可以进一步区别效率前沿面上为 1 的效率值大小，其中的 SFA 模型还可以剔除环境因素和随机噪声对效率值的影响。各指标说明见表 5-34。

表 5-34　黄河流域城市土地利用效率投入—产出指标说明

类型	要素	指标构成	指标说明
投入指标	土地投入	建设用地面积（平方千米）	城镇村及工矿用地+交通运输用地
	资本投入	固定资产投资强度（万元/平方千米）	全市固定资产投资额/行政区划面积
	劳动力投入	第二、第三产业从业人员数（万人）	第二、第三产业从业人数总和
产出指标	经济效益	地均第二、第三产业产值（万元/平方千米）	第二、第三产业产值/行政区划面积
	社会效益	在岗职工年平均工资（元）	在岗职工平均工资
	生态效益	土地利用碳排放量（万吨）	建设用地、耕地、林地、园地、草地、水域、未利用地碳排放总量
环境变量	人口	常住人口（万人）	全市常住人口
	水域	水域及水利设施用地（平方千米）	城市河、湖、塘、水库、滩涂、沟渠、水工建筑用地

城市土地利用效率测算指标中，经济效益和社会效益指标均是期望产出，生态效益指标——土地利用碳排放量是非期望产出指标，借鉴《2006 年 IPCC 国家温室气体清单指南》中"管理土地被用作借以确定人为源排放和汇清除的替代物"的思想，根据指南中的理念，结合黄河流域各城市的社会经济数据，选取各城市能源消费量计算建设用地的碳排放量，其中每吨标准煤的碳排放系数根据不同能源类型当年的消费量比重取综合值得出，其他地类的碳排放量计算采用赵荣钦、孙赫等学者对不同地类的碳排放系数计算（见表 5-35）。

表 5-35　不同土地利用类型碳排放（吸收）系数

土地类型	耕地	林地	园地	草地	水域	其他未利用地
碳排放系数（吨/公顷）	0.497	−0.581	−0.730	−0.021	−0.0252	−0.0005

按照以上模型选用 MaxDEA 软件，设置规模报酬不变，窗口宽度为 12，利用环境变量调整投入变量的松弛值后得到黄河流域各城市 2009~2020 年的土地利用效率值。如图 5-16 所示，随着时间的推移，黄河流域内各城市土地利用效率呈现逐年递增趋势。从各年平均值分析，土地利用效率均值小于 0.5 的城市有 55 个，银川、西安、郑州、太原、济南这些省会城市的土地利用效率均值均大于 0.5 且高于省内其他城市，四川的 2 个城市、青海的 6 个城市的土地利用效率均值都大于 0.5，是黄河流域内土地利用效率均值最高的两个省份，因此，黄河流域内各城市土地利用效率值存在区域差异性。

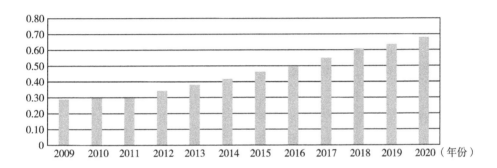

图 5-16　2009~2020 年黄河流域城市土地利用效率均值变化

将黄河流域划分为上、中、下游继续分析不同流域内土地利用效率。如表 5-36 所示，黄河流域内，上游城市的土地利用效率均值最高（0.4735），其次是下游（0.4577），最后是中游（0.4350）。从前面的效率测度指标分析，上游的青海、四川以及甘肃部分城市的土地利用碳排放量是负值，而中、下游城市的土地利用碳排放量均为正值。事实上，作为黄河流域的上游，为了保证水源的涵养能力，留存较多的生态用地，这类用地虽不能产生经济收益、促进财政收入，但可以形成碳汇，减少土地利用效率的非期望产出，直接促进土地利用效率提升，作为水土流失严重的中游地区城市可以合理借鉴，在发展经济的同时合理保护生态环境以提升土地利用效率。下游城市土地利用效率高于中游则主要是因为建设用地面积增多所致，2009~2020 年下游 18 个城市共增加 3925.61 平方千米建设用地，平均每个城市增加约 218.09 平方千米，远高于上游（134.86 平方千米）和中游水平（146.93 平方千米），投入增多直接促进土地利用效率值提升。

表5-36　2009~2020年黄河流域上、中、下游划分及其土地利用效率均值与土地特征

流域	流经城市	土地利用效率均值	土地特征
上游	西宁、海东、海北、黄南、海南、果洛、玉树、海西、阿坝、甘孜、兰州、白银、武威、平凉、庆阳、临夏、天水、定西、陇南、甘南、银川、石嘴山、吴忠、固原、中卫	0.4735	山地为主（青藏高原），山高坡陡，落差大
中游	呼和浩特、包头、乌兰察布、鄂尔多斯、巴彦淖尔、乌海、阿拉善、西安、铜川、宝鸡、咸阳、渭南、延安、榆林、商洛、太原、大同、长治、晋城、朔州、忻州、吕梁、晋中、临汾、运城、阳泉	0.4350	平原、丘陵为主（内蒙古高原、黄土高原）
下游	郑州、洛阳、三门峡、开封、安阳、新乡、济源、焦作、濮阳、济南、泰安、淄博、东营、济宁、德州、聊城、滨州、菏泽	0.4577	平原、丘陵为主（华北平原）

进一步分析黄河流域城市土地利用效率是否出现两极分化现象，绘制了2009年、2012年、2016年、2020年黄河流域各城市土地利用效率均值的核密度图（见图5-17），可以发现，随着时间的推移，主峰值持续下降，主峰宽度逐年递增，说明黄河流域城市土地利用效率绝对差距先大幅扩大后趋于稳定，且"单峰"形态也说明黄河流域城市土地利用效率存在唯一的收敛均衡点。

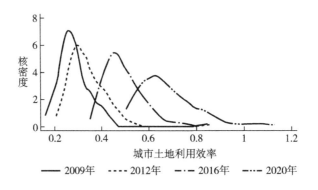

图5-17　2009年、2012年、2016年、2020年黄河流域城市土地利用效率核密度图

（2）土地财政（land）：现有研究大部分使用土地出让收入或者土地出让收入占GDP比重表示土地财政，本节研究聚焦于土地利用，而且研究对象为西部城市，土地出让收入缺失数据较多，故选用城镇土地使用税+土地增值税+耕地占用税+房产税+契税总和占公共财政税收收入的比重表示。

（3）经济增长（bgdp）：由于地区生产总值带有资源禀赋，选用地均生产总

值代表城市的经济增长水平，一方面剔除城市资源禀赋的影响，另一方面也充分体现了经济与土地的关联性。

（4）影响城市土地利用效率、土地财政、经济增长三者的外生变量。根据与所分析被解释变量的相关性和数据的科学性、可获得性，选取下列变量作为本节研究的外生变量：一是土地利用结构，用建设用地占比（build）表示土地利用结构对三个内生变量的控制影响，考虑到本节研究对象的城市范围较平常以建成区面积代表的城市有所不同，所以这里采用城镇村及工矿用地+交通运输用地总和占全市行政区域面积比重代表整个城市建设用地占比，这与前面计算城市土地利用效率时采用的指标相呼应。二是政府规模，用地均财政收入（revenue）表示政府规模，该控制变量理论上与三个内生变量都具有相关性。三是产业结构，用第二、第三产业产值占 GDP 比重（prop）表示城市产业结构的合理性。四是人口规模，采用人口密度（density）表示。五是城镇化水平，用城市非农人口占常住人口比重（城镇化率）代表城镇化水平（urb）。为了让各经济变量具有可比性，对所有经济变量按 2009 年不变价进行平减。为了消除异方差，采用半对数化结构进行回归分析，对城市土地利用效率取自然对数，其他变量保持不变，各变量的描述性统计见表5-37。

表 5-37 变量描述性统计

指标	变量	单位	样本量	均值	标准差	最小值	最大值
城市土地利用效率	lnte	—	828	-0.854	0.366	-1.837	0.186
土地财政	land	%	828	25.697	15.377	0.230	137.490
经济增长	bgdp	万元/平方千米	828	1320.773	1848.561	1.255	16120.120
土地利用结构	build	%	828	11.131	11.050	0.009	71.997
政府规模	revenue	万元/平方千米	828	105.393	176.662	0.026	1691.124
人口规模	density	人/平方千米	828	299.928	294.801	2.460	1440.370
产业结构	prop	%	828	86.928	9.089	37.900	99.210
城镇化水平	urb	%	828	34.844	18.266	10.241	95.300

（四）结果分析

1. 平稳性检验

非平稳面板数据可能会出现伪回归的问题，所以首先要对变量进行单位根检验，检验方法采用 LLC 检验和 Fisher-ADF 检验，根据 AIC 信息准则选择最优滞后阶数，检验结果如表 5-38 所示。所有变量的检验均在截距项和趋势项上显著拒绝存在单位根的原假设，且最优滞后阶数为 1，体现了研究变量的数据平稳性，可以直接进行回归分析。

表 5-38　主要变量面板单位根检验

变量	水平方程		一阶差分方程	
	LLC 检验	Fisher-ADF 检验	LLC 检验	Fisher-ADF 检验
lnte	−19.1344 *** (0.0000)	15.8632 *** (0.0001)	−21.7410 *** (0.0000)	12.9751 *** (0.0000)
land	−12.1052 *** (0.0000)	4.7777 *** (0.0000)	−17.9517 *** (0.0000)	9.4199 *** (0.0000)
bgdp	−10.9955 *** (0.0000)	4.0314 *** (0.0000)	−18.0608 *** (0.0000)	41.3517 *** (0.0000)
build	8.8989 *** (1.0000)	2.5756 *** (0.0050)	−19.8594 *** (0.0000)	8.9144 *** (0.0000)
revenue	−12.8465 *** (0.0000)	17.8202 *** (0.0000)	−19.8594 *** * (0.0000)	14.4191 *** (0.0000)
density	−89.8274 *** (0.0000)	15.8753 *** (0.0000)	−23.2600 *** (0.0000)	16.3938 *** (0.0000)
urb	−31.3643 *** (0.0000)	1.7877 ** (0.0369)	−36.8266 *** (0.0000)	35.5449 *** (0.0000)
prop	−7.3833 *** (0.0000)	15.8792 *** (0.0000)	−19.8180 *** (0.0000)	11.0856 *** (0.0000)

注：括号内数值为检验 P 值，*、**、*** 分别表示在 10%、5%、1%的显著性水平下拒绝存在单位根假设。

2. 面板联立方程实证结果分析

判断联立方程模型识别的阶条件和矩条件，发现三个方程都是过度识别，而且矩条件也满足，如前所述，本节采用加入截面固定效应的 SUR 模型和 3SLS 模型对黄河流域进行实证估计分析。表 5-39 是黄河流域城市土地利用效率、土地财政和经济增长之间的关联分析结果。

表 5-39　黄河流域城市土地利用效率、土地财政和经济增长联立方程估计结果

变量	SUR			3SLS		
	lnte	land	bgdp	lnte	land	bgdp
L. lnte	0.9660***			0.9427***		
	(0.012)			(0.017)		
L. land		0.7248***			0.6778***	
		(0.029)			(0.036)	
land	−0.0010***		1.4491	−0.0019***		2.7381
	(0.000)		(0.992)	(0.001)		(1.478)
bgdp	0.0003**	0.0010*		0.0003***	0.0290***	
	(0.000)	(0.001)		(0.001)	(0.005)	
urb		0.0747	−1.6794		0.1066	−0.6535
		(0.059)	(2.138)		(0.069)	(1.979)
build	−0.0004*	0.0231	4.7262***	−0.0012***	−0.1110**	4.7269***
	(0.001)	(0.035)	(1.250)	(0.001)	(0.046)	(1.252)
revenue	−0.0001*	−0.0077	9.1330***	−0.0022***	−0.2686***	9.1614***
	(0.000)	(0.010)	(0.133)	(0.001)	(0.050)	(0.133)
density		−0.0056			−0.0359	
		(0.016)			(0.022)	
prop			12.1819***			9.8556***
			(2.916)			(2.443)
cons	0.0615***	5.1461	−735.45***	0.0121	6.2609	−603.84***
	(0.020)	(4.903)	(262.94)	(0.036)	(5.704)	(224.64)
R^2	0.9302	0.4493	0.8826	0.8897	0.1703	0.8820
N	759	759	759	759	759	759

注：括号内是标准误，*、**、***分别表示10%、5%、1%的显著性水平。

表 5-39 显示，无论是 SUR 模型还是 3SLS 模型，滞后一期的土地利用效率和滞后一期的土地财政对当期土地利用效率和当期土地财政均有显著促进作用。黄河流域内各城市的土地财政和经济增长对城市土地利用效率均在5%以上水平显著，但经济增长为正向影响，土地财政为负向影响，这与黄振雄分时间段回归的结果相同。根据 3SLS 回归系数解释，土地财政每增加 1 个单位，城市土地利用效率减小 0.1%，地均 GDP 每增加 1 个单位，城市土地利用效率增加 0.03%，

土地财政的负向作用显著大于经济增长的正向作用；两种模型都显示，经济增长显著正向影响土地财政，但是土地财政对经济增长却没有显著影响。这说明政府通过价格"剪刀差"的形式获得财政收入，虽然可以缓解政府对城市公共基础设施的支出，但是却不能有效促进经济增长，还抑制了城市土地利用效率的提升。

控制变量中土地利用结构和政府规模都显著影响城市土地利用效率，且建设用地占比和地均财政收入均负向作用于城市土地利用效率，3SLS 模型下土地利用结构的影响效果要弱于政府规模的影响效果。同时，土地利用结构显著正向作用于经济增长，但是反向影响土地财政，人口规模对土地财政不存在显著影响，政府规模和产业结构也在 1% 的水平上显著正向作用经济增长，从系数分析，第二、第三产业产值占比较地均财政收入更有效地促进经济增长，因此城市提升产业发展水平，增加生产总值依旧是发展的重点。城镇化率虽然对土地财政和经济增长均无显著影响，但从系数看，城镇化率正向作用于土地财政、负向作用于经济增长，这也恰好证实土地财政的实现主要依赖人口城镇化获得，虽然大量的农业人口转为城镇人口，对城区就业、居住产生刚性需求，政府可以通过出让土地引进企业、提供商品房增加地区土地财政，但是伴随区域经济高质量发展以及生态文明建设的推进，增长的土地财政并不能有效提高土地利用效率。同时，黄河流域内的生态保护工程与生态建设示范基地等对经济发展模式提出更高要求，部分高能耗、非环保产能被减值，因此并未促进经济增长。

为了了解土地财政、经济增长对城市土地利用效率的影响作用是否存在区域差异性，继续采用 3SLS 模型对黄河流域上、中、下游的城市分别进行估计，检验估计结果见表 5-40。

表 5-40　黄河流域上、中、下游城市土地利用效率联立方程估计结果

变量	lnte			land			bgdp		
	上游	中游	下游	上游	中游	下游	上游	中游	下游
L. lnte	0.9679 ***	0.9505 ***	0.9225 ***						
	(0.0147)	(0.0176)	(0.0228)						
L. land				0.7018 ***	0.8354 ***	0.7491 ***			
				(0.0513)	(0.0206)	(0.0311)			
land	−0.0003	−0.0010 **	−0.0012 **				1.3293 ***	2.5083	19.7854 ***
	(0.0005)	(0.0004)	(0.0005)				(0.4884)	(1.8185)	(4.0431)

续表

变量	lnte			land			bgdp		
	上游	中游	下游	上游	中游	下游	上游	中游	下游
bgdp	0.0001	0.0003 *	0.0001 ***	0.1445 ***	0.0015	0.0045 ***			
	(0.0001)	(0.0000)	(0.0005)	(0.0270)	(0.0029)	(0.0012)			
urb				-0.2562 **	-0.0007	-0.0312	1.7914 ***	2.7608 **	3.5386
				(0.1020)	(0.0169)	(0.0286)	(0.5389)	(1.2379)	(3.2760)
build	-0.0006	-0.0.003	-0.0000	0.5544 ***	0.1020 **	-0.0538	4.6290 ***	12.5527 ***	16.3720 ***
	(0.0010)	(0.0009)	(0.0004)	(0.1438)	(0.0486)	(0.0340)	(0.8443)	(3.1775)	(3.7285)
revenue	0.0017	0.0006 **	0.0004 ***	-1.5253 ***	-0.0036	-0.0382 ***	10.6706 ***	10.4157 ***	8.0108 ***
	(0.0015)	(0.0003)	(0.0001)	(0.2664)	(0.0255)	(0.0098)	(0.2383)	(0.2228)	(0.2185)
density				-0.00293 *	-0.0096 **	0.0001			
				(0.0153)	(0.0048)	(0.0017)			
prop							0.6208	-5.9882	48.5054 ***
							(0.5853)	(3.9055)	(10.7223)
_cons	0.0580 ***	0.0526 **	-0.0165 **	11.5894 ***	3.1766 ***	5.0126 ***	-96.7753 **	649.324 *	-4.3e+03 ***
	(0.0191)	(0.0214)	(0.0322)	(2.9095)	(0.9635)	(1.6118)	(44.3189)	(346.2467)	(951.0583)
R^2	0.9696	0.1052	0.9573	0.9242	0.8746	0.9274	0.9647	0.7947	0.9287
N	275	286	198	275	286	198	275	286	198

注: 括号内是标准误, *、**、***分别表示10%、5%、1%的显著性水平。

表5-40 显示, 上游城市中经济增长和土地财政对土地利用效率无显著影响, 中、下游城市土地财政抑制土地利用效率, 经济增长促进土地利用效率, 影响效果与黄河流域全域内相同。中、下游城市土地财政每提升1个单位, 土地利用效率分别降低0.10%和0.12%, 经济增长每提升1个单位, 土地利用效率分别提高0.03%和0.01%, 与黄河流域全域的影响效果相当。同样, 土地财政与经济增长之间的双向关系也存在区域差异性, 上、下游内的经济增长显著促进对土地财政的直接影响和其他变量通过经济增长对土地财政的间接影响, 而且上游的促进效果明显高于下游; 同时, 上、下游土地财政对经济增长也有显著促进作用, 上、下游土地财政每增加1%, 经济增长分别提高1.3293万元/平方千米和19.7854万元/平方千米, 但中游城市土地财政与经济增长不存在显著影响关系。这种区域间的差异影响效果, 也暗示了土地财政与经济增长之间可能存在非线性影响关系, 这将在下文中验证。

控制变量中土地利用结构对城市土地利用效率依旧具有反向作用，但政府规模在中、下游内显著促进城市土地利用效率，上游影响效果虽不显著，但也呈现促进作用。人口规模和土地利用结构仅在上、中游对土地财政有显著影响，且人口规模呈现抑制效用，土地利用结构呈现促进效用，下游内这种影响效果不显著。以上说明研究期间内，首先，上、中游城市的土地财政主要源于出让土地用于建设用地投入，改变了城市的土地利用结构，上、中游城市经济相对欠发达，各项基础配套设施也不完善，地方政府只能依靠出让土地获取财政收入支持城市建设；其次，政府规模在上、下游显著抑制土地财政、促进经济增长，说明财政收入越高的城市对土地财政的依赖性越弱，发展经济的能力越强，但"以地生财"的发展模式并不能有效促进地区经济高质量发展。此外，城镇化水平在上、中游正向作用于经济增长，产业结构却在下游显著促进流域内城市的经济增长。

3. 土地财政与经济增长之间的门槛效应分析

考虑到土地财政与经济增长之间可能存在非线性影响关系，因此，面板门槛模型采用式（5-28），将土地利用效率作为门槛值进行回归分析，发现土地财政对经济增长影响过程中存在土地利用效率的双门槛效应。回归结果如表5-41所示。

表 5-41　黄河流域土地财政与经济增长之间的门槛效应分析

模型	门槛值	标准误	F 统计量	P 值	Crit10	Crit5	Crit1
lu 单门槛估计值 Th-1	−0.2517	—	—	—	—	—	—
lu 双门槛第一个估计值 Th-21	−0.1813	5.94e+04	51.39	0.0300	37.9323	48.1508	66.0671
lu 双门槛第二个估计值 Th-22	−0.9373	5.73e+04	30.17	0.0450	22.3873	36.1701	68.6646

变量	门槛回归模型	稳健性检验（1）
urb	−3.1491 (1.9906)	−0.0100* (0.0058)
build	4.3040*** (1.3004)	0.0042 (0.0040)
revenue	8.5122*** (0.1347)	0.0053*** (0.0004)
density	1.2894*** (0.4681)	0.0015* (0.0014)
land（$lnte \leq \rho_l$）	−2.113** (0.9913)	−0.0213*** (0.0030)

变量	门槛回归模型	稳健性检验（1）
land（$\rho_l <$lnte$\leqslant \rho_h$）	1.4499 （0.9614）	0.0022 （0.0032）
land（lnte$>\rho_h$）	17.9997 *** （2.5200）	0.0241 *** （0.0029）
cons	85.8088 （152.1198）	3.2899 *** （0.4422）
R^2	0.9509	0.6185
N	828	690

注：括号内是标准误，*、**、***分别表示10%、5%、1%的显著性水平，ρ_l 和 ρ_h 表示土地利用效率 lnte 的两个门槛值。

当城市土地利用效率低于第一个门槛值（0.3917）时，土地财政对经济增长具有负向影响，当土地利用效率跨过第一个门槛值且小于第二个门槛值（0.8342）时，土地财政对经济增长呈现正向影响，影响系数为1.4499，当土地利用效率持续增长跨越第二个门槛值后，土地财政对经济增长的正向影响效果更强烈，这恰好证实了黄河流域全域及上、中、下游城市土地财政对经济增长的正向作用。为了验证非线性结果的稳健性，用人均 GDP 代替地均 GDP 表示经济增长，继续采用门槛模型检验，结果依旧显示存在双门槛效应，检验结果稳健。

4. 稳健性检验

为了增强实证结果的可靠性，采用替换被解释变量的方式进行稳健性检验，分别用土地相关税收占财政总收入比重和占总 GDP 比重代替之前的土地财政变量，其他数据及联立方程模型保持不变，采用 3SLS 模型进行稳健性估计。如表5-42所示，两个回归中土地财政抑制土地利用效率提升，经济增长促进土地利用效率提升，且土地财政的影响效果更大，这与前面的分析结果完全一致。此外，经济增长可以通过土地财政显著影响土地利用效率，但土地财政并不能通过经济增长显著影响土地利用效率，控制变量中土地利用结构与政府规模均显著抑制土地利用效率的提升，稳健性检验结果与前面结论相同，说明研究结果可靠。

表 5-42　黄河流域联立方程估计结果：稳健性检验

变量	3SLS（1）			3SLS（2）		
	lnte	land	bgdp	lnte	land	bgdp
L. lnte	0.9344*** （0.0164）			0.9379*** （0.0172）		
L. land		0.5991*** （0.3001）			0.6961*** （0.0341）	
land	-0.0051*** （0.0007）		5.4537 （1.6245）	-0.0510*** （0.0133）		-3.7412 （37.9714）
bgdp	0.0002*** （0.0005）	0.0269*** （0.0030）		0.0002*** （0.0001）	0.0011*** （0.0002）	
urb		0.0971** （0.0456）	-0.8422 （2.0371）		0.0041 （0.0027）	-0.4172 （1.9740）
build	-0.0010** （0.0005）	-0.1100*** （0.0304）	5.0211*** （1.2426）	-0.0012** （0.0005）	-0.0045** （0.0019）	4.8515*** （1.2487）
revenue	-0.0019*** （0.0005）	-0.2611*** （0.2818）	9.2351*** （0.1323）	-0.0022*** （0.0005）	-0.0097*** （0.0020）	9.1352*** （0.1316）
density		-0.0408*** （0.0126）			-0.0013 （0.0009）	
prop			12.8846*** （2.1546）			9.68661*** （2.4841）
cons	0.0375 （0.0317）	7.6655** （3.4258）	-283.1671 （218.84）	-0.0052 （0.0417）	0.2787 （0.2198）	-521.82** （231.90）
R^2	0.9027	-0.5227	0.8826	0.8861	-0.2736	0.8826
N	759	759	759	759	759	759

注：括号内是标准误，*、**、***分别表示10%、5%、1%的显著性水平。

（五）结论与建议

本节使用三阶段 Super-SBM-SFA 模型测度了黄河流域 69 个城市 2009~2020 年城市土地利用效率，研究土地财政、经济增长对城市土地利用效率的影响机制。最终研究结论表明：第一，分税制改革背景下，黄河流域内各城市的土地财政和经济增长对城市土地利用效率产生显著影响效果，土地财政抑制城市土地利用效率增长，对经济增长却产生促进作用，且土地财政的影响系数大于经济增长的影响系数。第二，经济增长不仅可以直接影响城市土地利用效率，而且还可以通过土地财政间接影响土地利用效率，但是土地财政却不能通过经济增长影响土地利用效率。第三，土地财政对经济增长和经济增长对土地财政的影响存在区域差异性，黄河流域上、下游内经济增长与土地财政显示出互相促进的影响效果，但中游土地财政与经济增长之间的影响效果不显著。采用双门槛模型验证后，证明土地财政影响经济增长时存在土地利用效率的双门槛效应，当效率值低于第一个门槛值（0.3917）时，土地财政抑制经济增长，当土地利用效率值迈过第一个门槛值后，土地财政转而促进经济增长，且土地利用效率值越高，土地财政对经济增长的影响效果越显著。

根据上述研究结论，提出以下建议：第一，目前黄河流域各城市的土地利用效率水平还比较低，通过发展经济和减少土地财政可以有效提高城市土地利用效率，而且地方政府通过价格"剪刀差"方式获得土地财政并不能有效促进地区经济增长。因此，发展经济和优化产业结构是提升土地利用效率的最有效途径，黄河流域69个城市中35个是资源型城市，且主要分布在中游地区，经济产业以能源消耗类的工业为主，土地利用碳排放量总体水平较高（资源型城市为11255.64万吨，非资源型城市为726.50万吨），为了提高土地利用效率，这些地区应积极开发未利用土地，严格保护耕地和林草地，围绕工业副产品发展第三产业，优化产业结构以促进土地利用效率有效提升。第二，改革土地市场，优化土地资源配置，让土地要素流入高产值企业，借助市场手段实现土地要素对经济增长的促进作用，避免政府为了获取土地财政增加工业用地投入，导致不合理的土地利用结构与过多的土地财政形成对城市土地利用效率的抑制。第三，目前黄河流域上、下游城市的土地财政不仅促进经济增长，而且经济增长也促进土地财政，但在中游这种影响关系不显著。说明中游城市尽管通过出让土地获得财政收入，但并未对地区经济建设起到积极促进作用，而且从门槛回归模型分析，中游城市的土地财政对经济增长没有显著促进作用，是由于中游城市的土地利用效率值较低导致的。因此中游城市政府应该提高认识，及时认清土地财政的负面影响，盘活现有已出让企业对占用土地的高效利用，新增具有产业优势和高效低能土地利用企业，建立以生态文明为主的土地财政模式，全面提高城市土地利用效率。

二、黄河流域土地市场化、供应结构对建设用地绿色利用效率空间效应研究

（一）引言

土地供应结构与土地利用效率的关系一直是学者们关注的焦点，首先是农业用地与建设用地的供应结构，关系耕地保护、粮食安全、生态保护等基本国策；其次是城市内存量建设用地在不同行业间的供应结构，关系城镇化建设与城市内产业结构的调整与优化；最后是不同城市之间建设用地指标的供应结构，关系地区内耕地占补平衡、建设用地的增减，甚至与地区内的生态文明建设等挂钩。此外，还有学者专注城市内工业企业间的土地配置问题，认为城市以协议方式出让的建设用地比例越高，其工业企业间的资源配置效率越低（李力行等，2016）。土地出让方式主要分为协议出让与招拍挂出让两种，通常，协议出让土地面积比例越大，说明该地区的工业用地、项目用地出让越多，越可能出现政府为了招商引资建设开发区占地的情况，引发经济强市之间土地引资的恶性竞争，竞相扩大工业用地的出让规模和协议出让比例（杨其静、彭艳琼，2015），因此，一些学者利用招挂拍方式出让面积占比代表土地出让的市场化程度（林阳、吴克宁，2021；张建平、葛扬，2020）。但关于土地出让收入对土地利用效率的影响，学术界并未形成一致成果，一些学者认为土地出让收入显著促进城市土地利用效率的提升，并随着土地出让收入规模扩张趋于强化房价对城市土地利用效率的正向效力（孔令池等，2020；张英浩等，2019）；另一些学者认为土地出让收入对土地利用效率的影响存在抑制作用，当政府低价出让工业用地，高价出让商、服、住用地时，抑制了产业结构的高级化（钱忠好、牟燕，2015；曲福田等，2005），诱发经济集聚的拥挤效应进而抑制土地利用效率。同时，政府间形成的城镇化"标尺竞争"模式（Wang et al.，2021），阻碍了产业结构的合理化，进而抑制土地利用效率，且"经济意义"相邻城市比"地理意义"相邻城市的土地出让对用地效率表现出更强烈的抑制作用（李勇刚、王猛，2015；王博等，2019）。这些研究都表明土地供应结构、土地市场化对建设用地使用存在区域内的直接影响与区域间的间接影响，政府间的效仿、竞争等更促进了三者之间的空间效应。基于此，本节以黄河流域作为实证区域分析土地市场化、土地供应结构对建设用地绿色利用效率的空间效应。

（二）研究区概况及数据来源

1. 研究区概况

黄河流域处于中纬度地带，从地貌形态看，黄河流域横跨青藏高原、内蒙古

高原、黄土高原和黄淮海平原，从西向东途经青海、四川、甘肃、宁夏、内蒙古、陕西、山西、河南、山东9个省份69个城市。黄河流域内山脉众多，东西高差悬殊，流域内69个城市土地面积为218.3万平方千米，占国土面积的22.74%，2019年GDP总量为130683.18亿元，占全国经济总量的13.25%，地均GDP仅599万元/平方千米，低于全国地均GDP水平（959万元/平方千米），因此，土地利用效率低下成为黄河流域高质量发展的瓶颈。此外，虽然黄河流域内土地面积数量较大，但可以进行城镇化建设的土地资源却非常稀缺，2019年流域内城市协议出让土地价款约200亿元，招拍挂出让土地价款约5100亿元，分别占土地出让成交价款的3.77%与96.23%。随着城镇化的快速发展，黄河流域53个城市的建设用地供地面积逐年递增，但相比较而言，农业用地面积则出现递减趋势。2019年习近平总书记明确指出，黄河流域在我国社会经济发展和生态安全方面具有重要战略地位，因此建设用地存量面积和新增面积绿色利用效率的重要性日益凸显。

2. 数据来源

城市建设用地绿色效率测度所需投入、产出变量数据来源于历年《中国能源统计年鉴》、黄河流域各城市的统计年鉴等，计量分析所需的土地出让、供应结构数据来源于《中国土地资源统计年鉴》。所有数据来源于Wind数据库和EPS数据库，玉树藏族自治州个别年份的土地出让数据为空时，认为没有出让土地，因此采用零值替代。其他缺失数据使用插值法获得。计算距离权重的城市地理空间位置坐标信息借助ArcGIS软件提取，最终整理黄河流域2010~2018年9个省份69个城市的面板数据。

（三）研究方法

1. 变量选择

本节采用2010~2018年黄河流域9个省份69个城市的面板数据作为研究样本，主要解释变量说明如下：

（1）土地市场化。土地市场化是指地方政府采用招标、拍卖和挂牌等市场化程度更高的方式出让土地（徐升艳等，2018），基于此思想，本节选用城市招拍挂出让土地面积与全部出让土地面积的比值作为土地市场化变量。

（2）土地供应结构。通常建设用地供地包含工矿仓储用地、商服用地、住宅用地以及其他用地，其他用地中学者们主要关心公共管理与服务用地、交通运输用地。本节利用前述工矿、商服、住宅、公共4种用地面积占当年的建设用地供地总量比重作为土地供应结构的4个解释变量进行计量分析。

（3）控制变量。①经济发展水平（pgdp），采用城市人均GDP表示。②产业结构（cy），考虑到我国目前正处于工业化发展阶段，因此选用第三产业产值与第二产业产值比值表示城市产业结构的优化情况，值越大表明产业结构越高级。③城镇化水平（cs），用城市非农人口与常住人口的比值表示。④政府财政能力（zf），用城市的财政总收入与行政区划土地面积比值表示。对所有经济变量按2010年不变价进行平减，各变量的描述性统计见表5-43。

表5-43　变量描述性统计

指标	变量	单位	样本量	均值	标准差	最小值	最大值
建设用地绿色效率	gcle	—	621	0.5204	0.2879	0.0441	1.2455
土地市场化	market	%	621	86.2527	19.1501	0.00	100.00
工矿仓储占比	gk	%	621	30.3027	18.2763	0.00	97.95
商服用地占比	sf	%	621	8.6563	8.3801	0.00	77.24
住宅用地占比	zz	%	621	17.8408	11.7684	0.00	73.70
公共管理与服务用地占比	gg	%	621	13.8802	12.1683	0.00	100.00
经济发展水平	pgdp	万元/人	621	4.4041	3.5030	0.45	21.55
产业结构	cy	%	621	0.8726	0.5418	0.18	4.56
城镇化水平	cs	%	621	34.5419	18.2398	10.24	94.74
政府财政能力	zf	万元/平方千米	621	89.0341	141.20	0.03	1209.14

2. 研究方法

（1）建设用地绿色利用效率测度模型。参考国内学者使用数据包络模型（DEA）测度建设用地效率的方法（魏建飞等，2021；梁建飞、陈松林，2020），由于DEA模型不需要设定具体的函数形式，且非径向SBM模型可以破解径向DEA方法的局限，因此选用包含非期望产出指标的Windows-SBM模型计算黄河流域各城市的建设用地绿色利用效率值，为了更进一步比较有效城市单元的建设用地绿色利用效率值，模型增加了超效率选项。基于古典经济学思想，同时考虑国家对黄河流域建设生态屏障的战略，以及国家在2020年联合国大会上承诺的2060年碳中和目标，选用建设用地面积（城市行政区域内），第二、第三产业就业人数，固定资产投资额，科学技术财政支出四个变量分别表示建设用地的土地、劳动力、资本和科技投入情况，选用城市第二、第三产业产值，职工平均工资，建成区绿化覆盖率作为期望产出中的经济效益、社会效益和生态效益产出，并将各城市的能源消耗碳排放量作为非期望产出引入模型中，且期望产出与非期望产出的权重设置相等。计算的能源类型主要包含煤炭、焦炭、煤油、原油、石油、汽油、柴油、燃料油、液化石油气和天然气 10 种，为了简化计算，以各年份各城市的各类能源消耗量占比作为权重，综合计算各年份的能源消耗碳排放系数，最终确定综合碳排放系数为 0.74 吨/吨标准煤①，各类能源碳排放系数如表 5-44 所示。投入、产出中所有经济价值指标利用 GDP 指数平减至以 2010 年为基期的数值。

表 5-44　不同类型能源标准煤折算系数及 2010~2018 年黄河流域综合碳排放系数

能源类型	煤炭	焦炭	石油	原油	汽油	煤油	柴油	燃料油	液化石油气	天然气
标准煤折算系数（吨/吨标准煤）	0.7669	0.8547	0.5854	0.5854	0.5571	0.5723	0.5913	0.6176	0.5035	0.4478
年份	2010	2011	2012	2013	2014	2015	2016	2017	2018	
综合碳排放系数（吨/吨标准煤）	0.7433	0.7450	0.7447	0.7439	0.7441	0.7426	0.7405	0.7393	0.7391	

（2）核密度估计。核密度估计（Kernel Density Esitimation）作为一种非参数估计方法，其典型优点是无须设定参数模型，借助连续密度曲线描述随机变量的演进特征，其公式如下（杨钰蓉等，2019）：

$$f(x) = \frac{1}{nh} \sum_{i=1}^{n} K\left(\frac{x_i - x}{h}\right) \tag{5-29}$$

其中，x_i 是研究的随机变量，h 是带宽，n 是观察变量的样本量，$K(\cdot)$ 是核函数，通常使用高斯核函数进行估计，密度曲线波峰的数量可以描述观测变量的多级演变特征，主峰高度左移或者右移可以描述观测变量的差异增大或者缩小特征，曲线重心位置描述观测变量值大小演进特征等（卢新海等，2020）。

（3）空间相关性分析模型。

1）全局空间自相关。空间自相关反映了研究区域的空间依赖性，体现了研究对象属性值与其空间位置属性的一致关系，空间自相关统计指标主要有 Mo-

---

① 此处省略了研究区间内根据 69 个城市 10 种能源消耗量占比作为权重得出的综合碳排放系数过程。

ran's I、Geary's、Getis's G 和标准偏差椭圆等，空间自相关分空间正相关与空间负相关，正相关表明要素属性值与其相邻空间要素属性值具有相似性，反之亦反，本节选用 Moran's I 指数反映土地利用的集聚程度与空间非平衡性。

全局 Moran's I 指数描述了观测值在整个研究区域的空间特征，计算公式如下：

$$I = \frac{\sum\limits_{i=1}^{n} \sum\limits_{j=1}^{n} w_{ij}(x_i - \bar{x})(y_j - \bar{y})}{\sigma^2 \sum\limits_{i=1}^{n} \sum\limits_{j=1}^{n} W_{ij}} \tag{5-30}$$

其中，x_i 和 y_j 分别表示不同城市的建设用地绿色利用效率，且 $i \neq j$，w_{ij} 表示空间权重矩阵，$\bar{x}$ 表示黄河流域各城市建设用地绿色利用效率的均值，σ^2 表示建设用地绿色利用效率的方差，n 表示研究的城市个数。Moran's I 指数的取值范围为 $[-1, 1]$，其绝对值越接近 1 表示在空间上两个单元的相关性越高，指数为正表示两个单元间存在正相关性，指数为负表示两个单元间存在负相关性。

2）局部空间自相关。局部空间自相关可以进一步解释指标在局部单元内的空间非平衡和一致性特征，所以采用局部 Moran's I 指数探索黄河流域内各城市的局部关联性与一致性特征。局部 Moran's I 指数计算公式为：

$$I_{局部} = \frac{n(x_i - \bar{x}) \sum\limits_{j=1}^{n} w_{ij}(x_j - \bar{x})}{\sum\limits_{i=1}^{n} (x_i - \bar{x})^2} = z_i \sum\limits_{j=1}^{n} w_{ij} z_j \tag{5-31}$$

公式中各值含义同上，z_i 和 z_j 分别表示研究区域 i 和 j 被标准化后的观测值。局部 Moran's I 指数的取值范围也为 $[-1, 1]$，正值代表研究区域的低值被低值环绕或者高值被高值环绕，负值表示研究区域的低值被高值环绕或者高值被低值环绕。$I_{局部} > 0$ 且 $z_i > 0$ 表示研究区域 i 属于 HH 型，$I_{局部} > 0$ 且 $z_i < 0$ 表示研究区域 i 属于 LL 型，$I_{局部} < 0$ 且 $z_i > 0$ 表示研究区域 i 属于 HL 型，$I_{局部} < 0$ 且 $z_i < 0$ 表示研究区域 i 属于 LH 型。

（4）空间计量模型。由于研究区域地理位置之间的邻接性，以及政府之间经济增长与土地出让的竞争性等经济、社会相关性的存在，流域内城市的建设用地绿色利用效率也可能存在空间效应或者表现为空间溢出性，各解释变量（土地市场化、土地供应结构、控制变量）不仅直接影响本地建设用地绿色使用，同时也会影响存在空间相关性的城市的建设用地绿色使用。而空间计量模型是研究空间交互作用以及空间结构的主要工具。

常用的空间常系数回归模型主要有空间滞后模型（Spatial Lag Model，SLM）、空间误差模型（Spatial Error Model，SEM）和空间杜宾模型（Spatial Dubin Model，SDM）。考虑到空间杜宾模型在系数特殊情况下可以转化为空间自相关模型与空间误差模型，本书仅给出考虑了解释变量空间滞后项的空间杜宾模型一般形式：

$$\ln Y_{it} = \alpha + \beta X_{it} + \rho W Y_{it} + \theta W X_{it} + \mu_i + \upsilon_t + \varepsilon_{it} \tag{5-32}$$

其中，Y_{it} 表示 i 城市 t 年的建设用地绿色利用效率，α 是常数项，X_{it} 是各类影响变量的集合，W 是空间权重矩阵，WX_{it} 是自变量的空间滞后项，WY_{it} 是因变量的空间滞后项，μ_i 是空间个体固定效应，υ_t 是空间时点固定效应，ε_{it} 是模型的误差项，ρ 和 θ 是空间相关系数。

当 $\theta \neq 0$ 且 $\rho \neq 0$ 时，空间杜宾模型可以简化为空间滞后模型，衡量周边城市的被解释变量对本地区被解释变量的影响（袁华锡等，2019），当 $\theta + \beta\rho = 0$ 时，空间杜宾模型可以退化为空间误差模型。非空间模型系数可以直接反映自变量对因变量的影响，但空间杜宾模型的相关系数不能直接反映自变量变化对因变量的影响，参考 LeSage 和 Pace（2009）借助求偏导数将自变量对因变量的总效应分解为直接效应、间接效应，辅助解释不同个体的自变量对因变量的影响。在特定稳定条件下，分解方程为：

$$\begin{bmatrix} \dfrac{\partial E(le_1)}{\partial x_1} & \cdots & \dfrac{\partial E(le_1)}{\partial x_1} \\ \vdots & \ddots & \vdots \\ \dfrac{\partial E(le_n)}{\partial x_n} & \cdots & \dfrac{\partial E(le_n)}{\partial x_n} \end{bmatrix} = (I - \rho W)^{-1} \begin{bmatrix} \beta_k & w_{12}\theta_k & \cdots & w_{1n}\theta_k \\ \vdots & \vdots & \ddots & \vdots \\ w_{1n}\theta_k & w_{1n}\theta_k & \cdots & \beta_k \end{bmatrix}$$

$$= (I - \rho W)^{-1} \times (\beta_k I + \theta_k) \tag{5-33}$$

直接效应等于模型系数和反馈效应之和，即上述矩阵对角元素的平均值，间接效应为上述矩阵非对角元素的行平均。

3. 设定空间权重矩阵

地理学第一定律认为，任何事物都是与其他事物相关的，只不过相邻的事物关联更紧密。利用空间权重矩阵描述事物之间的关联程度，通常采用邻接关系、空间距离和经济距离表征空间权重关系，也可以将两种或者多种关系综合考虑，采用多种距离关系表征空间权重，本章采用三种空间权重矩阵进行分析。

（1）邻接权重矩阵。依据空间之间的相邻关系，邻接可以表现为共边或者共点，考虑到本章的研究对象是城市之间的邻接，以共边邻接为主，因此权重矩阵 W_{ij} 可以根据下述方式获得：

$$W_{ij} = \begin{cases} 1, & i \text{ 城市与 } j \text{ 城市相邻} \\ 0, & i \text{ 城市与 } j \text{ 城市不相邻} \end{cases} \tag{5-34}$$

当 $i = j$ 时，$W_{ij} = 0$，根据以上思想，空间邻接权重矩阵是对称矩阵。

（2）距离权重矩阵。空间单元城市之间除了地域上的邻接关系以外，还可以用两地之间的距离描述相邻关系，空间计量经济学中称为狭义距离，可以用两个城市的行政中心距离度量，本章选择两个城市的中心质点进行计算，利用 Arc-GIS 软件进行要素转点后得到城市的经纬度坐标，利用此坐标计算两个城市之间的直线距离平方的倒数作为空间距离矩阵，计算公式如下：

$$W_{ij} = 1/d_{ij}^2 \tag{5-35}$$

其中，d_{ij} 表示 i 城市与 j 城市之间的质点距离，距离越远，空间权重系数越小，空间相关性越差。

（3）经济距离权重矩阵。地理学第一定律表明城市之间的联系随着地理距离的增加而递减，但是在现实中，两个经济水平差异小、距离远的城市之间，可能要比经济水平差异大、距离远的城市之间联系更多，因此可以考虑建立经济距离权重矩阵：

$$W_{ij} = W_1 \times diag(\overline{Y_1}/\overline{Y}, \quad \overline{Y_2}/\overline{Y}, \quad \cdots, \quad \overline{Y_n}/\overline{Y}) \tag{5-36}$$

其中，W_1 是前述距离权重矩阵，$\overline{Y_n}$ 是第 n 个城市研究区间内的平均人均 GDP，$\overline{Y}$ 是所有城市研究区间内的平均人均 GDP。

（四）实证结果分析

利用 MaxDEA 软件采用包含非期望产出的 Windows-SBM 模型，选择窗口宽度为 9，偏移量为 0，且勾选 Andersen 和 Petersen（1993）提出的超效率计算方式，得到黄河流域城市建设用地绿色利用效率值。结果显示，黄河流域城市建设用地平均效率值从 2010 年的 0.4944 提升到 2018 年的 0.6822，且效率值有效的城市从 13 个增长至 25 个，表明黄河流域内城市建设用地绿色利用效率整体水平呈现提升态势，但仍有包头、鄂尔多斯、淄博等 12 个城市的建设用地绿色利用效率在研究区间内表现为下降。从各流域效率值提升情况分析，下游（0.2106）

城市的建设用地效率提升幅度要高于中游（0.1715）和上游（0.1877）。

1. 空间相关分析

观察黄河流域建设用地绿色利用效率各年平均值的变化，2010~2014年呈现下降态势，2015~2018年呈现上升态势，按流域区分，中游显示先下降后上升态势，上、下游则显示上升态势，且各年效率平均值中游>上游>下游；按增长幅度区分，下游>上游>中游。观察2010~2018年黄河流域各城市建设用地绿色利用效率值的变化情况，可以发现，随着时间的推移，流域下游的济南、泰安、郑州效率值显著增加，同时，上游和中游的海西、阿拉善、包头、鄂尔多斯、乌兰察布等城市的效率值则出现不同程度降低。造成这种趋势可能是由于流域中游内城市早期为招商引资建设，引入部分高能耗、高污染的企业，党的十八大以后随着生态文明建设的深入，生态保护理念和工程进一步推进，中游城市转变土地利用观念，引导这类企业改造升级甚至关停，放缓了经济发展速度，但降低了土地碳排放量。

（1）基于核密度估计的黄河流域城市建设用地效率动态演变。首先利用非参数估计方法——核密度估计观察城市建设用地绿色利用效率的时序动态演进特征。2010年、2013年、2016年、2018年黄河流域及各流域内城市建设用地效率的核密度曲线如图5-18所示。可以看出，全域内的核密度曲线均表现为"一主一辅"的双峰形态（姬志恒、张鹏，2020），表明研究期间内建设用地绿色利用效率始终处于两极分化格局；曲线中心位置逐年向右偏移，证实流域内建设用地效率值整体呈上升的演进特征，而且主峰波峰呈现先上升后下降的态势，2010~2016年波峰轻微上升，之后出现大幅度下降，说明城市建设用地效率差异呈现先缩小后扩大的趋势。再分析各流域核密度图，上游内各年的双峰形态明显，说明流域内建设用地绿色利用效率多级演进特征明显，中游内核密度图走势与全域内基本相同，但下游内的波峰始终保持下降态势，说明流域内城市建设用地绿色利用效率差异呈现逐年缩小趋势。

（2）城市建设用地绿色利用效率空间相关分析。以黄河流域城市之间的距离为空间权重，分析建设用地绿色利用效率的全局空间 Moran's I 指数，可以发现2010~2018年该指数均在1%的水平上显著正相关，但是相关系数均不足0.3（见表5-45），说明黄河流域内各城市之间的建设用地绿色利用效率存在弱正相关关系。

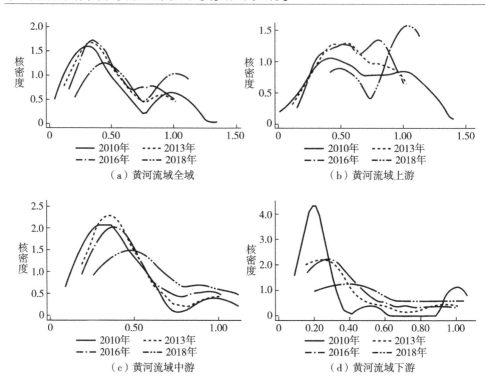

图 5-18　2010 年、2013 年、2016 年、2018 年黄河流域建设用地绿色利用效率核密度曲线

表 5-45　2010~2018 年黄河流域城市建设用地绿色利用效率 Moran's I 值

年份	Moran's I	E (I)	sd (I)	z	p-value
2010	0.235	-0.015	0.043	5.764	0.000
2011	0.218	-0.015	0.043	5.382	0.000
2012	0.144	-0.015	0.043	3.670	0.000
2013	0.164	-0.015	0.043	4.132	0.000
2014	0.136	-0.015	0.043	3.528	0.000
2015	0.208	-0.015	0.043	5.141	0.000
2016	0.159	-0.015	0.043	4.017	0.000
2017	0.088	-0.015	0.043	2.383	0.009
2018	0.089	-0.015	0.043	2.395	0.008

虽然全域 Moran's I 指数可以从宏观上证明黄河流域建设用地绿色利用效率

存在全局空间正相关关系，但仍需要借助局部空间集聚图识别流域内城市的局部空间格局特征。总体而言，各年的低—低集聚区城市数大于高—高集聚区城市数，高—低集聚区城市数大于低—高集聚区城市数（见图5-19）；2010年高—高集聚区主要分布在黄河流域的上游和中游，而低—低集聚区则主要分布在下游，但2018年高—高集聚区仅有上游地区的6个城市，下游地区的低—低集聚区也由原来的5个城市变为0个城市。以上说明流域下游城市的建设用地绿色利用效率在研究时期增长较多，而中游城市则呈现下降趋势。事实上，下游境内山东、河南的城市受东部经济圈城市发展的辐射，再加土地自然生态条件好于中游城市，因此其建设用地效率提升较快；相较而言，中游城市的基础设施水平较低，城市内部的人、物、信息和能量流动性较差，且受资源型城市的高能耗低产出特征影响（黄河流域69个城市中有35个资源城市，中游地区有19个），建设用地绿色利用效率整体下滑。

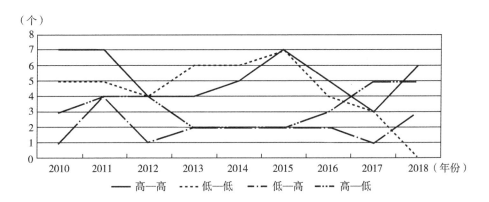

图5-19 2010~2018年黄河流域城市建设用地绿色利用效率空间格局演变

2. 建设用地绿色利用效率的空间计量分析

首先进行LM检验并构建R-LM统计量进行空间相关性检验，检验结果如下：LM-no-lag=0.000，R-LM no lag=0.584，LM no error=0.000，R-LM no error=0.000，表明在1%水平下显著拒绝了使用面板OLS估计的原假设，因此选用空间计量模型进行估计。考虑到数据结构是短面板，因此构建包含个体效应和时间效应的空间模型，采用Hausman检验确定采用固定效应模型或者随机效应模型，卡方统计量为25.96，P值（0.0021）在1%水平上显示采用固定效应模型。

接下来采用LR检验配合AIC和BIC信息准则确定使用空间杜宾、空间滞后或空间误差模型，并确定是个体固定、时期固定还是双固定，检验结果如表5-46 所示。可以看出，模型个体固定、时期固定与双固定的 P 值均在 1% 水平上显著拒绝原假设，而且 LR 检验显示使用个体—时期双固定的杜宾模型。Wald 检验结果显示，两个 P 值均在 1% 水平上显著拒绝原假设，因此该模型不可简化为空间滞后模型与空间误差模型，最终确定使用个体—时期双固定的空间杜宾模型进行估计。

表 5-46　LR 检验与 Wald 检验

检验类型		LR	P 值	df	AIC	BIC
个体固定	H_0：参数约束有效，SLM 优于无约束模型 SDM	40.62	0.0000	11	−918.14	−869.39
	H_1：参数约束无效，SDM 优于无约束模型 SLM			20	−940.76	−852.13
	H_0：参数约束有效，SEM 优于无约束模型 SDM	38.30	0.0000	11	−920.46	−871.71
	H_1：参数约束无效，SDM 优于无约束模型 SEM			20	−940.76	−852.13
时期固定	H_0：参数约束有效，SLM 优于无约束模型 SDM	156.20	0.0000	11	143.59	192.34
	H_1：参数约束无效，SDM 优于无约束模型 SLM			20	5.39	94.02
	H_0：参数约束有效，SEM 优于无约束模型 SDM	163.54	0.0000	11	150.94	199.68
	H_1：参数约束无效，SDM 优于无约束模型 SEM			20	5.39	94.02
双向固定	H_0：参数约束有效，SLM 优于无约束模型 SDM	36.11	0.0000	11	−748.66	−701.21
	H_1：参数约束无效，SDM 优于无约束模型 SLM			20	−766.77	−680.50
	H_0：参数约束有效，SEM 优于无约束模型 SDM	34.05	0.0001	11	−950.72	−703.27
	H_1：参数约束无效，SDM 优于无约束模型 SEM			20	−766.77	−680.50
H_0：可简化为 SLM 模型		30.55	0.0002	—	—	—
H_1：不可简化为 SLM 模型				—	—	—
H_0：可简化为 SEM 模型		30.44	0.0002	—	—	—
H_1：不可简化为 SEM 模型				—	—	—

为了分析不同空间权重矩阵下土地市场化与土地供应结构对建设用地绿色利用效率的影响效果，分别采用邻接矩阵、距离矩阵、经济距离矩阵作为空间权重矩阵建立个体—时期双固定的杜宾模型，根据 Lee 和 Yu（2010）、Elhorst（2016）的研究成果，基于 2010~2018 年黄河流域 69 个城市的面板数据，采用偏差修正的 MLE 方法进行回归估计，结果如表 5-47 所示。从空间自相关系数 ρ 的结果可知，地理权重矩阵和经济地理空间权重下，模型在 1% 水平上存在空间相关性，邻接空间权重矩阵下模型在 5% 水平上存在空间相关性，说明城市建设

用地绿色利用效率一方面取决于本地区的土地市场化、供应结构和社会、经济等因素，另一方面也受周边城市的各类因素影响，即存在空间外生交互效应，或者说城市的建设用地绿色利用效率存在空间溢出效应。

表 5-47　不同权重矩阵空间杜宾模型回归结果

变量	FE	SDM（邻接矩阵）	SDM（距离矩阵）	SDM（经济距离矩阵）
gk	0.0001	0.0001	0.0002	0.0002
	(0.0004)	(0.0003)	(0.0003)	(0.0003)
sf	−0.0009	−0.0004	−0.0006	−0.0004
	(0.0007)	(0.0006)	(0.0007)	(0.0007)
zz	−0.0004	−0.0006	−0.0003	−0.0003
	(0.0005)	(0.0005)	(0.0006)	(0.0006)
gg	−0.0003	−0.0009 **	−0.0005	−0.0006 *
	(0.0005)	(0.0004)	(0.0004)	(0.0004)
market	−0.0007 **	−0.0004	−0.0004	−0.0003
	(0.0003)	(0.0003)	(0.0003)	(0.0003)
cy	0.1487 ***	0.0739 *	0.0578	0.0620
	(0.0349)	(0.0402)	(0.0405)	(0.0378)
cs	0.0078	0.0099 **	0.0120 **	0.0123 **
	(0.0049)	(0.0049)	(0.0052)	(0.0053)
cs^2	−0.0001 **	−0.0001 ***	−0.0001 ***	−0.0002 ***
	(0.0000)	(0.0000)	(0.0001)	(0.0001)
zf	0.0008 ***	0.0008 ***	0.0009 ***	0.0009 ***
	(0.0001)	(0.0001)	(0.0001)	(0.0001)
W×gk		−0.0056	−0.0027 **	−0.0021 **
		(0.0036)	(0.0011)	(0.0011)
W×sf		−0.0001	−0.0061 ***	−0.0070 ***
		(0.0039)	(0.0023)	(0.0027)
W×zz		0.0011	0.0001	0.0000
		(0.0019)	(0.0014)	(0.0016)
W×gg		0.0042	0.0012	0.0008
		(0.0037)	(0.0018)	(0.0017)
W×market		0.0009	−0.0010	−0.0001
		(0.0020)	(0.0011)	(0.0010)
W×cy		0.2227	0.1701 **	0.1997 **
		(0.1476)	(0.0708)	(0.0845)

变量	FE	SDM（邻接矩阵）	SDM（距离矩阵）	SDM（经济距离矩阵）
$W \times cs$		0.0707 **	0.0049	0.0059
		(0.0334)	(0.0146)	(0.0139)
$W \times cs^2$		−0.0008 **	−0.0001	−0.0001
		(0.0004)	(0.0001)	(0.0001)
$W \times zf$		−0.0020 **	−0.0006 *	−0.00106 **
		(0.0010)	(0.0003)	(0.0003)
ρ		0.3053 **	0.2252 ***	0.2125 ***
		(0.1357)	(0.0659)	(0.0583)
Adj-R^2	0.2422	0.3211	0.3218	0.3174
Log-likelihood	—	402.93	405.46	403.39
obs	621	552	552	552

注：***、**、*分别表示1%、5%、10%的显著性水平，括号内是标准误。

（1）直接效应分析。研究期间，固定效应模型下黄河流域的土地市场化对本地区建设用地绿色利用效率具有显著负向作用，空间权重矩阵模型下土地市场化对本地区建设用地绿色利用效率也具有抑制作用，但不显著。周围城市的土地市场化对本地区的建设用地绿色利用效率在不同空间权重下影响效果不同。从土地供应结构分析，工矿用地对本地区建设用地绿色利用效率的直接影响显示为促进作用，商服用地、住宅用地、公共管理与服务用地结构对本地区建设用地绿色利用效率的直接影响显示为抑制作用，但住宅用地、公共管理与服务用地对周围城市建设用地绿色利用效率的影响则显示为促进作用，影响效果均不显著。相对于个体—时期双向固定的非空间模型，空间杜宾模型的 R^2 值更大一些，说明空间模型的说服力更强，同时直接效应并没有改变土地市场化、土地供应结构对建设用地绿色利用效率的影响方向，但是土地市场化的直接影响系数在空间杜宾模型中略有减弱。控制变量中，产业结构优化与政府规模均促进建设用地绿色利用效率的提升，而城镇化与建设用地绿色利用效率则呈现倒"U"型关系。

（2）空间溢出效应分析。将各类解释变量的空间效应进行分解（见表5-48），结果显示，工矿用地对建设用地绿色利用效率的直接效应在三种模式下均不显著，但是在距离空间权重与经济距离空间权重模型下，周围城市的工矿用地结构显著抑制本地城市的建设用地绿色利用效率提升，距离空间矩阵模型下总效应系数为-0.0033，经济距离空间权重矩阵模型下总效应系数为-0.0026。商服用地的直接效应也不显著，在距离空间矩阵模型与经济距离空间矩阵模型下，商服用地的溢出效应和总效应均显著，效应系数分别为-0.0085和-0.0093。其他两类用地结构与土地市场化对本地及周围城市的影响效应均不显著。这说明黄河流域土地市场化与建设用地绿色利用效率之间虽存在空间负相关性，但其总体影响效果并不显著，而工矿用地结构和商服用地结构对周围距离较近、经济发展水平接近的城市抑制其建设用地绿色利用效率提升。这主要是因为黄河流域内城市为了发展经济、提供更多就业岗位，多通过出让土地给工矿与商服用地，引进企业可以吸引周围城市的劳动力资源，因此降低了周边城市的建设用地绿色利用效率，但这类企业多是低附加值或者影响生态环境的高耗能企业，尽管在一定程度上促进了本地城市的经济增长，但同时也消耗了更多的能源，对本地产生更多的污染，因此并没有显著促进本地建设用地绿色利用效率的提升。而土地市场化与住宅用地、公共管理与服务用地结构对本地及周边城市的建设用地绿色利用效率的直接效应、溢出效应与总效应均不显著。

表 5-48　个体—时期固定效应杜宾模型（经济距离权重）解释变量效应分解

变量	直接效应			间接效应			总效应		
	邻接矩阵	距离矩阵	经济距离矩阵	邻接矩阵	距离矩阵	经济距离矩阵	邻接矩阵	距离矩阵	经济距离矩阵
gk	-0.0002	0.0001	0.0001	-0.0082	-0.0034***	-0.0027**	-0.0084	-0.0033***	-0.0026**
	(0.0003)	(0.0003)	(0.0003)	(0.0055)	(0.0012)	(0.0012)	(0.0056)	(0.0012)	(0.0011)
sf	-0.0005	-0.0008	-0.0006	-0.0006	-0.0078**	-0.0087**	-0.0011	-0.0085**	-0.0093**
	(0.0005)	(0.0006)	(0.0006)	(0.0062)	(0.0032)	(0.0037)	(0.0061)	(0.0034)	(0.0038)
zz	-0.0005	-0.0003	-0.0003	0.0013	0.0001	-0.0002	0.0008	-0.0003	-0.0005
	(0.0006)	(0.0006)	(0.0006)	(0.0029)	(0.0020)	(0.0022)	(0.0031)	(0.0021)	(0.0023)
gg	-0.0009*	-0.0005	-0.0005	0.0054	0.0013	0.0008	0.0045	0.0008	0.0002
	(0.0005)	(0.0004)	(0.0004)	(0.0056)	(0.0023)	(0.0022)	(0.0058)	(0.0024)	(0.0022)
market	-0.0004	-0.0004	-0.0004	0.0015	-0.0011	0.0000	0.0010	-0.0015	-0.0004
	(0.0004)	(0.0004)	(0.0004)	(0.0035)	(0.0014)	(0.0013)	(0.0034)	(0.0014)	(0.0013)
cy	0.0787**	0.0646	0.0688*	0.3479	0.2361***	0.2694**	0.4266*	0.3007***	0.3382***
	(0.0394)	(0.0396)	(0.0365)	(0.2250)	(0.0889)	(0.1107)	(0.2230)	(0.0764)	(0.0971)

续表

变量	直接效应			间接效应			总效应		
	邻接矩阵	距离矩阵	经济距离矩阵	邻接矩阵	距离矩阵	经济距离矩阵	邻接矩阵	距离矩阵	经济距离矩阵
cs	0.0104 **	0.0125 **	0.0129 **	0.1018 **	0.0108	0.0110	0.1122 **	0.0234	0.0239
	(0.0047)	(0.0049)	(0.0051)	(0.0434)	(0.0182)	(0.0176)	(0.0448)	(0.0178)	(0.0170)
cs^2	−0.0001 ***	−0.0002 ***	−0.0002 ***	−0.0011 **	−0.0002	−0.0002	−0.0013 **	−0.0004 **	−0.0004 **
	(0.0000)	(0.0000)	(0.0001)	(0.0005)	(0.0002)	(0.0002)	(0.0005)	(0.0002)	(0.0002)
zf	0.0008 ***	0.0008 ***	0.0008 ***	−0.0025	−0.0006	−0.0005	−0.0017	0.0003	0.0003
	(0.0001)	(0.0001)	(0.0001)	(0.0016)	(0.0004)	(0.0003)	(0.0016)	(0.0004)	(0.0003)

注：***、**、*分别表示1%、5%和10%的显著性水平，括号内是标准误。

如表5-48所示，观察各控制变量的分解效应，产业结构优化的直接效应、溢出效应与总效应均显示为正值，一方面，随着城市经济发展水平的提高，其内部物质、信息、能量流动加快，土地价格相对较高，导致企业非常注重土地资源的使用效率；另一方面，优化的产业结构减少了城市对消耗土地较多的工业产业的依赖性，土地开发强度减弱，建设用地绿色使用效率提升。政府财政能力在三种空间权重模型下主要体现为正向的直接效应，溢出效应和总体效应并不显著。事实上，政府财政能力越强，可用于支持地方科技创新的能力也越强，即建设用地的绿色利用效率的科技投入增多，直接提升本地的建设用地绿色利用效率。在三种空间权重模型下，城镇化与建设用地绿色利用效率始终保持倒"U"型关系，说明城镇化发展对建设用地绿色利用效率的提升存在拐点。当城镇人口增长规模在一定范围之内时，增长的人力资本是效率提升的投入要素，但当人口快速增多，对城市住宅、公共服务设施等提出更多要求，需要极速扩大土地开发强度，人力投入要素转变为人口压力，抑制建设用地绿色利用效率提升。因此，城镇化的发展要与土地利用水平相适应，快速的城镇化并不能提升建设用地绿色利用效率。

3. 稳健性检验

为了增强结果的稳健性，用城市招拍挂出让金额与全部出让土地金额比值作为土地市场化变量的替代变量进行稳健性检验。发现相关系数 ρ 在三种空间权重下也都显著为正，各解释变量与建设用地绿色利用效率之间的关系均未发生改变，说明结论稳健。

（五）结论与讨论

本章以 2010~2018 年黄河流域 69 个地级城市为研究对象，采用考虑松弛变量和非期望产出以及能够区分有效决策单元的 Windows-SBM 模型，合理测度城市建设用地绿色利用效率，利用核密度曲线分析效率值的演化特征，通过构建地理空间权重分析效率值的空间自相关性，最后分别构建邻接空间权重、距离空间权重和经济距离空间权重，借助空间面板杜宾模型及其偏微分分解方法，分析黄河流域城市建设用地绿色利用效率的空间效应，主要结论如下：

（1）从时间演进特征分析，黄河流域城市建设用地绿色利用效率整体呈现递增趋势，但研究期间内出现先下降后上升态势，且建设用地绿色利用效率差异显示先缩小后扩大；观察不同流域内建设用地绿色利用效率平均值，依次为：中游>上游>下游，但研究期间内下游增长最多，中游增长最少。

（2）从空间演进特征分析，黄河流域城市建设用地绿色利用效率在空间分布上显示正相关关系；局部空间格局数量上呈现以低—低集聚和高—高集聚为主，高—低集聚和低—高集聚为辅的空间格局，并且高—高集聚区主要集中在上游，低—低集聚区主要分布在下游。

（3）从空间计量模型分析，黄河流域建设用地绿色利用效率无论在邻接空间权重、距离空间权重还是经济距离空间权重模型下，空间回归系数 ρ 均显著为正，即存在正向空间溢出效应，本地城市建设用地绿色利用效率能够带动周边城市建设用地绿色利用效率提升。直接效应显示，土地市场化和土地供应结构（商服用地、住宅用地、公共管理与服务用地）虽然抑制本地的建设用地绿色利用效率提升，但工矿用地结构和商服用地结构在距离权重模型和经济距离权重模型下的溢出效应和总效应显著。产业结构优化对建设用地绿色利用效率的直接效应、溢出效应和总效应均显著为正，城镇化与建设用地绿色利用效率在非空间模型和空间模型下均显示倒"U"型关系。政府财政能力对本地建设用地绿色利用效率有促进作用，但对周围城市的建设用地绿色利用效率溢出效应不显著。

（4）政策启示如下：第一，黄河流域城市建设用地绿色利用效率存在空间溢出效应启示流域内所有城市建设不可"一城孤行"（杨喜等，2021），不能简单借鉴周边城市的招商引资方式与规模，过度开发工矿仓储用地与商服用地，而应该建立区域一体化发展的思想，综合考虑本地城市与邻近距离城市或者与经济发展水平相当的城市之间的空间互动关系，在土地出让过程中考虑对产业结构合理化、高级化的影响作用，力争土地出让通过本地城市的产业结构高级化促进本地及周边城市的建设用地绿色利用效率提升。第二，根据国家生态文明建设在黄河流域的战略定位，建立西北地区生态屏障线，避免流域内城市过度工业化带来只重视经济效益而忽略生态效益的问题，认真排查并淘汰现有存量建设用地中高污染、高排放、低产能的引入企业，或者进行企业产业升级，实现城市新旧动能转换，推动城市建设用地由"外延扩张"向"内涵扩张"转变。第三，不过度进行人口城镇化建设，要实现人口、土地资源、科技水平相匹配式的发展，协调城镇化水平与建设用地绿色利用效率的同步发展，人口城镇化建设过程中应注意引进人才战略，防止城镇化与建设用地绿色利用效率拐点过早到来，影响流域内建设用地绿色利用效率提升。

三、黄河流域城市土地利用全要素生产率的城镇化影响及门槛效应

（一）引言

改革开放以来，中国坚持以经济建设为中心，同时推行城乡二元结构的发展模式，粗放型的土地城镇化和半集约式的人口城镇化成为中国城镇化发展的主要特征。城镇化作为一个复杂系统过程，土地资源的集约节约利用是其核心要义，土地城镇化关注迁移数量，而人口城镇化则相对关注迁移质量，人口和土地都是生产建设的核心要素，城镇化过程中虽然土地利用转变了其基本属性，但是用地效率不能得到提升，导致微观上土地资源要素价格扭曲，宏观上土地城镇化、人口城镇化与土地利用相脱节，人口要素变为人口压力，城镇化发展必将陷入困局。目前，中国的社会经济市场日趋完善，人均 GDP 达到中等发达国家水平，2020 年后中国的社会经济发展目标由全面脱贫步入建成小康社会，经济新常态下城乡二元结构问题不仅体现在投资与收入的差异中，还涉及社会保障与土地资源同权同价等多方面，城镇化发展不仅影响生产要素的投入，而且还包含了要素投入后的"余值"，因此，从城镇化发展的多个角度分析其对提升城市土地利用全要素生产率（Total Factor Productivity，TFP）的影响机制，可以破解城镇化发展的内部牵制以及人口、土地要素投入后对土地利用全要素生产率的"余值"效应，寻找人口城镇化与土地城镇化协同发展的政策实施方向。

综述现有文献，就人口城镇化与土地城镇化而言，学者们多从指标测度（陈颜等，2021）、发展阶段（陈彦光，2012）、驱动因素（岳立、薛丹，2020）、协调分析（李智礼等，2020；王富喜，2020）、竞争分析（孙焱林等，2018）角度

开展，然而城镇化作为一个复杂开放系统，其发展过程直接影响着城市生产要素的流动，土地利用不局限于资源配置与利用效率本身，还包括人口数量的激增不能匹配生产力的发展，城市系统生产率中的有效产出不能归因于生产要素部分未被适当考虑，学者们开始注意到人口城镇化和城市土地扩张对全要素生产率的影响分析。研究发现，无论是否控制内生性，城镇化均显著影响全要素生产率（Kumar and Kober，2012）；土地流转对我国绿色全要素生产率的提高具有显著的促进作用，因此应坚持实施以市场为导向的土地流转制度改革（Lu et al.，2020；Liu et al.，2016）；新型城镇化可以通过推动产业结构转型、能源消费结构优化显著促进绿色全要素生产率的提升（尚娟、廖珍珍，2021）；城市土地空间的快速扩张与人口的快速增长会加剧二氧化碳的排放（Han，2020）；长江经济带农村劳动力转移促进了林业全要素生产率的提升（向红玲等，2021）；城镇化与物流绿色全要素生产率之间存在非线性关系，并在交通基础设施提升过程中由负向影响转为正向影响（刘浩华等，2020）。还有学者从土地利用与管理制度出发，分析土地利用效率与城镇化之间存在的协同与拮抗效应（曹飞，2019）。这些研究都为以下研究提供了研究的理论基础，因此掌握人口城镇化与土地城镇化之间影响土地利用全要素生产率的内部掣肘机制，探寻人口城镇化与土地城镇化对土地利用全要素生产率的影响效应，是挖掘经济增长源泉，制定长期可持续增长政策的重要依据。

（二）理论分析与模型构建

城镇化是各类生产要素在城乡内部分配或者集聚的复杂过程（熊柴、蔡继明，2021），国内学者经常将城镇化分为人口城镇化和土地城镇化进行研究，人口是城镇化的核心，土地是城镇化的载体（朱高立等，2018）。土地利用全要素生产率是土地利用过程中借助投入—产出分析得到的土地集约节约利用指标，指产出增长率超出要素投入增长率的"余值"部分，本章中的城市土地利用全要素生产率不仅包含人口、土地投入要素，而且包含投入之外的技术进步和能力实现导致的产出增加。众多学者（袁晓玲、贺斌，2018；吴贤良等，2017）根据古典经济学思想，选用土地、资本和劳动力作为投入要素计算土地利用全要素生产率，这使得城镇化与土地利用之间的关联性越发紧密。下文将简述城镇化对土地利用的影响机制。

1. 人口城镇化对城市土地利用全要素生产率的影响机制

人口城镇化是农村人口迁移进入城市并失去耕作土地参与城镇产业建设的过

程，体现了城镇化过程中人口的流动。通常，首先，城市第二、第三产业主要集中在城镇，随着第二、第三产业结构比例增高以及产业结构的升级，提供了大量的就业岗位，吸引非农人口向城镇流动，产业人力投入增多一方面增加了土地利用生产率的投入要素量，另一方面增加了产业产值，带动区域土地利用生产率提升。其次，伴随经济新常态以及科技进步对农牧业的影响，农牧业耕种解放了更多的劳动力，也让更多的传统手工业者寻找到新的供给侧需求，农村剩余劳动力开始流向有需求市场的城镇，促进新产业、新业态的积极发展，满足市场需要，优化产业结构，引发经济结构升级，提升土地利用生产率。再次，中国实施多年的城乡二元结构，导致城市人均收入高于农村人均收入，同时加上社会保障差异，资源配置制度引发的城乡资本差异，这些城乡边际产出差异对农村居民转向城镇形成"拉力"（蔺雪芹等，2013），城市基础设施等在日渐增大的人口压力下，资金投入逐步加大，从资本角度拉升了土地利用效率，人口城镇化对土地利用生产率产生引致效应。最后，日益完善的交通设施以及交通成本的下降也为人口流动提供了便利，受城市虹吸效应影响，在城市周边居住的农民选择在城镇工作，往返于城乡之间，带动土地利用生产率的提升。

2. 土地城镇化对土地利用全要素生产率的影响机制

土地城镇化是农业用地转变为城镇建设用地的过程，衡量了土地利用转移的效果。改革开放初期，我国土地城镇化速度较快，随着经济的快速发展与习近平生态文明思想的提出，党的十八大以后土地生态效益逐渐被大家认识，土地城镇化速度趋缓。但不断增加的城市建设用地需求导致城市建成区面积不断扩大，农村土地逐步向城市建设用地转变。土地作为基本的投入要素，城市建设用地扩张带动产业发展和产业结构优化，直接影响土地利用全要素生产率的提升，同时，科学技术进步也保证了投入土地的产出增加。此外，在中央和地方政府形成的政治集权、经济分权的委托—代理关系下（唐宇娣等，2020），地方政府借助"土地发动机"实现城市 GDP 提升和政府财政收益，使得土地征收功能异化，这种商业化的土地资源调控手段对土地利用全要素生产率产生拮抗效应（符海月、王昭雅，2020）。其影响机制如图 5-20 所示。

3. 模型构建

（1）城市土地利用全要素生产率测度模型。借鉴学者们对土地利用全要素生产率测度的研究方法（袁晓玲、贺斌，2018），下文选用包含非期望产出的 Super-SBM 模型与 Malmquist 指数相结合（Liu et al.，2021），使用 MaxDEA 软件，

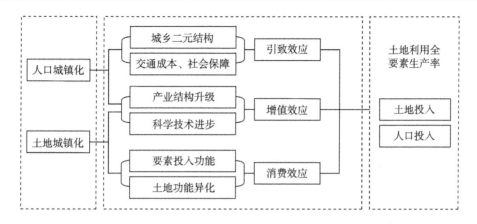

图 5-20　人口城镇化和土地城镇化对土地利用全要素生产率影响机制

窗口宽度为 10、窗口偏移量为 0 的参比方式计算黄河流域城市土地利用全要素生产率指数。这种设置方式可以保证每个决策单元计算时都参考同一前沿面，实现决策单元之间的有效比较，而且数据包络方法（Data Envelopment Analysis，DEA）不需要给出具体的生产函数形式，同时还考虑了抑制土地利用生产率的非期望因素，对于 DEA 有效的决策单元还可以继续区分其生产率值的大小。其规划模型如下：

$$\min_{S}\rho_j = \frac{1 - \dfrac{1}{m}\sum_{i=1}^{m}(S_i^-/x_{ij})}{1 + \dfrac{1}{q}\left[\sum_{r=1}^{q}(S_r^{g+}/y_{rj}) + \sum_{r=1}^{q}(S_r^{b+}/y_{rj})\right]} \tag{5-37}$$

$$\text{s. t.}\begin{cases} x_{ij} = \sum_{j=1}^{n}X_{ij}\lambda_j + S_i^- (i = 1,\ 2,\ \cdots,\ m) \\[2mm] y_{rj}^g = \sum_{j=1}^{n}Y_{rj}\lambda_j - S_r^{g+} (r = 1,\ 2,\ \cdots,\ q_1) \\[2mm] y_{rj}^b = \sum_{j=1}^{n}Y_{rj}\lambda_j - S_r^{b+} (r = 1,\ 2,\ \cdots,\ q_2) \\[2mm] \sum_{j=1}^{n}\lambda_j = 1,\ \lambda_j \geqslant 0,\ S_i^- \geqslant 0,\ S_r^{g+}、S_r^{b+} \geqslant 0(j = 1,\ 2,\ \cdots,\ n) \end{cases}$$

$$\tag{5-38}$$

其中，ρ_j 表示 j 城市的效率值，每个城市单元有 m 种投入和 q 种产出，x_{ij} 和 y_{rj} 分别为城市单元 j 自身的输入和输出，X_{ij} 和 Y_{rj} 分别为城市单元整体的输入和输出，且 $q_1 + q_2 = q$。S_i^- 表示过度投入，S_r^{g+} 和 S_r^{b+} 表示产出不足。

根据 Fare 等（1994）提出的几何平均值方法，全要素生产率指数可以进一步分解为技术效率变化（EC）和技术进步变化（TC），其公式表示为：

$$MI = \frac{E^{t+1}(x^{t+1}, y_g^{t+1}, y_b^{t+1})}{E^t(x^t, y_g^t, y_b^t)} \times \sqrt{\frac{E^t(x^t, y_g^t, y_b^t)}{E^{t+1}(x^t, y_g^t, y_b^t)} \times \frac{E^t(x^{t+1}, y_g^{t+1}, y_b^{t+1})}{E^{t+1}(x^{t+1}, y_g^{t+1}, y_b^{t+1})}} = EC \times TC$$

$$(5-39)$$

其中，MI 表示土地利用全要素生产率指数，由于全要素生产率指数测算的是相对值，因此采用累乘的方法计算各决策单元各年份的全要素生产率、技术效率和技术进步值进行后期分析。

（2）城镇化对城市土地利用全要素生产率的门槛效应。下文从定量角度分析人口城镇化和土地城镇化对土地利用全要素生产率的影响效应，由于城镇化与土地利用之间存在动态效应，且目前的人地挂钩制度、城乡建设用地增减挂钩制度等都使得城镇化与土地利用之间的关系愈加复杂，因此将城镇化的二次项加入模型中，考察两者之间是否存在非线性关系。设定模型如下：

$$tfp_{it} = \alpha_0 + \alpha_1 lu_{it} + \alpha_2 lu_{it}^2 + \alpha_3 pu_{it} + \alpha_4 pu_{it}^2 + \alpha_5 \ln con_{it} + \varepsilon_{it} \qquad (5-40)$$

其中，tfp_{it} 表示 i 城市 t 时期的城市土地利用全要素生产率，lu_{it} 表示 i 城市 t 时期土地城镇化，pu_{it} 表示 i 城市 t 时期人口城镇化，lu_{it}^2 和 pu_{it}^2 分别表示土地城镇化和人口城镇化的二次项，$\ln con_{it}$ 表示模型中的控制变量，ε_{it} 表示模型的扰动项。

为了识别人口城镇化和土地城镇化对土地利用全要素生产率影响的拐点，选用门槛模型作进一步分析。双门槛模型设定如下：

$$tfp_{it} = \alpha_0 + \alpha_1 pu_{it} \cdot I(lu_{it} \leq \gamma_l) + \alpha_2 d \cdot I(\gamma_l < lu_{it} \leq \gamma_h) + \alpha_3 \cdot I(lu_{it} > \gamma_h) +$$
$$\alpha_4 \ln con_{it} + \eta_{it} \qquad (5-41)$$

$$tfp_{it} = \alpha_0 + \alpha_1 lu_{it} \cdot I(pu_{it} \leq \sigma_l) + \alpha_2 d \cdot I(\sigma_l < pu_{it} \leq \sigma_h) + \alpha_3 \cdot I(pu_{it} > \sigma_h) +$$
$$\alpha_4 \ln con_{it} + \delta_{it} \qquad (5-42)$$

其中，γ_l、γ_h 分别代表土地城镇化的两个门槛值，σ_l、σ_h 代表人口城镇化的两个门槛值，η_{it}、δ_{it} 表示门槛模型的扰动项，其他变量与式（5-40）中相同。

（三）变量选取与数据来源

1. 研究区域概况

黄河流域从西向东途经青海、四川、甘肃、宁夏、内蒙古、陕西、山西、河南、山东 9 个省份 69 个城市，流域内 69 个城市的常住人口 21749.9 万人，占全国人口总量的 15.54%，土地面积 218.3 万平方千米，占国土面积的 22.74%。2020 年黄河流域内城市人口城镇化均值为 41.11%，低于国家水平 43.37%，

GDP 总量 133754.4 亿元，占全国经济总量的 14%，人均 GDP 水平低于全国水平。[①] 2019 年，习近平总书记在黄河流域生态保护和高质量发展座谈会上指出，推动黄河流域高质量发展，坚持生态优先和绿色发展。这对流域内的城镇化建设与土地利用提出了全新挑战，一方面土地是城镇建设的载体，另一方面人口城镇化要求城镇土地具有更高承载力。因此，研究黄河流域 69 个城市人口城镇化、土地城镇化对土地利用全要素生产率的影响效用，可以更深入地理解人口城镇化与土地城镇化的协同发展方向。

2. 变量选取

（1）城市土地利用全要素生产率测度。根据古典经济学思想，选择土地投入、资本投入和劳动力投入作为土地利用全要素生产率测算的投入要素，其中土地投入指标选用城市建设用地面积（包括城镇村及工矿用地和交通运输用地）表示，资本投入指标选用地均固定资产投资总额表示，劳动力投入指标选用第二、第三产业从业人数表示，产出要素包含期望产出与非期望产出，第二、第三产业产值表示期望产出的经济效益，在岗职工年平均工资表示期望产出的社会效益，土地利用碳排放量表示非期望产出的生态效益。

为了简化计算，土地利用碳排放量利用系数代入法计算，以城市能源消费量作为建设用地碳排放量基础数据，采用能源消耗总量与每吨标准煤综合碳排放系数的乘积计入，而每吨标准煤碳排放系数则主要考虑 10 种能源类型，煤炭、焦炭、石油、原油、汽油、煤油、柴油、燃料油、液化石油气和天然气，通过计算研究区域各年的能源消耗碳排放系数，最终确定系数为 0.7426 吨/吨标准煤；其他地类碳排放量主要计入耕地、园地、林地、草地、水域和其他未利用地，各类能源、土地碳排放系数如表 5-49 所示。而且，利用 GDP 指数将各类价值指标平减到以 2011 年为基期的数值，减少价格对指标的影响。

表 5-49　不同类型能源、土地碳排放系数

能源类型	煤炭	焦炭	石油	原油	汽油	煤油	柴油	燃料油	液化石油气	天然气
标准煤折算系数（吨/吨标准煤）	0.7669	0.8547	0.5854	0.5854	0.5571	0.5723	0.5913	0.6176	0.5035	0.4478
年份	2011	2012	2013	2014	2015	2016	2017	2018	2019	2020
综合碳排放系数（吨/吨标准煤）	0.7450	0.7447	0.7439	0.7441	0.7426	0.7405	0.7393	0.7391	0.7423	0.7399

---

① 数据来源于 Wind 数据库，笔者计算得到。

续表

土地类型	耕地	园地	林地	草地	水域	其他未利用地
碳排放系数 （吨/公顷）	0.4970	−0.7300	−0.581	−0.021	−0.0252	−0.0005

（2）人口城镇化、土地城镇化和控制变量。下文采用 2011～2020 年黄河流域 9 个省份 69 个城市的面板数据作为研究样本，主要解释变量说明如下：

1）城镇化水平。尽管复杂的复合序参考体系可以提高估计参量的测算精度和稳定性，但为了避免割裂参量与研究内涵之间的直接联系，下文选用非农人口占城市常住人口比重表示人口城镇化水平（pu），选用城市建设用地面积占行政区划土地面积比重表示土地城镇化水平（lu）。

2）控制变量。①消费水平（consum），用城市人均年消费支出表示。②产业结构（ratio），考虑我国目前正处于工业化发展阶段，因此选用第二产业产值与第三产业产值比值表示城市产业结构的优化情况，值越小产业结构越高级。③经济增长（bgdp），采用城市每年总 GDP 与行政区划土地面积比值表示。④政府规模（brevenue），用城市的财政总收入与行政区划土地面积比值表示。对所有经济变量按 2009 年不变价进行平减，各变量的描述性统计见表 5-50。

表 5-50　变量描述性统计

指标	变量	单位	样本量	均值	标准差	最小值	最大值
土地利用全要素生产率	tfp	—	690	1.5036	0.5635	0.5457	5.9951
人口城镇化	pu	%	690	38.3917	18.1260	11.22	96.40
土地城镇化	lu	%	690	8.4176	6.8360	0.09	30.05
人均消费水平	consum	元	690	13435.99	5782.02	1730.25	32977.10
经济增长	bgdp	万元/平方千米	690	1193.74	1577.03	1.26	12251.59
产业结构	ratio	%	690	1.4751	0.8050	0.22	5.46
政府规模	brevenue	万元	690	93.52	150.08	0.03	1322.81

3. 数据来源

考虑到 MaxDEA 软件对数据要求的完整性，城市土地利用全要素生产率测度所需的投入、产出变量数据均来源于黄河流域各城市的统计年鉴、能源统计年鉴、中国国土资源年鉴和土地利用变化数据（2011～2020 年），统计分析中采用的各变量数据主要来源于 Wind 数据库和 EPS 数据库，个别缺失数据使用插值法获得。

（四）实证结果分析

1. 黄河流域城市土地利用全要素生产率结果分析

如图 5-21 所示，2011~2020 年黄河流域内城市土地利用全要素生产率呈现增长趋势，69 个城市平均值为 1.504，且 2011~2012 年增速较缓慢，2013~2020 年增速较快，技术进步也呈现增长态势，但规模效率则显示微弱下降趋势，说明土地利用全要素生产率增长主要依赖技术进步而非规模效率。从 2011~2020 年黄河流域各城市的平均值分析，仅有 2 个城市的土地利用全要素生产率低于 1.0，处于非有效状态，其他 67 个城市的土地利用全要素生产率均处于有效状态，其中土地利用全要素生产率最大的城市是郑州（2.8918）。规模效率最大的城市则是山东菏泽（1.4066），且从规模效率的平均值分析，有 35 个城市处于规模效率有效状态，主要分布在山西、陕西、山东和上游的青海，这也是规模效率形成下降趋势的主要原因。技术进步的增长率明显高于全要素生产率增长，且各城市平均值均大于 1.0，技术进步最大的城市也是郑州，进一步说明技术进步有效促进了土地利用全要素生产率的提升。

图 5-21　2011~2020 年黄河流域内城市土地利用全要素生产率、规模效率、技术进步平均值

2. 黄河流域人口城镇化与土地城镇化演变分析

用 ArcGIS 软件分别绘制 2011 年和 2020 年的人口城镇化与土地城镇化时空差异图，可以发现黄河流域上游的人口城镇化水平与土地城镇化水平均低于中下游，特别是黄河"几"字弯城市的人口城镇化发展显示减弱状态，土地城镇化发展最快的是黄河下游的山东。2011~2020 年，黄河流域 69 个城市的人口城镇化平均值为 34.27%，土地城镇化平均值为 8.42%。其中，乌海的人口城镇化水平最高（86.53%），定西的人口城镇化水平最低（12.54%），这是因为乌海是一个仅设区不设县的地级城市，因此人口城镇化水平相对较高。郑州的土地城镇化水平最高（27.73%），玉树的土地城镇化水平最低（0.1%）。

从时间趋势看，2011~2020 年黄河流域有 58 个城市的人口城镇化水平处于上升态势，11 个城市则处于下降态势，究其原因，是城市人口的净流出所致，比较典型的如内蒙古的包头、鄂尔多斯，青海的海东、海北、黄南、果洛，陕西的渭南、延安等，甚至宁夏的省会城市银川，也出现人口流失现象。从黄河流域人口城镇化整体水平看，2011~2020 年，黄河流域内人口城镇化均值从 35.75%提升至 45.75%，增长了 10%。反观黄河流域内土地城镇化水平，2011~2020 年所有城市均处于上升态势，郑州建设用地增长了约 410 平方千米，占行政面积的5.49%，在此期间黄河流域内所有城市建设用地面积总共增长了 7300 平方千米，土地城镇化是流域内城镇化的主要结果。造成这种局面，一方面因为土地是重要的生产要素，扩张可以带动 GDP 增长；另一方面因为政府间财政竞争，导致各城市之间争相效仿，没有考虑与之相适应的人口城镇化匹配，因此"鬼城"应运而生（夏书章，2016）。

为了更进一步说明人口城镇化与土地城镇化之间的发展关系，借鉴城市用地增长弹性系数概念，利用城镇用地增长率与城镇人口增长率的比值表示，并采用中国城市规划设计研究院在《2000 年城镇用地预测综合报告》中提出的 1.12 控制值进行衡量（胡存智，2012）。2011~2020 年黄河流域内用地增长弹性系数仅有 3 个地区（海南、兰州和东营）大于 1.12，显示出土地城镇化发展过快，其他 66 个城市的人口、土地城镇化发展均处于较合理范围。

3. 城镇化对土地利用全要素生产率的影响效应分析

首先利用面板数据选择混合效应模型、固定效应模型和随机效应模型进行分析，Hausman 检验显示卡方统计量在 1%的水平上显著拒绝随机效应的原假设，城镇化对土地利用全要素生产率、技术进步回归采用固定效应模型，对技术效率回归采用随机效应模型（见表 5-51）。

（1）流域内总体效应分析。无论是混合效应模型、随机效应模型还是固定效应模型，人口城镇化与土地利用全要素生产率均呈现倒"U"型关系，土地城镇化与土地利用全要素生产率呈现"U"型关系，且都在 1%的水平上显著。根据

表 5-51　2011~2020 年城镇化对土地利用全要素生产率、技术效率、技术进步的回归结果

变量	混合效应模型	随机效应模型		固定效应模型	
	全要素生产率（1）	全要素生产率（2）	技术效率（3）	全要素生产率（4）	技术进步（5）
pu	0.0034 (0.0045)	0.0081 (0.0070)	0.0012 (0.3799)	0.0603*** (0.0144)	0.0528*** (0.0152)
pu^2	−0.0001** (0.0000)	−0.0002** (0.0001)	−0.0000 (0.8691)	−0.0006*** (0.0002)	−0.0005*** (0.0002)
lu	−0.0481*** (0.0097)	−0.0867*** (0.0154)	0.0065 (0.8650)	−0.2716*** (0.0747)	−0.3315*** (0.0792)
lu^2	0.0032*** (0.0005)	0.0039*** (0.0007)	0.0001 (0.0035)	0.0128*** (0.0021)	0.0127*** (0.0022)
consum	0.0000*** (0.0000)	0.0001*** (0.0000)	−0.0000 (1.9202)	0.0001*** (0.0000)	0.0001*** (0.0000)
bgdp	−0.0002*** (0.0001)	−0.0001 (0.0001)	−0.0000 (1.5751)	0.0002*** (0.0001)	0.0002*** (0.0001)
ratio	−0.1901*** (0.0229)	−0.2839*** (0.0276)	0.0043 (0.0107)	−0.2640*** (0.0304)	−0.2786*** (0.0323)
brevenue	0.0022*** (0.0004)	0.0014** (0.0005)	0.0004** (0.0002)	−0.0011*** (0.0006)	−0.0016*** (0.0006)
_cons	1.3865*** (0.1002)	1.2007*** (0.1531)	0.9899*** (0.0709)	0.2538 (0.4546)	0.6007 (0.4819)
R^2	0.3579	0.6882	0.0341	0.7192	0.7261
F 统计量	47.45	—		17.57	14.28
Hausman	—	0.0000	0.1169	0.0000	0.0000
N	690	690	690	690	690

注：*、**、***分别表示在 10%、5%、1%水平下显著，括号内为标准误值。

Hausman 检验结果，选用固定效应模型分析变量之间的影响关系，比较而言，土地城镇化对土地利用全要素生产率的影响效果要大于人口城镇化，而且土地城镇化和人口城镇化对土地利用全要素生产率呈现相反影响效果，1%显著水平上土地城镇化每增加 1%，土地利用全要素生产率减少 0.2761，人口城镇化每增加 1%，土地利用全要素生产率增加 0.0603。从各控制变量分析，人均消费水平与经济增长促进土地利用全要素生产率增长，产业结构与政府规模则抑制土地利用

全要素生产率增长，所有控制变量对土地利用全要素生产率的影响效应均在1%水平上显著，说明土地利用全要素生产率存在消费效应，而且，城市中二产产值与三产产值比重越大，越形成抑制效应。

（2）城镇化对土地利用技术效率与技术进步的影响分析。继续分析人口城镇化和土地城镇化对土地利用技术效率和技术进步的影响，Hausman检验显示1%水平显著拒绝对技术进步的随机效应假设，但无法显著拒绝对技术效率随机效应模型的原假设，因此对技术效率的回归分析采用随机效应模型，对技术进步的回归分析采用固定效应模型。表5-51结果显示，人口城镇化和土地城镇化对技术效率无显著影响，但是从系数值分析，人口城镇化、土地城镇化与技术效率均呈现倒"U"型关系，人口城镇化与技术进步呈现倒"U"型关系，土地城镇化与技术进步则呈现"U"型关系，且土地城镇化的影响效果更强烈，土地城镇化每增加1%，技术进步下降0.3315。同时，人均消费水平与经济增长在1%的水平上显著促进技术进步，产业结构与政府规模也在1%水平上显著抑制技术进步。这与对土地利用全要素生产率的影响效果相同，进一步说明黄河流域土地利用全要素生产率提升主要是因为技术进步引起的。

（3）城镇化对土地利用全要素生产率的区域差异分析。为了更深入地分析黄河流域城镇化对不同区域土地利用全要素生产率的影响效应，将黄河流域划分为上、中、下游三个区域，分析其区域差异性。如表5-52所示，可以发现，黄河流域上游的人口城镇化对土地利用全要素生产率没有显著影响，土地城镇化与土地利用全要素生产率在1%水平上显著呈现倒"U"型关系，中游的人口城镇化、土地城镇化均与土地利用全要素生产率在1%水平上显著呈现倒"U"型关系，下游的人口城镇化与土地利用全要素生产率在1%水平上显著呈现倒"U"型关系，土地城镇化与土地利用全要素生产率在1%水平显著上呈现"U"型关系，可见流域内城镇化对土地利用全要素生产率影响存在区域差异性。究其原因，下游的土地城镇化水平（17.70%）明显高于上、中游（3.45%、6.77%），尽管土地投入增多，但由于土地利用全要素生产率是考虑投入要素及其他因素的，因此建设用地扩张并没有促进土地利用全要素生产率增长，同时也说明土地城镇化可能是一个门槛变量，当其高于某个门槛值的时候会导致人口城镇化对土地利用全要素生产率呈现相反影响效果。再从各控制变量分析，上、中游城市的消费效应显著促进土地利用全要素生产率提升，但下游影响效果不显著，经济增长在中、下游显著促进土地利用全要素生产率提升，上游却显著抑制土地利用全要素生产率提升，无论上、中、下游产业结构均显著抑制土地利用全要素生产率提升，政府规模在下游显著抑制土地利用全要素生产率提升。总体而言，流域内各区域存在土地利用全要素生产率的消费效用正向影响与产业结构工业化的逆向影响。

表5-52　黄河流域上、中、下游城镇化对土地利用全要素生产率影响效应差异分析

变量	上游	中游	下游
pu	0.0084	0.0545**	0.1535***
	(0.0230)	(0.0212)	(0.0430)
pu²	−0.0003	−0.0007***	−0.0015***
	(0.0002)	(0.0003)	(0.0005)
lu	0.6637***	1.1506***	−0.8708***
	(0.2200)	(0.1814)	(0.2060)
lu²	−0.0552***	−0.0362***	0.0254***
	(0.0166)	(0.0062)	(0.0043)
consum	0.0002***	0.0000***	−0.0000
	(0.0000)	(0.0000)	(0.0000)
bgdp	−0.0007**	0.0003***	0.0006***
	(0.0003)	(0.0001)	(0.0001)
ratio	−0.3813***	−0.2424***	−0.2666***
	(0.0470)	(0.0358)	(0.0664)
brevenue	−0.0009	−0.0007	−0.0024***
	(0.0019)	(0.0007)	(0.0006)
_cons	−0.7727	−5.3623***	4.5018**
	(0.5489)	(0.8732)	(1.9399)
R²	0.7819	0.7589	0.8859
N	250	260	180

注：*、**、***分别表示在10%、5%、1%的水平下显著，括号内为标准误值。

4. 人口城镇化与土地城镇化影响土地利用全要素生产率的门槛效应

（1）人口城镇化影响土地利用全要素生产率存在土地城镇化的双门槛效应。城镇化发展始于城镇建设用地扩张，2003年以来，随着西部大开发、中部崛起等战略的实施，中国土地供给开始倾向东北和中西部地区，土地城镇化增长速度快于人口城镇化，两者的协同发展一直是学者们研究的重心（朱纪广等，2020），但是两者并行发展过程中对土地利用全要素生产率是否存在门槛效应，却很少

有学者探究。基于前述两者对土地利用全要素生产率的区域差异性，本节利用模型（5-41）探索人口城镇化影响土地利用全要素生产率是否存在土地城镇化的门槛效应。门槛检验首先探究不同门槛区间内的参数空间是否显著不同，其次借助 Bootstrap 方法对门槛的估计值和实际值进行一致性检验（周国富、陈菡彬，2021），分别通过 F 统计量的 P 值与似然比 LR 值进行检验，检验结果见表5-53。

表5-53　门槛效应检验与门槛值、置信区间

模型	门槛值	最低值	最高值	标准误	F 统计量	P 值	Crit10	Crit5	Crit1
lu 单门槛估计值 Th-1	0.48	0.46	0.49	—	—	—			
lu 双门槛第一个估计值 Th-21	0.48	0.46	0.49	0.0706	62.49	0.0350	46.6580	53.8601	71.6461
lu 双门槛第二个估计值 Th-22	20.37	20.24	20.51	0.0658	49.11	0.0450	34.7593	48.3966	97.5584

检验结果显示，F 统计量与 P 值均拒绝不存在门槛效应的原假设，因此，人口城镇化影响土地利用全要素生产率的过程中，土地城镇化存在两个门槛值，分别为0.48%与20.37%。为了更好地理解门槛值的估计与置信区间的构造过程，选用 LR = 7.3523 表示95%的置信水平，绘制门槛模型的似然比函数图，图5-22直观地显示了存在两个门槛值。

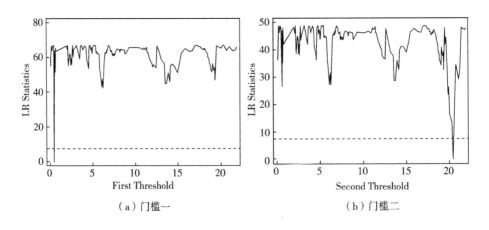

（a）门槛一　　　　　　　　　　（b）门槛二

图5-22　门槛估计值与置信区间

表5-54给出了门槛回归的结果，人口城镇化与土地利用全要素生产率之间的关系被土地城镇化这一门槛变量划分为三个区间，且不同区间影响差异显著，当土地城镇化处于较低水平时，人口城镇化对土地利用TFP在1%的水平上为显著负向影响，说明土地城镇化水平较低时，人口城镇化抑制土地利用全要素生产率的增长。这可能是因为人口压力在有限的土地资源上造成承载力不足，土地利用全要素生产率不能提升。当土地城镇化逐步提升迈过第一个门槛值后，人口城镇化对土地利用全要素生产率的影响转为正向促进作用，但在统计上不显著。这是因为当建设用地扩张后，流入城市的人口不仅是压力，可能更多功能是作为劳动力要素的投入，因此促进了城市土地利用全要素生产率的提升。但是当土地城镇化越过第二个门槛值后，人口城镇化对土地利用全要素生产率的影响系数在10%的水平上显著为负，抑制作用代替了第二阶段的促进作用。其主要原因是随着土地城镇化的快速发展，一方面要求快速发展的人口城镇化，另一方面对人口城镇化发展的质量提出更高要求，如果流入城市的人口仅是数量上的增加而没有质量上的提高，人口的压力功能大于劳动力要素功能，从而抑制土地利用全要素生产率提升。为了保证研究结论的可靠性，采用两种方式进行稳健性检验，首先考虑替换解释变量的方法进行稳健性检验，将土地城镇化指标用市辖区建设用地面积与行政区划面积比重表示，得到表5-54中的稳健性检验（Ⅰ）。其次考虑增加模型中的控制变量，看回归结果是否稳健，检验结果见表5-54中的稳健性检验（Ⅱ）。可以发现，两种稳健性检验结果都显示人口城镇化影响土地利用全要素生产率时存在土地城镇化双门槛效应。分析各控制变量的影响效果，消费水平与经济增长依旧显著促进土地利用全要素生产率的提升，第二、第三产业结构比值增加则抑制土地利用全要素生产率的提升。

表5-54　黄河流域人口城镇化影响土地利用全要素生产率的门槛效应及稳健性检验

变量	门槛回归模型	稳健性检验（Ⅰ）	稳健性检验（Ⅱ）
consum	0.0001*** (0.0000)	0.0001*** (0.0000)	0.0001*** (0.0000)
bgdp	0.0003*** (0.0001)	0.0003*** (0.0001)	0.0003*** (0.0001)
ratio	-0.2447*** (0.0295)	-0.2343*** (0.0296)	-0.2454*** (0.0295)

续表

变量	门槛回归模型	稳健性检验（Ⅰ）	稳健性检验（Ⅱ）
brevenue	0.0004 （0.0005）	0.0005 （0.0005）	0.0004 （0.0005）
invest	—	—	0.0000 （0.0000）
pu（lu<γ_l）	−0.0424*** （0.0072）	−0.0542*** （0.0078）	−0.0424*** （0.0072）
pu（γ_l<lu<γ_h）	0.0062 （0.0038）	0.0069* （0.0038）	0.0062 （0.0038）
pu（lu>γ_h）	−0.0082* （0.0044）	−0.0008 （0.0041）	−0.0080* （0.0044）
_cons	0.4266*** （0.1468）	0.4353*** （0.1475）	0.4340*** （0.1479）
R^2	0.7364	0.7357	0.7364
N	690	690	690

注：*、**、***分别表示在10%、5%、1%的水平下显著，括号内为标准误值，γ_l、γ_h表示土地城镇化的两个门槛值。

（2）土地城镇化影响土地利用全要素生产率存在人口城镇化的单门槛效应。同理，分析土地城镇化影响土地利用全要素生产率是否存在人口城镇化的门槛效应。采用模型（5-42）进行回归分析，结果显示存在单门槛效应（见表5-55）。当人口城镇化低于68.31%时，土地城镇化对土地利用全要素生产率的正向促进作用为0.0850，当人口城镇化高于68.31%时，土地城镇化对土地利用全要素生产率的促进作用增强，为0.1445。同样采用替换解释变量的方法和增加控制变量的方法进行稳健性检验，稳健性检验（Ⅰ）用非农人口与总人口的比值替换人口城镇化，稳健性检验（Ⅱ）增加固定资产投资控制变量，可以发现人口城镇化的单门槛效应依旧存在。

表5-55 黄河流域土地城镇化影响土地利用全要素生产率的门槛效应及稳健性检验

变量	门槛回归模型	稳健性检验（Ⅰ）	稳健性检验（Ⅱ）
consum	0.0001*** （0.0000）	0.0001*** （0.0000）	0.0001*** （0.0000）

续表

变量	门槛回归模型	稳健性检验（Ⅰ）	稳健性检验（Ⅱ）
bgdp	0.0003 ***	0.0002 ***	0.0002 ***
	（0.0001）	（0.0001）	（0.0001）
ratio	−0.2804 ***	−0.2669 ***	−0.2815 ***
	（0.0301）	（0.0307）	（0.0302）
brevenue	−0.0015 **	−0.0001 ***	−0.0015
	（0.0005）	（0.0005）	（0.0005）
invest	—	—	0.0000 **
			（0.0000）
lu（pu<δ）	0.0850 **	0.1252 ***	0.0824 *
	（0.0423）	（0.0432）	（0.0430）
lu（pu>δ）	0.1445 ***	0.0908 **	0.1419 ***
	（0.0422）	（0.0436）	（0.0426）
_cons	−0.0529	−0.3468	−0.0253
	（0.3268）	（0.3302）	（0.3302）
R^2	0.7232	0.7116	0.7233
N	690	690	690

注：＊、＊＊、＊＊＊分别表示在10%、5%、1%的水平下显著，括号内为标准误差值，δ 表示土地城镇化的门槛值。

（五）结论与启示

通过分析人口城镇化、土地城镇化与土地利用全要素生产率的影响机制，初步判断城镇化与土地利用全要素生产率之间存在非线性关系，然后利用固定效应模型和门槛模型进行定量分析，得到如下结论：

（1）2011~2020 年黄河流域土地利用全要素生产率呈现增长趋势，且 2013 年后增长速度更快，97.1%的城市土地利用全要素生产率大于1.0，且土地利用全要素生产率主要由于技术进步引起。说明黄河流域内技术效率水平仍有待提升，今后在土地利用过程中，不仅要考虑土地资源的合理配置，更要注重效率水平的提升。

（2）2011~2020 年黄河流域内全部城市的土地城镇化水平处于上升态势，在此期间全流域建设用地面积总共增长了 9427.94 平方千米；11 个城市的人口城镇化水平处于下降趋势，说明流域内城市存在人口流失现象。但从建设用地弹性系数分析，绝大部分城市处于合理水平。

（3）人口城镇化与土地利用全要素生产率之间存在倒"U"型关系，土地城镇化与土地利用全要素生产率之间存在"U"型关系，证实了城镇化与土地利用全要素生产率之间存在非线性关系，而且人口城镇化、土地城镇化与土地利用全要素生产率之间的非线性关系存在区域差异性，黄河流域中游内人口城镇化、土地城镇化与土地利用全要素生产率均呈现倒"U"型关系。

（4）以土地城镇化作为门槛变量，分析人口城镇化对土地利用全要素生产率的影响关系，发现人口城镇化对土地利用全要素生产率的非线性影响存在双门槛效应，土地城镇化初级阶段，人口城镇化抑制土地利用全要素生产率的提升，土地城镇化进入中级阶段以后，人口城镇化促进土地利用全要素生产率的提升，当土地城镇化越过第二个门槛值后，人口城镇化又呈现对土地利用全要素生产率的负向影响。但是分析土地城镇化对土地利用全要素生产率的影响过程中，人口城镇化存在单门槛效用，且影响方向相同。

基于以上分析结论得出如下政策启示：

（1）推进黄河流域人口城镇化高质量发展，控制土地城镇化高速发展。首先，人口和土地作为土地利用的投入要素，如果仅追求数量的提升，不能满足土地利用过程中对技术进步的需求，人口要素将转化为人口压力。其次，当土地城镇化发展速度过快（超越第二个门槛值）时，人口城镇化不再促进土地利用全要素生产率的提升，因此，黄河流域内可以借助发展高端产业，努力提升教育水平，创造更多就业机会，营造良好生态环境，吸引大学生创业，集聚高层次人才，引导新增城镇人口高质量发展。同时，积极盘活现有城镇低效利用土地和存量土地，避免土地城镇化过速发展。

（2）建立以常住人口为标准的"人地挂钩"思想，城镇化过程中匹配适宜的建设用地指标，预留生态用地，避免"人地脱钩"。当城镇建设用地增加规模与新增常住人口规模实现良性互动时（杨玉珍，2014；Fu et al.，2021），建设用地弹性系数趋于合理，土地城镇化水平处于两个门槛值中间，保证人口城镇化对土地利用全要素生产率的正向影响。

（3）加强黄河流域产业结构高级化建设。黄河流域三产产值相比二产产值比重偏低，应通过改善营商环境，发展现代服务业、生态旅游业等，加强城乡沟通性基础设施建设，带动城乡之间的互动，实现产业结构的升级，提升居民的消费能力，最终缩小城乡收入差距，全面促进经济增长，提高土地利用全要素生产率。

第六章　黄河流域城市土地利用效率系统动力学仿真研究

近几年，国内有关城市土地利用效率的相关研究已经取得了很多有价值的研究成果，但是利用系统动力学方法构建模型预测土地利用效率的发展趋势，以及不同情景下复杂系统的分析目前尚不多见。系统动力学作为一种多元非线性预测模型，在城市系统研究中被广泛使用，在资源利用、宏观经济管理、生态环境、农业发展、工业生产等各类研究中均有涉猎，例如刘雁和傅鸿源（1996）从社会、经济、环境、用地系统、投资等多角度建立系统动力学城市模型；徐磊等（2016）将约束条件纳入到多目标规划（MOP）中，将 MOP 与 SD 整合，以湖北省为例构建了减碳增效仿真系统；聂少华（2017）以南京市为例，建立了土地集约利用系统动力学模型；胡宗楠等（2017）利用系统动力学对江苏省扬州市土地利用结构进行多情景预测模拟；熊鹰等（2018）仿真模拟了长株潭城市群建设用地供需情况；刘东亚（2019）将 SD 与 CA 结合构建了土地利用时空动力学模型。

这些研究都是基于系统动力学理论围绕城市土地利用进行的分析，对解决城市土地集约利用、土地资源评价、土地利用碳排放以及气候变化、城镇化等提供了理论依据，同时，系统动力学思想将上地利用作为一种人类活动与自然系统结合的复杂系统考虑，从不同角度构建模型结构、探究系统机制，成为本章研究的主要技术手段。

第一节　系统动力学模型概述

系统动力学（System Dynamics，SD）于 1950 年由美国麻省理工学院的 Jay

W. Forrester 教授团队首次提出，其融合了系统论、控制论和信息论等学科思想，以信息反馈为主要动力，研究系统内、外部结构与功能，并借助计算机软件技术实现仿真模拟。

一、系统动力学原理

系统动力学方法可以将系统问题转化为系统行为与系统内部机制之间的作用关系，通过数学模型仿真，构建适宜的要素信息反馈环路描述系统内部运行机制，实现对复杂系统内部环境的结构模型仿真，在正负反馈作用下探究产生变化形态的因果关系。

系统动力学的基本原理来自系统论，其建模方法是将一个复杂大系统细分为几个相互关联的小系统，每个系统内要素可以独立也可以互相关联，将不同要素综合到一个系统内，分析各要素在系统中的运行变化规律，最后利用"物质流""信息流""能量流"将各要素的变动在系统内传递，最后模拟或者"决策"整个系统。系统的结构框架可以利用因果关系图和系统存量流量图来表达，系统内各因素之间的数理关系使用方程或者信息积累、延迟表示其逻辑关系，利用仿真软件将定量的数学模型完整地转化为计算机程序，运行软件对系统进行模拟。

二、系统动力学建模原则及步骤

系统动力学模型可以分析处理多层次、非线性、多反馈的复杂系统问题，是利用"白化"技术实现系统结构—功能模拟的方法，它不能实现系统的完整再现，但是可以就研究问题的重要信息进行情景模拟，描述系统动态发展过程以及系统内部的动态结构和反馈机制。在建立模型的时候要遵守系统动力学的基本规律，同时应结合研究问题的性质和特征重点把握以下两个原则：一是简化模型结构，对于包含许多因素的复杂系统，重现系统真实模拟势必相当困难，所以，尽量抽取系统中的重要影响因素简化模型结构，突出研究目的和研究问题。二是契合现实系统，简化模型结构只是为了突出研究问题，系统动力学的建模和仿真还要符合研究区域的真实情况，指标选取、因果关系构建、常量赋值都要与现实系统相符合，以保证后期仿真效果的真实性。

系统动力学建模过程从定性开始转化为定量研究，其基本建模步骤主要有：①明确研究问题以及建模目的，确定系统边界，寻找适宜的系统内外部因素，以及与研究问题之间的反馈关系；②根据实际的系统行为模式设定系统结构，检验仿真模型接近真实系统;③画出因果关系图,明确变量之间的正负反馈关系;④用系统动力学方程表示状态变量、速率变量、常量等之间的关系,绘制系统流程图;⑤进行模型的有效性检验,并对模型进行仿真,将仿真结果与实际数据进行对比,不断优化、调整模型的结构与参数;⑥进行灵敏度分析与仿真结果分析,选取灵敏度较高的因素,通过改变这些因素的取值,分析变量变化对仿真结果的影响,进一步提出政策建议。

系统动力学模型依靠因果关系图与系统存量流量图刻画复杂系统结构,每个图中都包含多个变量。

(一)因果关系图

为了有效分析变量之间的因果关系,进行系统动力学研究时,首先要绘制因果关系图,因果关系图是由多个因果链组成的,每一个因果链上都包含因果键、因果关系和反馈环三个要素。因果键是连接两个因素之间的关系,表述因素之间存在既定的因果关系,若 X 因素的增加引起 Y 因素的增加,则认为存在正因果链,反之存在负因果链;反馈环由多个因素和因果链组成,通常有正反馈环和负反馈环,正反馈环中包含零个或者偶数个负因果链,负反馈环中包含奇数个负因果链。因果关系图是由多个反馈环组成的对某几个核心变量在系统内的关系描述。

(二)系统存量流量图

由于因果关系图只能表示变量之间的因果关系,不能表示不同性质变量之间的区别,因此采用系统存量流量图对系统进行更细致的描述。系统存量流量图是对系统内部各因素以及因素之间的逻辑关系进行量化描述,是系统动力学进一步进行定量分析的基础。为了区分因素之间的区别,系统变量主要分为五类:第一类是状态变量,描述系统在某一时刻的变量状态,它是一定时间内变量的累积效应体现,属于存量概念,一般受该变量的输入流速率与输出流速率影响,存量流量图中用矩形符号表示。第二类是速率变量,即反映状态变量的时间变化或者速度变化,也描述了系统的累积效应变化快慢,速率变量有时也称为决策变量,通常使用平均速率作为速率变量的定量描述。第三类是常量,即在研究区间内变化甚微甚至不发生变化的变量,在系统流图中可以起到约束作用。第四类是辅助变量,它是存在于状态变量与速率变量之间的中间变量,通常用圆圈来表示。第五类是外生变量,这类变量虽然随着时间推移发生变化,但是这种变化不是因为系统中的其他变量引致的。

第二节　黄河流域城市土地利用效率系统动力学建模

一、确定系统边界

根据本书的研究目标——城市土地利用效率确定系统的边界，第五章中测度黄河流域城市土地利用效率时确定的边界范围是各城市的行政区划，本章中土地结构影响因素也是以城市的整个行政区划作为边界，因此继续沿用此边界作为本章系统研究的边界，系统内所有社会经济以及土地结构指标都是以整个城市的行政区划作为边界。

二、系统结构分析及构建模型

任何社会经济生态系统都是一个复杂系统，系统内的资源、人口、环境、政策、经济发展等因素存在着交织的因果联系。某一个因素发生变化一定会引发另一个或者几个因素发生变化，因此，在使用系统动力学研究时，首先需要将系统划分出不同的层次结构，在每一个层次（子系统）内，根据研究问题影响或者发展规律确定子系统内因素之间的因果关系，不同子系统之间依靠影子变量建立联系，最终完成整个系统内研究目标的分析或者研究变量的认识。

城市土地利用效率是一个测度变量，不同学者对其理解、测度方法、衡量指标有所不同，但同时它又是一个涉及经济、人口、资源、生态、政策多方面的因素。基于此，本章根据简化模型结构、契合现实系统两个基本原则，将城市土地利用效率的研究分为内部子系统和外部子系统，内部子系统主要包含作者对城市土地利用效率测度的分析，外部子系统则包含可能影响城市土地利用效率的各类社会、经济、人口、生态政策等因素。城市土地利用效率系统的构成及主要反馈机制如图 6-1 所示。

（一）内部子系统

城市土地利用效率内部子系统主要包含测度城市土地利用效率的所有投入和产出变量，指标选取时依然采用第五章中的投入和产出指标，根据 DEA 模型原理，投入变量值增加促进土地利用效率结果增大，期望产出值增加促进土地利用

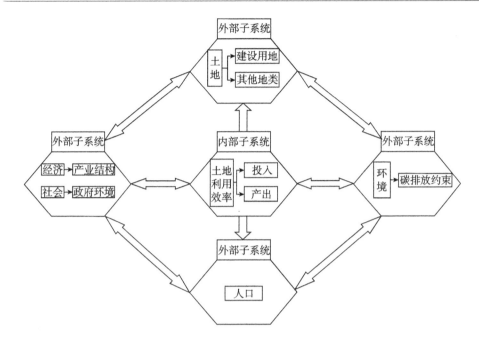

图 6-1 黄河流域城市土地利用效率系统结构

效率结果增大，非期望产出值增加促进土地利用效率结果变小；再根据各类土地的碳排放系数值，明确耕地数量增加促进土地利用碳排放量增加，而园地、林地、草地、水域和其他未利用地则抑制土地利用碳排放量增加。这里建设用地的碳排放量依赖建设用地上能源消耗量计算得出，本章主要选取 9 类能源消耗量计算（见图 6-2）。但是本章中的城市土地利用效率仅采用 Super-SBM 模型进行测算，不再使用 SFA 方法剔除环境变量的影响，这主要是为了利用 SD 模型模拟人口数量对城市土地利用效率的影响。

（二）外部子系统

城市土地利用效率外部子系统主要包含土地利用过程中涉及的社会、经济、人口、环境制约等外部因素，如图 6-3 所示，各类因素对城市土地利用效率的影响方向（正或负）根据已有数据采用固定效应稳健性回归获得，其中职工年平均工资与内部子系统中相同，用于验证因素在内外部系统中的一致性影响，科学技术公共财政支出、地均财政收入和能源消耗强度都促进城市土地利用效率提升，其他因素则抑制城市土地利用效率提升。这说明科技进步是提升城市土地利用效率的第一要素，但是黄河流域目前的经济增长（人均 GDP、地均 GDP）、城镇建设等都是以高碳排放为主，并没有改善土地利用效率。

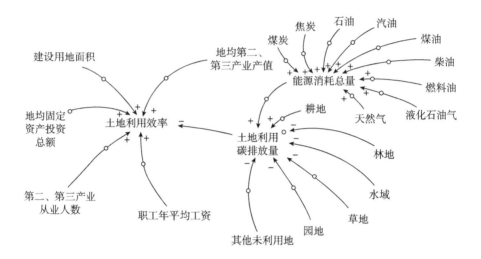

图6-2 黄河流域城市土地利用效率内部子系统因果关系图

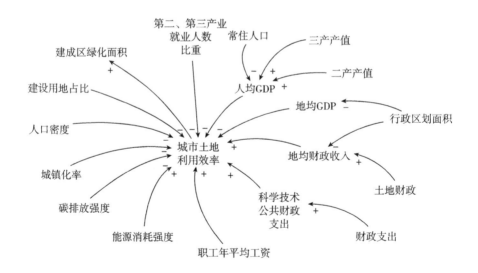

图6-3 黄河流域城市土地利用效率外部子系统因果关系图

三、绘制系统存量流量图

本章中构建的城市土地利用效率系统动力学模型基于以下两个假设：第一，

由于城市能源消耗大约90%来源于建设用地上的生产企业和居民消费，因此，计算建设用地的碳排放量时，以全市的能源消耗量与能源碳排放系数的乘积计入。而且由于研究区域内社会经济统计资料的不完善，因此选用9种能源消耗量代替全部能源消耗量，虽然存在偏误，但是考虑到西部地区的主要能源消耗是煤炭、石油和天然气，且已经包含在9种消耗能源中，因此近似存在替代关系。第二，模型以2009年为基准年，所有与资金相关的社会经济指标都以2009年的不变价为基准进行折算，科学技术公共财政支出带来的科技进步可以促进能源使用、土地集约利用等。

根据前述的黄河流域城市土地利用效率内、外部子系统因果关系图，通过城市土地利用效率系统中能量、信息和物质转换方向，以及各变量之间的反馈关系，将内、外部因素组成一个有机整体。由于此部分的主要目的是通过加入低碳约束条件后分析城市经济、人口增长、城镇化率、土地结构变化对土地利用效率未来的影响，因此利用Vensim软件构建黄河流域城市土地利用效率系统核心解释变量的存量流量图，为后期的定量分析作准备。

本章的存量流量图最终选定了40个变量，其中状态变量4个：人口数量、GDP、建设用地和能源消耗总量；辅助变量18个：人口增加量，人口减少量，GDP增加量，建设用地增加量，能源消耗增加量，第二、第三产业从业人数，科技财政支出，科技财政支出占GDP比重，建设用地比重，地均GDP，财政收入，地均财政收入，碳排放量，碳排放强度，碳排放强度目标，低碳政策，高效土地利用政策，城市土地利用效率；常量2个：行政区划面积、碳排放系数；速率变量8个：出生率、死亡率、人口增长率、GDP增长率、建设用地增长率、能源消耗增长率、城镇化增长率、碳排放强度调整率；外生变量7个：城镇化率、耕地、林地、园地、草地、水域、未利用土地。为了保证units check通过检测，所以引入了单位转换变量。黄河流域城市土地利用效率存量流量图见图6-4。

黄河流域城市土地利用效率系统主要变量如表6-1所示。

四、建立系统方程

考虑到本章研究的区域不是一个城市或者一个省份，而是一个流域内的情况，因此，将黄河流域69个城市的各类社会经济以及土地利用情况取均值赋予系统内参数，同时，设置模型的系统参数与函数方程时，主要采用以下几种方式：

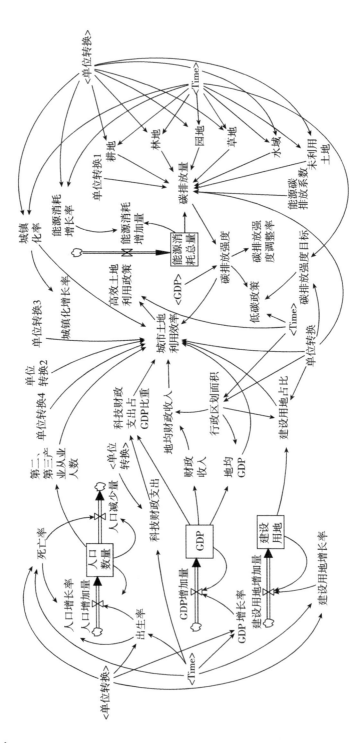

图 6-4 黄河流域城市土地利用效率存量流量图

表 6-1　黄河流域城市土地利用效率系统主要变量

变量	单位	变量类型	变量	单位	变量类型	变量	单位	变量类型
人口数量	万人	状态变量	GDP	万元	状态变量	建设用地	平方千米	状态变量
出生率	‰	速率变量	建设用地比重	%	辅助变量	能源消耗总量	万吨标准煤	状态变量
死亡率	‰	速率变量	人口增长率	‰	速率变量	耕地	平方千米	外生变量
人口增加量	万人	辅助变量	碳排放量	万吨	辅助变量	林地	平方千米	外生变量
人口减少量	万人	辅助变量	城市土地利用效率	—	辅助变量	园地	平方千米	外生变量
行政区划面积	平方千米	常量	城镇化增长率	%	速率变量	草地	平方千米	外生变量
GDP 增长率	%	速率变量	财政收入	万元	辅助变量	水域	平方千米	外生变量
GDP 增加量	万元	辅助变量	城镇化率	%	外生变量	碳排放强度目标	万吨/万元	辅助变量
建设用地增长率	%	速率变量	能源消耗增长率	%	速率变量	地均财政收入	万元/平方千米	辅助变量
建设用地增加量	平方千米	辅助变量	未利用土地	平方千米	外生变量	碳排放系数	万吨/万吨标准煤	常量
第二、第三产业从业人数	万人	辅助变量	低碳政策	—	辅助变量	地均 GDP	万元/平方千米	辅助变量
高效土地利用政策	—	辅助变量	科技财政支出	万元	辅助变量	碳排放强度	万吨/万元	辅助变量
科技财政支出占 GDP 比重	%	辅助变量	能源消耗增加量	万吨	辅助变量	能源消耗强度	万吨标准煤/万元	辅助变量
碳排放强度调整率	/	速率变量						

　　第一，出生率、死亡率、GDP 增长率、建设用地增长率、能源消耗增长率 5 个速率变量，城镇化率、科技财政支出和 6 类土地投入量的设置采用表函数法输入，2009~2018 年均采用现实数据作为实际输入，2019~2040 年数据根据本章第五节中的发展情景设定。

　　第二，第二、第三产业从业人数与人口数量，财政收入与 GDP，土地利用效率与第二、第三产业从业人数，地均 GDP，地均财政收入，城镇化率，建设用地比重，碳排放强度，科技财政支出占 GDP 比重影响因素之间的函数关系设定，采用 Stata 软件的固定效应多元线性回归方法确定。

第三，碳排放量计算方程系数来自《2006 年 IPCC 国家温室气体清单指南》，并参考伍先福（2019）的研究确定。能源碳排放系数则采用各城市不同年份中煤炭、焦炭、石油、原油、汽油、煤油、柴油、燃料油、液化石油气、天然气的使用占比与同类能源碳排放系数相乘后得到的平均值计入。这里的不同类型能源碳排放系数采用宋杰鲲（2012）的研究成果。

第四，碳排放强度 2020 年和 2030 年的目标，采用中国 2014 年发布的《国家应对气候变化规划（2014–2020 年）》中计划 2020 年的碳排放强度在 2005 年的基础上下降 40%～45%，以及 2015 年中国向联合国提交的应对气候变化国家自主文件：《强化应对气候变化行动——中国国家自主贡献》中计划 2030 年碳强度在 2005 年的基础上下降 60%～65%（侍剑峰，2018），确定碳排放强度目标如下：2020 年 0.4456 吨/万元，2025 年 0.3713 吨/万元，2030 年 0.2970 吨/万元，2040 年 0.1500 吨/万元。

系统内主要参数和函数方程设置如下：

（01）FINAL TIME = 2040

Units：Year

The final time for the simulation.

（02）GDP = INTEG（GDP 增加量，8.06116e+06）

Units：万元

（03）GDP 增加量 = GDP * GDP 增长率

Units：万元/Year

（04）GDP 增长率 = WITH LOOKUP（Time * 单位转换，（[（0，0）–（3000，20）]，（2010，0.159125），（2011，0.144766），（2012，0.145273），（2013，0.096753），（2014，0.070137），（2015，0.030675），（2016，0.064835），（2017，0.075952），（2018，0.076626）））

Units：fraction/Year

（05）INITIAL TIME = 2009

Units：Year

The initial time for the simulation.

（06）SAVEPER = TIME STEP

The frequency with which output is stored.

（07）TIME STEP=1

The time step for the simulation.

（08）第二、第三产业从业人数=-129.242+0.539448*人口数量

Units：万人

（09）人口减少量=人口数量*死亡率/1000

Units：万人/Year

（10）人口增加量=人口数量*出生率/1000

Units：万人/Year

（11）人口增长率=出生率-死亡率

Units：**undefined**

（12）人口数量=INTEG（（人口增加量-人口减少量），293.4）

Units：万人

（13）低碳政策=IF THEN ELSE（（碳排放强度-碳排放强度目标）>0，1，0）

Units：Dmnl

（14）出生率=WITH LOOKUP（Time*单位转换，（［（0，0）-（3000，30）］，（2010，15.66），（2011，13.47），（2012，12.35），（2013，12.52），（2014，11.65），（2015，11.34），（2016，11.01），（2017，11.57），（2018，11.15）））

Units：fraction/Year

（15）单位转换=1

Units：fraction/Year

（16）单位转换1=1

Units：万吨*Year/平方千米

（17）单位转换2=1

Units：万元/万吨

（18）单位转换3=1

Units：平方千米/万元/Year

（19）单位转换4=1

Units：fraction/万人/Year

（20）园地=WITH LOOKUP（Time*单位转换，（［（0，0）-（3000，400）］，（2009，271.49），（2010，269.1），（2011，268.04），（2012，265.9），

（2013，263.87），（2014，316.32），（2015，261.89），（2016，261），（2017，261），（2018，261）））

Units：平方千米/Year

（21）地均 GDP＝GDP/行政区划面积

Units：万元＊Year/平方千米

（22）地均财政收入＝财政收入/行政区划面积

Units：万元＊Year/平方千米

（23）城市土地利用效率＝4.58549－0.0048686＊城镇化率＋0.0014342＊第二、第三产业从业人数＊单位转换4＋175.501＊科技财政支出占 GDP 比重＋0.0192088＊地均财政收入＊单位转换3＊单位转换－0.0005822＊地均 GDP＊单位转换3＊单位转换－147.674＊建设用地比重＊单位转换－4573.26＊碳排放强度＊单位转换2

Units：fraction/Year

（24）城镇化增长率＝（城镇化率－DELAY1I（城镇化率，1，33.17））/DELAY1I（城镇化率，1，33.17）

Units：Dmnl/Year

（25）城镇化率＝WITH LOOKUP（Time＊单位转换，（［（0，0）－（3000，50）］，（2009，33.17），（2010，32.35），（2011，34.59），（2012，34.11），（2013，34.2），（2014，35.34），（2015，36.53），（2016，35.36），（2017，35.23），（2018，35.46）））

Units：fraction/Year

（26）建设用地＝INTEG（建设用地增加量，911.11）

Units：平方千米

（27）建设用地增加量＝建设用地＊建设用地增长率

Units：平方千米/Year

（28）建设用地增长率＝WITH LOOKUP（Time＊单位转换，（［（0，－0.003）－（3000，10）］，（2010，0.0178473），（2011，0.0161799），（2012，0.0183727），（2013，0.0173466），（2014，0.0154081），（2015，0.0116463），（2016，0.0139495），（2017，0），（2018，0）））

Units：fraction/Year

（29）建设用地比重＝建设用地/行政区划面积＊单位转换

Units：Dmnl

（30）未利用土地＝WITH LOOKUP（Time＊单位转换，（［（0，0）－（3000，4000）］，（2009，3154.94），（2010，3154.73），（2011，3603.9），（2012，3151.02），（2013，3149.75），（2014，3149.49），（2015，3148.74），（2016，3147.3），（2017，3147.3）（2018，3147.3）））

Units：平方千米/Year

（31）林地＝WITH LOOKUP（Time＊单位转换，（［（0，0）－（3000，7000）］，（2009，5391.95），（2010，5388.74），（2011，5385.38），（2012，5381.64），（2013，5863.8），（2014，6978.52），（2015，5372.4），（2016，5368.45），（2017，5368.45），（2018，5368.45）））

Units：平方千米/Year

（32）死亡率＝WITH LOOKUP（Time＊单位转换，（［（0，0）－（3000，10）］，（2010，5.11），（2011，5.23），（2012，6.47），（2013，5.87），（2014，6.42），（2015，5.89），（2016，6.14），（2017，5.94），（2018，4.96）））

Units：fraction/Year

（33）水域＝WITH LOOKUP（Time＊单位转换，（［（0，0）－（3000，2000）］，（2009，877.36），（2010，876.57），（2011，875.71），（2012，874.52），（2013，1148.64），（2014，963.61），（2015，871.67），（2016，870.17），（2017，870.17），（2018，870.17）））

Units：平方千米/Year

（34）碳排放强度＝碳排放量/GDP

Units：万吨/万元/Year

（35）碳排放强度目标＝WITH LOOKUP（Time＊单位转换，（［（0，0）－（3000，10）］，（2009，0.000102），（2010，8.8e－05），（2011，8.1e－05），（2012，7.5e－05），（2013，7e－05），（2014，6.7e－05），（2015，6.6e－05），（2016，6.3e－05），（2017，6.2e－05），（2018，5.9e－05），（2020，4.456e－05），（2025，3.713e－05），（2030，2.97e－05），（2040，1.5e－05）））

Units：万吨/万元/Year

（36）碳排放强度调整率＝（碳排放强度－DELAY1I（碳排放强度，1，0.000102））/DELAY1I（碳排放强度，1，0.000102）

Units：Dmnl/Year

（37）碳排放量＝（（49.7＊耕地＊单位转换1-73＊园地＊单位转换1-58.1＊林地＊单位转换1-2.1＊草地＊单位转换1-2.52＊水域＊单位转换1-0.05＊未利用土地＊单位转换1）/10000+能源消耗总量＊能源碳排放系数）＊单位转换

Units：万吨/Year

（38）科技财政支出＝WITH LOOKUP（Time＊单位转换，（［（0，0）-（3000，50000）］，（2009，15154.5），（2010，14310.8），（2011，14088），（2012，17180.1），（2013，20119.4），（2014，22921.6），（2015，26005.5），（2016，32926.8），（2017，40774.4），（2018，47174.7）））

Units：万元/Year

（39）科技财政支出占GDP比重＝科技财政支出/GDP

Units：fraction/Year

（40）耕地＝WITH LOOKUP（Time＊单位转换，（［（0，0）-（3000，4000）］，（2009，3513.36），（2010，3508.83），（2011，3307.68），（2012，3286.2），（2013，3286.39），（2014，3283.68），（2015，3287.31），（2016，3293.72），（2017，3297.44），（2018，3299.29）））

Units：平方千米/Year

（41）能源消耗增加量＝能源消耗总量＊能源消耗增长率

Units：万吨标准煤/Year

（42）能源消耗增长率＝WITH LOOKUP（Time＊单位转换，（［（0，0）-（3000，20）］，（2010，0.024），（2011，0.1034），（2012，0.0404），（2013，0.0161），（2014，0.0156），（2015，0.0053），（2016，0.0261），（2017，0.0496），（2018，0.029）））

Units：fraction/Year

（43）能源消耗总量＝INTEG（能源消耗增加量，1131.36）

Units：万吨标准煤

（44）能源碳排放系数＝0.7426

Units：万吨/万吨标准煤

（45）草地＝WITH LOOKUP（Time＊单位转换，（［（0，0）-（3000，20000）］，（2009，13704），（2010，13699.2），（2011，13693.9），（2012，13688.8），（2013，17188），（2014，15097.9），（2015，13668.2），（2016，13663.6），（2017，13663.6），（2018，13663.6）））

Units：平方千米/Year

（46）行政区划面积＝WITH LOOKUP（Time * 单位转换，（［（0，0）－（3000，40000）］，（2009，31724.4），（2010，32001.3），（2011，32078.1），（2012，32045.8），（2013，31685），（2014，31682.3），（2015，31701.7），（2016，31696.2），（2017，31650.4），（2018，31638.3）））

Units：平方千米/Year

（47）财政收入＝-214393+0.0933777 * GDP

Units：万元

（48）高效土地利用政策＝IF THEN ELSE（城市土地利用效率<1，2，0）

Units：Dmnl

第三节　系统模型检验

完成城市土地利用效率存量流量图中参数与方程设定后，在进行模型仿真前首先需要进行模型检验与模拟调试，因为系统动力学模型的设定是面向问题的，而城市土地利用效率系统是一个受众多因素影响的复杂综合系统，所以系统模型并不能实现对所有现实情况进行完全模拟，如果针对具体问题拟合良好，则认为系统模型检验通过。模型检验主要包括结构检验（运行检验）和历史检验。结构检验保证系统结构与方程设定的合理性，历史检验则保证系统模拟与现实系统行为之间的一致性。

一、运行检验

直接观察系统模型确定的边界、研究问题的目的，系统内各要素的定义、量纲，以及相互之间的因果关系、流程结构等。同时，可以通过运行 Vensim PLE 软件中的方程检验（Check Model）和量纲检验（Units Check）功能，验证模型的量纲与方程结构的合理性。经反复尝试和确认，最终得到的城市土地利用效率系统模拟方程合理并有效。

为了检验黄河流域城市土地利用效率系统动力学模型的稳定性，本章选取仿真步长一年和步长半年两种模式对系统模型进行仿真，结果如图6-5所示。

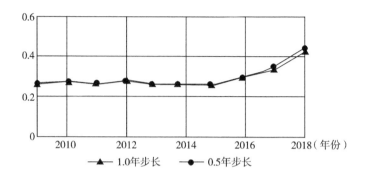

图 6-5 黄河流域城市土地利用效率两种步长仿真结果

可以发现，在不同的步长下，黄河流域城市土地利用效率的仿真结果基本重合，因此模型系统对步长变化反应不敏感，该模型是稳定的。

二、历史检验

考虑到系统中一共有 40 个变量，因此，选用与城市土地利用存在直接线性关系的碳排放强度、科技财政支出占 GDP 比重、地均 GDP 和建设用地比重 4 个变量作为检验变量，将 2009～2018 年的实际统计数据与模拟数据进行对比，通过计算两个数据的误差量验证系统模型的有效性，一般误差的绝对值小于 5% 的变量数目占一半以上且误差绝对值不大于 10%，认为系统行为的模拟效果较好。历史检验数据对比结果如表 6-2 及表 6-3 所示。

表 6-2 模拟值与真实值统计误差（一）

年份	碳排放强度（万吨/万元）			科技财政支出占 GDP 比重（%）		
	真实值	仿真值	误差（%）	真实值	仿真值	误差
2009	0.0001020	0.0001019	0.10	0.00188	0.00188	0.00
2010	0.0000879	0.0000900	−2.39	0.00149	0.00153	−2.68
2011	0.0000811	0.0000795	1.97	0.00123	0.00130	−5.69
2012	0.0000754	0.0000768	−1.86	0.00133	0.00139	−4.51
2013	0.0000702	0.0000696	0.85	0.00144	0.00142	1.39
2014	0.0000668	0.0000641	4.04	0.00155	0.00147	5.16
2015	0.0000657	0.0000614	6.54	0.00170	0.00156	8.24
2016	0.0000632	0.0000599	5.22	0.00202	0.00192	4.95

续表

年份	碳排放强度（万吨/万元）			科技财政支出占 GDP 比重（%）		
	真实值	仿真值	误差（%）	真实值	仿真值	误差
2017	0.0000617	0.0000578	6.32	0.00233	0.00223	4.29
2018	0.0000589	0.0000564	4.24	0.00250	0.00240	4.00

表 6-3　模拟值与真实值统计误差（二）

年份	地均 GDP（万元/平方千米）			建设用地比重（%）		
	真实值	仿真值	误差（%）	真实值	仿真值	误差
2009	254.100	254.100	0.00	0.0287	0.0287	0.00
2010	299.542	291.985	2.52	0.0292	0.0290	0.68
2011	358.221	337.637	5.75	0.0296	0.0294	0.68
2012	401.710	386.904	3.69	0.0302	0.0299	0.99
2013	441.531	448.157	−1.50	0.0307	0.0308	−0.33
2014	468.123	491.559	−5.01	0.0312	0.0314	−0.64
2015	482.186	525.714	−9.03	0.0315	0.0318	−0.95
2016	513.539	541.934	−5.53	0.0320	0.0322	−0.62
2017	552.829	577.906	−4.54	0.0320	0.0327	−2.19
2018	595.416	622.036	−4.47	0.0320	0.0327	−2.19

分析表 6-2 和表 6-3 中的误差项绝对值，可以发现 2009~2018 年碳排放强度、科技财政支出占 GDP 比重、地均 GDP 和建设用地比重的模拟值和真实值之间分别存在 2.51%、1.51%、1.81%、0.46% 的误差，平均误差精度低于 5%，因此认为建立的城市土地利用效率系统动力学模型具有较高的预测精度。而且，继续分析其他模拟变量与真实值之间的误差（见表 6-4），发现所有变量的整体平均模拟误差不超过 2.77%，因此，认为该系统动力学模型与真实值拟合度较高，通过了历史检验，可以利用此模型模拟黄河流域城市土地利用效率的状态并预测城市土地利用效率的变化趋势。

表 6-4　其他变量仿真误差

年份	人口数量	第二、第三产业从业人数	GDP	建设用地	财政收入	能源消耗总量	碳排放量	城市土地利用效率
2009	0.00	−2.85	0.00	0.00	−2.23	0.00	0.10	1.75

续表

年份	人口数量	第二、第三产业从业人数	GDP	建设用地	财政收入	能源消耗总量	碳排放量	城市土地利用效率
2010	0.64	−5.63	2.52	0.00	−1.01	0.00	0.10	−5.61
2011	0.48	−2.90	5.75	−0.16	3.03	7.20	7.66	−4.77
2012	0.11	−0.81	3.69	0.05	3.47	1.58	1.90	−8.15
2013	0.02	10.32	−1.50	−0.05	2.40	−0.77	−0.61	7.90
2014	−0.11	9.32	−5.01	−0.24	−0.43	−0.82	−0.63	4.27
2015	−0.04	5.82	−9.03	−0.61	−3.26	−1.84	−1.88	7.43
2016	0.11	1.85	−5.53	−0.38	−5.34	0.22	−0.06	0.43
2017	0.25	−1.83	−4.54	−1.79	−10.90	2.46	2.06	4.54
2018	0.29	−9.77	−4.47	−1.79	−8.63	0.50	0.03	5.87

第四节　黄河流域城市土地利用效率系统仿真与分析

通过对黄河流域土地利用效率系统的仿真，得到 2009~2040 年黄河流域土地利用效率以及碳排放强度的模拟数据及变化趋势，结果如表 6-5 所示。

表 6-5　2009~2040 年黄河流域土地利用效率及碳排放强度

年份	土地利用效率	碳排放强度（吨/万元）	年份	土地利用效率	碳排放强度（吨/万元）
2009	0.2666	1.0187	2018	0.4241	0.5641
2010	0.2746	0.9004	2019	0.4647	0.5394
2011	0.2635	0.7950	2020	0.5113	0.5158
2012	0.2798	0.7679	2021	0.5643	0.4932
2013	0.2596	0.6956	2022	0.6238	0.4716
2014	0.2636	0.6406	2023	0.6900	0.4510
2015	0.2596	0.6143	2024	0.7634	0.4312
2016	0.3001	0.5992	2025	0.8443	0.4123
2017	0.3366	0.5777	2026	0.9331	0.3942

续表

年份	土地利用效率	碳排放强度（吨/万元）	年份	土地利用效率	碳排放强度（吨/万元）
2027	1.0303	0.3769	2034	1.9917	0.2753
2028	1.1362	0.3604	2035	2.1779	0.2632
2029	1.2516	0.3446	2036	2.3789	0.2516
2030	1.3769	0.3295	2037	2.5958	0.2406
2031	1.5128	0.3150	2038	2.8298	0.2300
2032	1.6601	0.3012	2039	3.0821	0.2199
2033	1.8194	0.2879	2040	3.3540	0.2102

由表6-5可以发现，随着社会经济发展，黄河流域城市土地利用效率呈现逐年增长趋势，至2027年，效率值达到有效状态（>1.0），但与此同时，碳排放强度则呈现逐年递减的趋势。2020年9月22日，国家主席习近平在第七十五届联合国大会一般性辩论上发表讲话："中国将提高国家自主贡献力度，采取更加有力的政策和措施，二氧化碳排放力争于2030年前达到峰值，努力争取2060年前实现碳中和。"为应对气候变化和碳排放缩减，我国在过去十余年里，先后三次提出减碳目标：第一次计划2020年单位国内生产总值二氧化碳排放比2005年下降40%~45%；第二次计划2030年碳排放达到峰值，且单位国内生产总值二氧化碳排放比2005年下降60%~65%；第三次计划2060年前实现碳中和。三次碳排放治理目标彰显了我国积极应对气候变化、走绿色低碳发展道路的雄心和决心。

根据国家统计局资料，2005年每万元能耗1.00吨标准煤，如果依旧采用本书使用的能耗系数0.7426吨/吨标准煤，则2005年碳排放强度约为0.7426吨/万元。按该数值计算，2005年碳排放强度的40%~45%为0.2970~0.3342吨/万元，即2020年碳排放强度目标为0.4084~0.4456吨/万元，但仿真结果显示2020年黄河流域城市碳排放强度为0.5175吨/万元。以上说明虽然2020年全国碳排放强度已经完成计划任务，但地处西部地区的黄河流域却没有按既定计划完成减排任务，这与黄河流域内近一半城市为资源型城市也有关系。同理，2005年碳排放强度的60%~65%为0.4456~0.4827吨/万元，即2030年碳排放强度目标为0.2599~0.2970吨/万元，但仿真结果显示2030年黄河流域城市碳排放强度为0.3295吨/万元，依旧没有完成减排任务。而且，观察碳排放量的仿真结果（见图6-6），可以发现仿真时间内碳排放量逐年递增，2030年并不是黄河流域碳达峰年度。因此，采用适度的减排土地利用政策同时兼顾经济增长与碳排放之间的协调发展是当前重要工作，也是我国完成第二次碳减排计划的重要保障。

从图6-6可以发现，尽管2030年未能达到碳达峰状态，可自2017年后碳排放强度增长量逐年递减，整体上可以将研究区间划分为三个阶段：第一个阶段是2009~2013年，是碳排放增量增长最快的发展阶段，年平均碳排放增量为41.64吨/万元，碳排放增速为4.78%；第二个阶段是2014~2016年，是碳排放增量增速较小发展阶段，年平均碳排放增量为13.86吨/万元，碳排放增速为1.39%；第三个阶段是2017~2040年，是碳排放量增量匀速发展阶段，平均年碳排放增量为33.99吨/万元，碳排放增速为2.46%。这说明虽然黄河流域城市碳排放仍处于增长态势，但是增速在逐步缩小，碳减排政策尚需持续加强，方可实现碳达峰目标。

（万吨/万元）

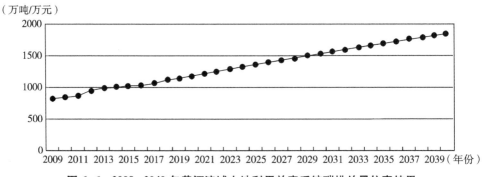

图6-6　2009~2040年黄河流域土地利用效率系统碳排放量仿真结果

通过黄河流域城市土地利用效率系统模型仿真，还可以得到黄河流域2019~2040年的碳排放效应情况（见图6-7）。其中人均碳排放量与地均碳排放量都呈现缓慢增长态势，说明如果按照目前的情景继续发展下去，虽然城市土地利用效率缓慢提升，但是碳排放效应也在逐年递增，因此低碳土地利用政策势在必行。

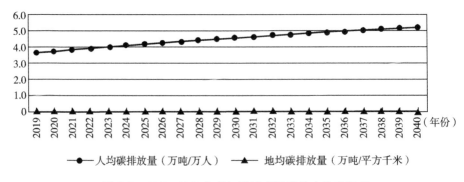

图6-7　2019~2040年黄河流域碳排放效应仿真情况

第五节　黄河流域城市土地利用效率系统情景构建与预测

一、情景构建

采用情景分析方法研究黄河流域城市土地利用效率的变化，为了合理设定不同情景，首先要分析影响城市土地利用效率的自然、社会与经济要素。根据对2009~2018年黄河流域城市土地利用效率的影响分析，选择经济增长、人口数量、城镇化水平、土地结构、科技进步、能源消耗6个与生产直接相关的指标进行情景设定，其中，经济增长、土地结构和能源消耗3个指标与城市土地利用效率测度直接相关，人口数量、城镇化水平与科技进步3个指标属于城市环境变量。为了详细分析黄河流域城市土地利用效率未来可能的发展情况，一是采用中国政府规划发展文件中的规划结果或者承诺情况设定发展参数；二是采用规划以外可能对指标造成的冲击设想，让情景设定指标上下浮动，设置不同的比较情景，预测不同组合情景下土地利用效率变化趋势，以及流域内碳排放强度调整变化情况。

（一）情景参数选择

本节选用的6个土地利用效率影响参数，一方面来自城市土地利用效率定义测度影响，另一方面来自社会、人口、生产等环境影响，因此从效应分析，6个参数对城市土地利用效率的影响可以分为直接效应和间接效应，其影响机理也各不相同。其中，经济增长、土地结构和能源消耗是直接影响效应，分别呈现出正向促进、正向促进和反向抑制的效果，而人口数量、科技进步和城镇化水平则是间接影响效应，其对城市土地利用效率的影响呈现不确定性。下文是各类参数设定和划分的依据。

（二）情景参数设定

1. 经济增长

在测度城市土地利用效率时，经济效益产出就是经济增长，当时以地均第二、第三产业产值计入，但是为了设定情景，更深层次地描述经济增长的效果，采用 GDP 增长率作为情景参数，通过地均 GDP 影响城市土地利用效率。

2012 年以后，中国经济增长不再追求数量增速，一方面 2008 年金融危机后，为了遏制不断加剧的通货膨胀，中国政府启用紧缩财政政策，经济增长也因此趋缓；另一方面中国政府审时度势，提出经济增长从数量增速向质量增速转变。为了达成此目的，实现要素的最优配置，中国提出供给侧结构性改革，劳动力、土地、资本、制度创造和创新等要素被重新定位，用改革实现全要素的配置，提高供给结构对需求变化的适应性。经济驱动力方面，消费比例提升、投资比例下降，重视科技创新对经济增长的贡献；经济结构方面，过去的制造业份额增速减缓，第三产业产值份额提升，经济发展进入新常态，经济增长从过去的两位数增长进入 6%~8% 的中高速增长。

"十三五"期间是中国经济高速增长向高质量增长的关键时期，"十三五"规划中明确，经济保持中高速增长，在提高发展平衡性、包容性、可持续性的基础上，到 2020 年国内生产总值和城乡居民人均收入比 2010 年翻一番，全面建成小康社会。2010 年黄河流域内 69 个城市的 GDP 均值为 9585723.74 万元（已剔除价格影响），居民人均可支配收入为 1.24 万元（已剔除价格影响）。[①] 按照完成规划目标计算，2020 年黄河流域内 69 个城市 GDP 均值应达到 1917.14 亿元，居民人均可支配收入达 2.48 万元[②]。按照这个目标计算，2019 年和 2020 年的年均 GDP 增长率不能低于 1.78%，因此，这里设定 2019~2020 年 GDP 增长率为 6%。"十四五"规划中，对 GDP 增速不再设定具体目标，而是定性描述为"保持在合理区间，各年度视情提出"，这是国家在推进现代化建设过程中，从全局和整体出发，充分考虑内外部环境，经过慎重讨论、深入研究后的一次重大调整。一方面，受新冠肺炎疫情影响，全球经济低迷；另一方面，中国经济已经进入高质量发展阶段，不能简单以 GDP 增速论成果，更不能为了经济增长而牺牲生态效益。国务院发展研究中心预测 2020~2030 年中国经济将保持 4%~6% 的中低速增长，2030 年后保持 2%~4% 的低速增长。因此，本章根据"十二五"期间 7% 和"十三五"期间 6.5% 的 GDP 增速，设定"十四五"期间 GDP 增速为 6.5%。此外，根据党的十九大对实现第二个百年奋斗目标的战略部署，截至 2035 年基本实现社会主义现代化远景目标，设定 GDP 增速在 2030 年达到 6%，2035 年达到 5%，2040 年则降低到 4%。同时，为了设定不同经济增长情景，将

---

① 数据来源于黄河流域 69 个城市统计年鉴加总。
② 2020 年数据为按照规划目标和 2010 年数值估算得出。

上述基准情景下 GDP 增速上浮 0.5% 作为高速发展情景，下浮 0.5% 作为低速发展情景，具体情景参数设定如表 6-6 所示。

表 6-6　2019~2040 年黄河流域经济增长率情景参数　　　　单位：%

情景设定	2019~2020 年	2021~2025 年	2026~2030 年	2031~2035 年	2036~2040 年
低速发展情景	6.5	6.0	5.5	4.5	3.5
基准发展情景	7.0	6.5	6.0	5.0	4.0
高速发展情景	7.5	7.0	6.5	5.5	4.5

2. 人口数量

2016 年 12 月 30 日，国务院发布《国家人口发展规划（2016—2030 年）》，明确 2021~2030 年是我国人口发展的关键转折期，此期间人口总规模增长惯性减弱，预测 2020 年人口达到 14.2 亿人左右，2030 年将达到人口峰值 14.5 亿人左右。"十二五"期间，国家年均人口自然增长率保持 5‰，而黄河流域内年均人口自然增长率虽呈现波动下降趋势，但"十二五"期间平均人口自然增长率为 6.29‰，高于全国平均水平。"十三五"期间，全面放开二胎政策实施，人口出生率出现小幅上涨，"十四五"以后受育龄妇女数量减少及人口老龄化带来的死亡率上升影响，人口增长势能减弱。以此作为依据，结合 2009~2018 年流域内人口出生率与死亡率，设定基准情景，人口自然增长率 2019~2025 年为 6.0‰，2026~2030 年为 5.5‰，2031~2035 年为 5‰，2036~2040 年为 4.5‰。与经济增长类似，本章也设定了人口数量高速增长与低速增长两种情景，分别是基准情景上浮 0.5‰和下浮 0.5‰，具体的情景参数如表 6-7 所示。

表 6-7　2019~2040 年黄河流域人口增长率情景参数　　　　单位：‰

情景设定	2019~2020 年	2021~2025 年	2026~2030 年	2031~2035 年	2036~2040 年
低速发展情景	5.5	5.5	5.0	4.5	4.0
基准发展情景	6.0	6.0	5.5	5.0	4.5
高速发展情景	6.5	6.5	6.0	5.5	5.0

3. 能源消耗

2019 年，习近平总书记在河南郑州主持召开黄河流域生态保护与高质量发展座谈会，会上强调，黄河流域构成我国重要的生态屏障，是我国重要的经济地带，也是打赢脱贫攻坚战的重要区域；推动黄河流域高质量发展，要坚持绿水青山就是金山银山的理念，坚持生态优先、绿色发展。《能源发展"十三五"规划》中对能源消耗总量的控制要求是在 2020 年处于 50 亿吨标准煤以内，单位国内生产总值能耗比 2015 年下降 15%，单位国内生产总值二氧化碳排放比 2015 年下降 18%，因此选择 2020 年能源消耗总量目标为小于 1587 万吨标准煤，则 2019~2020 年的能源消耗增长率要低于 3.78%。"十四五"规划中 8 个约束性指标，其中 7 个集中在"绿色生态"和"安全保障"方面，这些约束指标都与土地利用、能源消耗息息相关，但规划中并没有能源消耗目标，因此，以缓慢增长为原则，设定 2025 年能源消耗增长率目标为 3.5%，2030 年为 3.3%，2035 年为 3.2%，2040 年为 3.0%。同样设定高速发展情景与低速发展情景，分别是基准值上浮 0.2% 和下浮 0.2%，具体的情景参数如表 6-8 所示。

表 6-8　2019~2040 年黄河流域能源消耗增长率情景参数　　　　单位:%

情景设定	2020 年	2025 年	2030 年	2035 年	2040 年
低速发展情景	3.58	3.3	3.1	3.0	2.8
基准发展情景	3.78	3.5	3.3	3.2	3.0
高速发展情景	3.98	3.7	3.5	3.4	3.2

4. 城镇化水平

2014 年发布的《国家新型城镇化规划（2014—2020 年）》明确，2020 年我国常住人口城镇化率将达到 60%，户籍人口城镇化率达 45%；《国家人口发展规划（2016—2030 年）》明确 2030 年我国常住人口城镇化率达 70%，户籍人口城镇化率达 60%。纵观黄河流域 2009~2018 年户籍人口城镇化率变化情况，2011 年流域内平均水平为 34.59%，低于同期国家水平（34.71%）[①]，2018 年流域内水平为 35.46%，低于国家同期水平（43.37%[②]）。可见，黄河流域内户籍城镇化率虽然呈现逐年递增的趋势，但是与国家平均水平的差距却在逐年扩大，2011~2018 年国家户籍城镇化率年均增长 1.237%，但黄河流域年均增长仅为 0.025%。基于此，确定 2020 年黄河流域城镇化率目标为 40%，2030 年为 50%，2040 年为 60%。继续以基准水平上浮 2% 或者下浮 2% 确定城镇化水平高速发展

① 2011—2020 年我国户籍、常住人口城镇化率［EB/OL］．［2018-07-24］．http：//data. chinabaogao.com/hgshj/2018/0H4351a32018.html.

② 参见《2018 年国民经济和社会发展统计公报》。

与低速发展两种情形，具体的情景参数如表6-9所示。

表6-9　2019~2040年黄河流域城镇化率目标情景参数　　　　单位:%

情景设定	2020 年	2030 年	2040 年
低速发展情景	38	48	58
基准发展情景	40	50	60
高速发展情景	42	52	62

5. 土地结构

《中国城市发展报告（2015）》显示，在过去的34年里，中国设市城市建设用地增长了6.44倍，年均增长率达6.27%。黄河流域近10年城市建设用地年均增长率2.85%，要比全国水平低3.42%。这主要是因为不同规模不同等级城市建设用地存在差异，大、中、小城市建设用地占比基本保持5∶2∶3的比例。但考虑到国家对18亿亩耕地红线的刚性保护、日渐紧缩的建设用地扩张支持经济发展的政策，以及建立黄河流域生态屏障的国策，黄河流域城市的建设用地增长率依旧保持较低水平，因此设定2020年目标为1.5%，2040年目标为1.1%。继续以基准水平上浮0.2%或者下浮0.2%确定建设用地增长率高速发展与低速发展两种情形，具体的情景参数如表6-10所示。

表6-10　2019~2040年黄河流域建设用地增长目标情景参数　　　　单位:%

情景设定	2020 年	2030 年	2040 年
低速发展情景	1.4	1.2	1.0
基准发展情景	1.5	1.3	1.1
高速发展情景	1.6	1.4	1.2

6. 科技进步

本章以科技财政支出占GDP比重代表科技进步，且假定城市每年的科技财政支出会促进科技进步推动土地利用效率的提升，按照国家"十四五"规划部署，坚持把科技作为财政支出的重点领域，假设黄河流域城市2009~2020年继续以年均3300万元作为增长速度，2021~2025年以年均4200万元、2026~2030年以年均5500万元、2031~2035年以年均7000万元，2036~2040年以年均9000万元作为增长速度。以上述年均增长量上浮20%和下浮20%作为科技财政支出的高速发展和低速发展情景，设定参数如表 6-11 所示。

表 6-11　2019~2040 年黄河流域科技进步情景参数　　　单位：万元

情景设定	2019~2020 年	2021~2025 年	2026~2030 年	2031~2035 年	2036~2040 年
低速发展情景	2640	3360	4400	5600	7200
基准发展情景	3300	4200	5500	7000	9000
高速发展情景	3960	5040	6600	8400	10800

（三）情景组合

基于前述情景参数的设定，本章根据对城市土地利用效率存在直接效应的三个指标，经济增长、土地结构和能源消耗划分为三种发展情景：低速发展情景、基准发展情景和高速发展情景。其中，能源消耗在城市土地利用效率测算中属于非期望产出，因此低速发展情景下能源消耗量高，高速发展情景下能源消耗量低。随后将人口数量、城镇化水平与科技进步三个指标与前面三种情景组合，最终形成 9 种发展情景，具体如表 6-12 所示。

表 6-12　发展情景组合

情景模式		GDP 增长率	建设用地增长率	能源消耗增长率	人口增长率	户籍人口城镇化	科技财政支出
低速发展	LS1	低	低	高	低	低	低
	LS2	低	低	高	中	中	中
	LS3	低	低	高	高	高	高
基准发展	BS1	中	中	中	低	低	低
	BS2	中	中	中	中	中	中
	BS3	中	中	中	高	高	高
高速发展	HS1	高	高	低	低	低	低
	HS2	高	高	低	中	中	中
	HS3	高	高	低	高	高	高

这里的低速发展情景、基准发展情景和高速发展情景是相对土地利用效率而言的，因此，非期望产出能源消耗量越大，则土地利用效率越低。再根据第五章中城镇化对城市土地利用效率的影响效应，确定城镇化正向促进城市土地利用效率，因此低速发展情景下设定户籍人口城镇化为低水平，相反，高速发展情景下

设定户籍人口城镇化为高水平。

二、情景预测与分析

将前述的9种情景参数设定输入到黄河流域城市土地利用效率系统动力学模型中,模拟不同情景下土地利用效率的发展,情景预测结果如表6-13所示。

表6-13 2019~2040年黄河流域城市土地利用效率不同情景下预测结果

年份	低速发展模式			基准发展模式			高速发展模式		
	LS1	LS2	LS3	BS1	BS2	BS3	HS1	HS2	HS3
2019	0.4804	0.4810	0.4816	0.4804	0.4810	0.4816	0.4804	0.4810	0.4816
2020	0.5006	0.5012	0.5017	0.5001	0.5006	0.5011	0.4995	0.5000	0.5005
2021	0.4906	0.4967	0.5029	0.4893	0.4953	0.5013	0.4879	0.4939	0.4998
2022	0.4820	0.4931	0.5041	0.4803	0.4911	0.5019	0.4787	0.4892	0.4998
2023	0.4753	0.4906	0.5060	0.4736	0.4886	0.5035	0.4721	0.4867	0.5012
2024	0.4705	0.4896	0.5087	0.4694	0.4879	0.5065	0.4686	0.4866	0.5046
2025	0.4679	0.4903	0.5127	0.4680	0.4896	0.5112	0.4686	0.4894	0.5103
2026	0.4733	0.5000	0.5267	0.4750	0.5006	0.5262	0.4776	0.5022	0.5267
2027	0.4807	0.5111	0.5415	0.4847	0.5137	0.5428	0.4899	0.5176	0.5454
2028	0.4901	0.5238	0.5575	0.4972	0.5292	0.5612	0.5059	0.5363	0.5668
2029	0.5019	0.5385	0.5750	0.5128	0.5473	0.5819	0.5260	0.5586	0.5913
2030	0.5162	0.5552	0.5942	0.5317	0.5684	0.6051	0.5503	0.5849	0.6194
2031	0.5381	0.5804	0.6228	0.5589	0.5986	0.6383	0.5838	0.6209	0.6581
2032	0.5608	0.6061	0.6515	0.5877	0.6300	0.6724	0.6199	0.6593	0.6988
2033	0.5842	0.6322	0.6803	0.6182	0.6628	0.7074	0.6587	0.7001	0.7415
2034	0.6082	0.6587	0.7092	0.6501	0.6968	0.7434	0.7001	0.7432	0.7863
2035	0.6326	0.6854	0.7381	0.6834	0.7319	0.7803	0.7440	0.7885	0.8330
2036	0.6625	0.7185	0.7745	0.7225	0.7738	0.8251	0.7944	0.8413	0.8882
2037	0.6918	0.7509	0.8101	0.7621	0.8159	0.8698	0.8465	0.8955	0.9445
2038	0.7206	0.7826	0.8445	0.8019	0.8581	0.9142	0.8998	0.9507	1.0016
2039	0.7485	0.8131	0.8778	0.8416	0.8999	0.9582	0.9542	1.0067	1.0593
2040	0.7753	0.8425	0.9096	0.8810	0.9413	1.0016	1.0093	1.0633	1.1175

下面以趋势图的形式绘制2019~2040年黄河流域城市土地利用效率仿真结

果，如图 6-8 所示，整体而言，9 种情景下黄河流域城市土地利用效率仿真结果逐年递增，且低速发展模式的 3 种情景在 2040 年都没有达到土地利用有效状态，LS1 情景下 2040 年土地利用效率值最小（0.7753），HS3 情景下 2040 年土地利用效率值最大（1.1175），LS1<LS2<LS3；而高速发展模式的 3 种情景在 2040 年均达到土地利用有效状态，且 HS1<HS2<HS3。基准发展模式下，只有 BS3 情景下城市土地利用效率在 2040 年达到有效状态，其余 2 种情景在 2040 年均未达到土地利用效率有效状态。同时，人口数量、城镇化水平与科技进步三项非直接参与测算指标对城市土地利用效率也存在影响，在高速发展模式下，低水平的人口数量、城镇化水平和科技进步影响城市土地利用效率缓慢增长，预测结果 2040 年达到有效状态，高水平的人口数量、城镇化水平和科技进步影响城市土地利用效率快速增长，预测结果显示 2038 年达到有效状态。

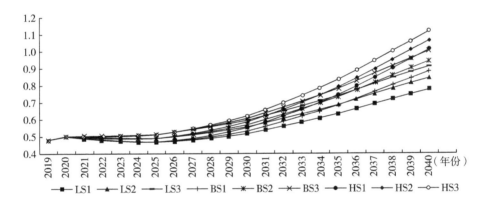

图 6-8　2019~2040 年黄河流域不同情景下城市土地利用效率仿真结果趋势图

从 2019~2040 年的年均增长率分析，低发展模式到高发展模式的 9 种情景中，2019~2040 年黄河流域城市土地利用效率年均增长率分别为 2.33%、2.72%、3.09%、2.97%、3.27%、3.57%、3.64%、3.89% 和 4.12%，LS1/BS1/HS1<LS2/BS2/HS2<LS3/BS3/HS3。除了非期望产出能源消耗量以外，其他变量对城市土地利用效率都正向促进，因此在情景 HS3 中土地利用效率增长最快，预测结果最先达到有效状态。

图 6-9 是 2019~2040 年黄河流域不同情景下能源消耗总量仿真结果，可以发现，9 种模拟情景下一共产生 3 种能源消耗总量仿真结果，说明人口数量、城镇化率和科技进步 3 个指标对仿真模型中的能源消耗总量几乎没有影响，因此

HS1、HS2 和 HS3 3 种情景仿真结果覆盖了 LS1（BS1）、LS2（BS2）和 LS3（BS3）情景仿真结果。而且，3 种发展模式 9 种情景下 2020 年单位生产总值能耗比 2015 年分别下降 15.24%、15.24%、15.24%、15.13%、15.13%、15.13%、15.02%、15.02%和 15.02%，均满足《能源"十三五"规划》中 15%的要求，但高速发展情景下，能源消耗总量增长最慢。同样，地均碳排放总量在 2040 年的仿真结果显示：LS>BS>HS，高速发展情景下地均碳排放总量也最小。人均碳排放量在 9 种情景下的排序为：LS1>LS2>LS3>BS1>BS2>BS3>HS1>HS2>HS3。

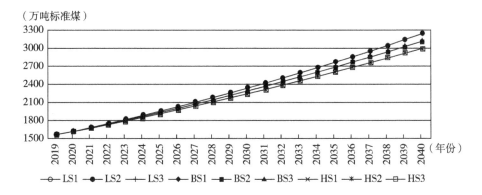

图 6-9　2019~2040 年黄河流域不同情景下能源消耗总量仿真结果趋势图

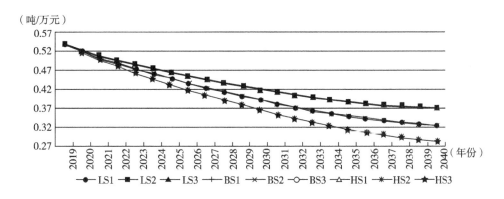

图 6-10　2019~2040 年黄河流域不同情景下碳排放强度仿真结果趋势图

对于碳排放强度指标，6 个参数变量均产生影响（见图 6-10）。从低发展模式到高发展模式 9 种情景的碳排放强度仿真结果均呈现下降趋势，LS1~LS3 情景的下降幅度最小，2019~2040 年共下降了 0.17 吨/万元，HS1~HS3 情景的下降幅度最大，2019~2040 年共下降了 0.26 吨/万元。而且，3 种发展模式下 2020 年单位国内生产总值能源消耗量分别是 2015 年单位国内生产总值能源消耗量的 15.35%、15.63% 和 15.90%，未能满足《能源发展"十三五"规划》中 18% 的要求。因此，即使在低速发展模式下，依旧要采用其他措施促进碳排放强度的减少。9 种情景下 2020 年碳排放强度比 2009 年碳排放强度平均减少 48.99%，基准发展模式与高速发展模式下 2030 年碳排放强度比 2009 年碳排放强度平均减少 60% 以上，低速发展模式下 2030 年碳排放强度比 2009 年碳排放强度减少 58.71%，根据推算，2005 年黄河流域碳排放强度一定高于 2009 年，因此，系统仿真结果满足中国在联合国气候峰会上的承诺。但是据前述推算国家 2020 年碳排放强度目标值为 0.4456 吨/万元分析，黄河流域碳排放强度 2020 年仿真结果为 0.5214 吨/万元，未达到国家目标值。因此，虽然黄河流域碳排放强度在本区域内 2020 年比 2005 年下降了 45% 以上，2030 年比 2005 年下降了 60% 以上，但是对比全国碳排放强度水平，黄河流域碳排放强度更高。所以，尽管黄河流域碳排放强度满足流域内碳控目标，但是由于流域内整体碳排放强度水平高于全国水平，因此流域内的碳减排政策自 2009~2040 年持续执行。

同理可以分析第二、第三产业从业人数，建设用地比重，科技财政支出占 GDP 比重，地均财政收入和地均 GDP。①低速发展模式、基准发展模式和高速发展模式下，第二、第三产业从业人数在 2040 年分别为 59.12 万人、61.05 万人和 63.00 万人，仿真系统中未设置人口数量、城镇化率和科技进步对第二、第三产业从业人数产生的影响。②科技财政支出占 GDP 比重显示：LS1/BS1/HS1 < LS2/BS2/HS2 < LS3/BS3/HS3，而且低速发展模式 > 基准发展模式 > 高速发展模式，但无论哪种情景下，黄河流域科技财政支出占 GDP 比重均不足 0.3%，远低于 2009~2040 年国家水平 2.957%（见图 6-11），因此，黄河流域城市为了提高土地利用效率，可以采用技术进步的方式，而非局限于经济效益提升单方面。③地均财政收入、地均 GDP 和建设用地比重 2040 年仿真结果显示：LS1/LS2/LS3 < BS1/BS2/BS3 < HS1/HS2/HS3。而且，从图 6-11 中可以清楚地看出，2009~2018 年黄河流域内地均财政收入和建设用地比重均低于全国水平，但地均 GDP 高于全国平均水平，说明黄河流域内城市建设用地依旧有提升空间，但是如何合理规划建设用地成为黄河流域城市发展的主要思考方向。

此外，从低碳政策和高效土地利用政策两个指标的仿真值看，9 种模式下 2010 年、2012 年和 2019 年之后都需要实施低碳政策，说明黄河流域内土地利用过程中为了满足全国 2020 年和 2030 年的碳减排目标，低碳政策必不可少；9 种情景下高效土地利用政策在 2038 年之前都要始终保持。

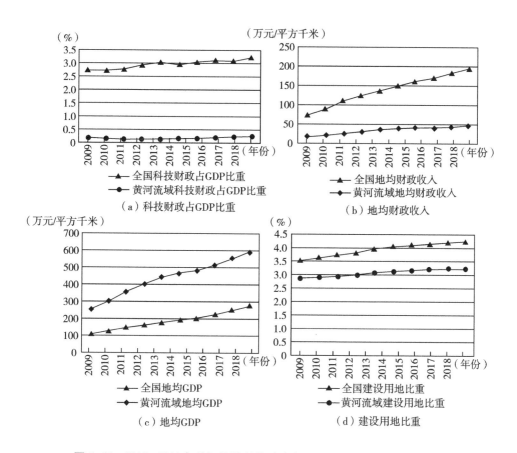

图 6-11　2009~2018 年黄河流域科技财政占 GDP 比重、地均财政收入、

地均 GDP 及建设用地比重与全国水平对比

三、跨情景对比分析

（一）LS1-BS1-HS1 对比

第一种模式下的三种情景主要区别是城市土地利用效率测度指标的不同，人口自然增长率、城镇化率和科技财政支出三个指标在三种情景下相同。LS1 情景下 GDP 增速、建设用地增速均较低，但能源消耗增长率较高，根据本书对城市土地利用效率测算的定义，这类模式要比基准和高速两种模式的土地利用效率值

偏低，模型仿真结果验证了这一结论，2040 年土地利用效率仿真值 LS1（0.7753）<BS1（0.8810）<HS1（1.0093），HS1 情景下 2019~2040 年土地利用效率增长量比 LS1 情景下提升了 0.2340。

（二）LS2-BS2-HS2 对比

第二种模式下的三种情景中，GDP 增长率、建设用地增长率和能源消耗增长率均采用基准水平，即满足国家"十三五"和"十四五"规划中的相关发展计划，同时考虑黄河流域 2009~2018 年三类指标的增长趋势，人口自然增长率、城镇化率和科技财政支出三个指标也按照黄河流域和国家相关发展趋势确定，整体水平居于三种模式下的中间水平。仿真结果验证，2040 年土地利用效率仿真值 LS2（0.8425）<BS2（0.9413）<HS2（1.0633），说明 GDP 增长率、建设用地增长率和能源消耗增长率依旧是影响城市土地利用效率的主要因素，其他指标虽然也具有影响效果，但影响不大。

（三）LS3-BS3-HS3 对比

第三种模式下的三种情景中，GDP 增长率、建设用地增长率和能源消耗增长率均采用较高水平，即在基准水平上分别上浮 0.5%、0.1% 和 0.2% 水平得到。2040 年土地利用效率仿真结果显示：LS3（0.9096）<BS3（1.0016）<HS3（1.1175），进一步验证了前面的结论。

（四）LS1-LS2-LS3、BS1-BS2-BS3、HS1-HS2-HS3 对比

三种情景下 GDP 增长率、建设用地增长率和能源消耗增长率均相同，但是人口自然增长率、城镇化水平和科技财政支出逐个递增。仿真结果显示，三种情景下土地利用效率年均增长率由大至小顺序为：LS3/BS3/LS3>LS2/BS2/LS2>LS1/BS1/HS1，说明人口增多、城镇化水平提高与科技财政支出增加整体水平提高对土地利用效率提升具有促进作用。但是在低速发展模式下三个非测算指标对土地利用效率的促进作用要强于高速发展模式，LS 模式下提升了 0.1331，BS 模式下提升了 0.1194，HS 模式下提升了 0.1070。

为了分析人口自然增长率、城镇化率和科技财政支出对城市土地利用效率的影响是否可以改变相同模式下城市土地利用效率的增长速率，尝试在高质量发展模式（HS）下，将人口自然增长率、城镇化率和科技财政支出分别提高或者降低 2%、5% 和 50% 比例后进行系统仿真，仿真结果如图 6-12 所示，可以发现，高值情景下土地利用效率增长率依旧最大。图 6-12 中，高值情景>基准情景>低值情景，说明其他非测算指标对城市土地利用效率虽具有影响力，但没有改变其

变动趋势，高值发展情景下最高，低值发展情景下最低。

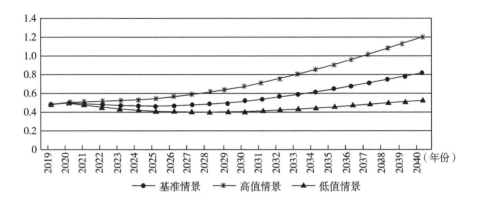

图 6-12 2019~2040 年黄河流域提高人口数量、城镇化率和科技财政支出情景下仿真结果

四、优化路径选择

由前文 3 种发展模式 9 种情景的分析可知，高速发展模式下 3 种情景分别在 2040 年、2039 年和 2038 年达到土地利用效率有效状态，低速发展模式下 3 种情景中黄河流域 2040 年依旧没有达到土地利用效率有效状态。因此，从提高城市土地利用效率角度选择路径，优先选择高速发展模式，即 GDP 高速增长、建设用地投入多、能源消耗少的模式。进一步从各情景的能源消耗总量与 GDP 仿真结果分析，低速发展模式下的能源消耗总量高，高速发展模式下的能源消耗总量低，且 2020 年单位生产总值能源消耗量未能满足《能源发展"十三五"规划》中的要求。因此，选用高速发展模式时，还要优化能源消耗结构比例，以及继续降低黄河流域能源消耗增长率，但是仿真模型中未设置不同种类能源消耗增长率以及能源结构分配情况，在此不做进一步分析。从各情景的碳排放强度仿真结果分析，黄河流域内各城市 2020 年碳排放强度比 2009 年下降了 48.99%（9 种情景平均值），2030 年碳排放强度比 2009 年下降了 61.43%（9 种情景平均值），满足流域内碳排放强度控制目标。但是由于黄河流域内碳排放强度总体水平高于全国水平，因此，黄河流域内需持续实施低碳政策。从土地、能源使用两个角度仿真碳排放总量结果，9 种情景仿真结果显示研究区域内碳排放总量持续增加，且 LS＝BS＝HS，LS1、BS1 和 HS1 情景下碳排放总量 2019~2040 年增长最多（1245.13 万吨），LS3、BS3 和 HS3 情景下碳排放总量 2019~2040 年增长最少

（1061.44 万吨），更进一步说明选择高速发展模式最佳。由于仿真模型仅考虑了碳源的情况，未分析流域内碳汇量的变化，所以对于 2030 年是否达到碳排放峰值，还需进一步优化仿真系统研究。

为了进一步验证能源消耗率对区域土地利用效率的负向影响作用，将 GDP 增长率、建设用地增长率、人口自然增长率、城镇化率以及科技财政支出都按照高速发展模式设置情景，仅变动能源消耗增长率，仿真结果发现，低能源消耗率情景下 2040 年区域土地利用效率为 1.2030，基准能源消耗率情景下 2040 年区域土地利用效率为 1.1977，高能源消耗率情景下 2040 年区域土地利用效率为 1.1926。2019~2022 年的预测区间内，高能源消耗率情景下土地利用效率比低能源消耗率情景下仅高 0.0104，但碳排放强度却降低了 0.0237 吨/万元。说明能源消耗率对区域土地利用效率虽然具有效果不显著负向影响作用，但是却产生了明显的碳减排目标。这个结论为黄河流域内持续采用降低能源消耗措施提供了实证依据。

在确定使用高速发展模式（HS）后，进一步分析人口数量、城镇化水平和科技财政支出对促进黄河流域内城市土地利用效率，以及碳排放总量和碳排放强度对土地利用效率的影响效果。仿真结果显示，三个指标的值越高，区域城市土地利用效率增长越快，因此，在选择高速发展模式的同时，也可以通过改变区域内的社会、经济和环境效益提升区域城市土地利用效率。人口数量增长方面，一方面可以借助人口生育政策积极促进人口出生率增加，另一方面可以提供更好的养老保障措施，降低黄河流域内人口自然死亡率。更重要的是，从人口质量及数量两个方面实施人才引进措施，吸引黄河流域外人才进入区域工作，既增加了人口数量，又提高了人口质量，对促进黄河流域内城市土地利用效率提升具有正向促进作用。城镇化水平方面，一方面可以提升户籍人口城镇化水平（仿真模型），另一方面可以提升土地城镇化水平（借鉴吴一凡、卢新海关于土地城镇化水平的定义，采用流域内平均城镇村及工矿用地+交通运输用地与流域内平均面积之比即建设用地比重），全面提高流域内城镇化水平促进区域土地利用效率提升。科技财政支出方面，全国科技财政支出 2009~2018 年平均增长 620.24 亿元，黄河流域科技财政支出虽然也呈现递增趋势，但是增长量较小，流域内科技财政支出占 GDP 的比重 2009~2018 年平均值为 0.175%，远低于国家科技财政支出占 GDP 的比重 2.957%，科技进步作为社会经济发展的主要驱动力，提升其支出比重对社会经济发展具有直接促进作用，更进一步促进区域土地利用效率提升。

第七章 低碳经济导向下的黄河流域土地利用效率提升探索

　　土地作为人类经济活动、社会发展的载体，其集约节约利用一直是人类关注的焦点，长期以来我国人多地少的现实问题困扰着城市发展，在经济效益的驱动下，很长时间处于土地城镇化快于人口城镇化的发展态势。黄河流域相比较发达的东部区域，人口密度压力虽然偏低，但受气候与自然条件影响，土地的自然属性较差，经济属性更多借助地下资源获取。因此，黄河流域69个城市虽地域辽阔，但生态环境脆弱，受自然地形与水土资源限制，城市建设可利用土地并不多，土地利用的分散性加剧了土地利用效率低速发展。

　　党的十八大以后，中国经济从高速发展进入高质量发展的转型阶段，低碳约束成为经济转型发展的主要动力，此外，土地成本、人口流失、生态环境约束等也给黄河流域城市土地利用效率提升带来了新的压力，伴随"黄河流域生态保护和高质量发展"战略的实施，研究区间内黄河流域城市土地利用效率各自呈现不同的增长速度，平均增速为3.825%；但土地利用效率总体水平偏低（0.4655），且下游>上游>中游，8个省会城市的土地利用效率值相对较高，资源型城市的土地利用效率值低于非资源型城市，城市土地利用效率不存在完全的经济规模等级递增效应。主要结论如下：

　　（1）黄河流域69个城市的土地利用效率之间存在邻近正效应，但整个流域内强弱交替变化特征不明显；黄河流域及其上、中、下游的土地利用效率存在 σ 收敛性、绝对 β 收敛性和条件 β 收敛性，各城市土地利用效率值趋于稳态，且离散程度逐年缩小。

　　（2）黄河流域土地利用全要素生产率指数呈现增长趋势，且技术规模变化指数正向影响土地利用全要素生产率指数，而投入偏向型技术进步与产出偏向型技术进步负向影响土地利用全要素生产率。黄河流域全域、上游和下游的土地利用生产率指数也具有 σ 收敛性、绝对 β 收敛性和条件 β 收敛性，城市土地利用生产率指数具有"追赶效应"。

（3）黄河流域城市建设用地绿色利用效率整体呈现递增趋势，且中游>上游>下游，空间分布上显示正相关关系，高—高集聚区主要集中在上游，低—低集聚区主要分布在下游；空间计量分析下，无论是邻接空间权重、距离空间权重下还是经济距离空间权重下，黄河流域建设用地绿色利用效率均存在正向空间溢出效应，土地市场化与土地供应结构抑制本地建设用地绿色利用效率提升，产业结构优化既促进本地也促进周边城市建设用地绿色利用效率提升。

（4）产业集聚对城市土地利用效率的影响受产业专业化与产业多样化之间的制约作用决定。二产专业化程度越高，产业多样化对城市土地利用效率的调节灵敏度越低，三产专业化程度越高，产业多样化对城市土地利用效率的调节灵敏度越高。但是产业结构对城市土地利用效率的影响作用并不显著，产业多样化增强了产业结构对城市土地利用效率的抑制作用，同时，产业专业化与多样化之间的制约作用在资源型城市内增强。

（5）人口城镇化、土地城镇化与土地利用全要素生产率之间存在倒"U"型的非线性关系，且具有区域差异性，人口城镇化对土地利用全要素生产率的影响因土地城镇化发展阶段不同存在双门槛效应，随着土地城镇化的提升，人口城镇化对土地利用全要素生产率的影响由正及负，而土地城镇化对土地利用全要素生产率的影响因人口城镇化发展影响虽存在门槛效应，但影响方向始终为正。

（6）黄河流域内的经济增长始终促进土地利用效率的提升，土地财政却抑制土地利用效率的提升，而且经济增长还可以通过促进土地财政影响土地利用效率，但土地财政却不能通过促进经济增长影响土地利用效率。同时，黄河流域内的土地财政与经济增长之间具有土地利用效率的双门槛效应，当土地利用效率值较低时，土地财政抑制经济增长，当土地利用效率值较高时，土地财政促进经济增长。

（7）利用系统动力学模型仿真，结果显示，黄河流域城市土地利用碳排放量逐年递增，且 2030 年未达到碳达峰状态，但是 2017 年后土地利用碳排放强度增长量逐年递减。同时，人均碳排放量、地均碳排放量也呈现缓慢增长态势。分情景预测结果显示，高速发展情景下，2040 年黄河流域城市土地利用效率达到有效状态；9 种情景下 2020 年碳排放强度比 2009 年碳排放强度平均减少

48.99%，黄河流域碳排放强度在本区域内 2020 年比 2005 年下降了 45% 以上，2030 年比 2005 年下降了 60% 以上。

（8）根据不同情景下黄河流域土地利用效率仿真分析，可以发现随着社会经济发展，黄河流域城市土地利用效率后期也呈现逐年增长趋势，但在不同低碳约束的情景下，土地利用效率达到有效状态时间不同，而且流域内碳达峰实现时间也不同。

基于以上结论，结合黄河流域生态保护与高质量发展目标、"十四五"规划要求，本书考虑从土地利用的规划体系、利用方式、协调发展、低碳发展等角度提出建设性建议。

第一节　建立低碳经济导向的多规协同发展体系

中国国土面积虽然很大，但是可以被农、林、牧、副各业和城乡建设利用的土地仅占全国土地面积的 70%，再加上南北方的土地特征差异，截至 2020 年黄河流域 69 个城市中仅未利用土地面积依然占流域行政面积的 18.40%。可以发现，黄河流域平原少、山地多，可以开发利用的土地占比更小，特别是黄河流域中游的土地环境问题，如水土流失、土地沙化、盐渍化、石漠化、土壤污染、肥力下降等，直接导致黄河流域土地生态更加脆弱，因此，黄河流域发展低碳经济、推进生态文明建设势在必行。

根据"三生"空间协同原则，以黄河流域生态保护与高质量发展为目标，落实低碳经济导向与区域一体化的战略指导思想，借助空间规划平台，将城市总体规划、国民经济和社会发展规划、土地利用规划三者协同。严格落实流域内耕地保护政策与优化基本农田政策，合理规划黄河流域生态保护区，适度建立生态保护缓冲区。努力建立黄河流域一体化与土地高效利用融合发展的规划体系。

（1）建立黄河流域水土利用协同发展委员会，通过流域内多边谈判，实现区域一体化的多规合一体系确定流域内不同城市的定位与发展。避免邻近城市相似产业之间的不良竞争，建立流域内均衡发展的产业链条。建立流域内土地开发利用不平衡的生态补偿机制，确保黄河流域上游维持良好的涵养水源功能，补偿中游水土流失治理的经济损失。

（2）加强区域内生态保护与生态文明建设理念的推广，在城市治理中植入绿色环保的生态理念和生态优先的营商与创业环境①。各级政府、企事业单位及个人认真贯彻、落实、领会生态安全对全域发展的深远影响。土地利用转型以促进低碳经济的高效土地利用效率为基本目的，避免盲目出让土地扩张城市建设。

第二节　构建空间联动发展机制的土地利用模式

根据前文结论，不管是黄河流域全域还是其上、中、下游内，城市土地利用效率均存在空间相关性与空间溢出效应，再加上城市新旧动能要素、信息流等在城市之间的流转，增加了土地资源开发利用的空间外部性，也使得流域内各城市的土地开发利用不能"独善其身"。因此，应淡化城市行政区域边界的限制，打破狭隘的地区发展观，构建黄河流域土地联动发展机制，利用好城市之间的正向空间溢出效应，加强流域内城市土地开发、利用管理、社会经济发展等的合作与交流。充分发挥中心城市都市圈的引领带动作用，构建城际之间的协调联动发展机制，不仅可以推进城际之间人力、资本、新旧动能等要素的空间流动性，发挥城市发展中的扩散效应、示范效应与分工效应，而且可以促进黄河流域经济带形成"生产—生活—生态"的三生共同体，找到黄河流域生态环境保护与经济高质量发展之间的土地利用平衡点。

"十四五"规划中关于国土空间开发保护格局的内容中提到，要立足地区资源环境承载能力，发挥比较优势，促进土地利用要素的合理流动与高效集聚，建立不同地区的主体功能明显、优势互补、高质量发展的国土空间开发保护格局（蒋海舲，2021）。因此，各级政府在制定城市土地利用开发与生态环境治理政策时，不仅需要考虑本地区的开发条件、环境约束等，还需要考虑资源要素投入对周边城市的溢出效应，构建流域内联防联控生态污染治理体系，保证土地利用开发项目与生态环境保护同时开发、建设与验收，保证土地利用与生态保护的区域一体化，充分发挥城市土地利用效率的空间正相关

---

① 参见《中国城市发展报告（2015）》。

性，促进本地与周边地区的协同发展。此外，由于黄河流域各城市土地利用效率值的差异性分布，可以将效率值相对较高的省会城市作为抓手，带动省内其他城市提高土地利用效率，创新经济发展方式。不同城市的土地利用路径选择上既考虑土地利用效率的空间异质性，也考虑空间相关性，积极推动下游低—低集聚区的山东半岛城市群、中原城市群转变土地利用效率增长速度，逐步进入高—低或高—高集聚区；积极发挥经济增长对城市土地利用效率的促进作用。

一、以城市群、经济带建设推动区域联动与合作

由于黄河流域城市土地利用效率存在收敛性，说明各城市用地效率不仅存在区域差异，而且还会趋同，因此区域联动与合作非常有必要。首先，可以建立人才培训、技术培训等共享平台，加快新理念、新技术、新政策在区域内实现要素流动；其次，重视区域内统防统治、齐抓共管，避免因一个地区的土地利用污染或者环境政策滞后导致污染转移的负溢出效应。

二、加强土地利用监管机制，合理控制用地规模

黄河流域土地利用效率主要依赖规模效率，因此，土地粗放利用现象依然存在，土地利用获批后，要多部分分工协作，建立共同责任机制，协同监管土地使用用途，加强动态巡查监管，对于擅自改变土地用途或者恶意破坏土地生态的单位，可以采用经济惩罚直至收回土地使用权。

第三节　实现土地利用效率与城镇化协调发展

建立以"人地挂钩"思想为中心的黄河流域城镇化发展模式，黄河流域土地利用效率提升主要依赖规模效应推动，虽然研究时期内土地城镇化与人口城镇化发展处于较合理的范围，但是 2009～2018 年建设用地增长 7300 平方千米，相对于有下降趋势的人口城镇化，建设用地增长规模与人口规模实现良性互动显得尤为重要。同为土地利用效率的投入要素，人口城镇化不仅需要数量更需要质量的提升，应满足地区土地利用效率提升对技术进步的人才需求，实现区域内土地

利用效率与城镇化的协调发展，避免土地城镇化超速发展导致人口要素转变为人口压力，抑制土地利用效率提升。

一、构建"城乡融合"的土地利用方式

2019 年 5 月，中共中央、国务院发布《关于建立健全城乡融合发展体制机制和政策体系的意见》，"城乡融合"发展成为新时代高质量发展经济体系中一个重要举措。推动"城乡融合"发展的土地利用，是一项系统性、集成性的改革，需要在更广的空间对各类土地投入要素进行统筹合理配置，通过优化城乡空间布局，构建城乡空间集聚新格局，公平、合理地利用土地是破解城乡发展不平衡、不协调的"钥匙"。提高城市存量土地利用效率、整治农村土地利用散乱低效问题，通过城乡空间再造、产业空间再造、生活空间再造、生态空间再造的土地利用方式，促进"城乡融合"一体化发展。

二、优化城市内部土地资源配置，提升产业多样化

土地开发利用的实质是实现土地资源的优化配置，如何在社会经济发展与土地用地结构之间实现需求均衡，是提升土地利用效率的关键，可以通过要素投入的更新匹配产业用地，淘汰土地资源消耗大的落后产能，创新土地资源价值，推进土地供给侧结构性改革，实现产业结构优化，促进产业多样化，提升城市土地利用效率。黄河流域内各城市根据自身经济发展与城市资源占有情况，通过建立符合社会发展的合理产业结构，调整用地产业的多样化和专业化缩小不同城市之间的土地利用效率差距。

三、开展存量用地增效建设或者低效减量化

黄河流域各城市应针对目前的低效工业用地、零星宅基地开展增效或低效减量建设，建立统一的、合理的城镇土地利用效率评估指标体系，同时定期开展定量评估，将存量低效用地进行增效建设，或者通过土地整治、复垦等手段改变土地利用结构，减少土地生态安全隐患，增加城市优质土地资产。此外，对于新增建设用地，在土地利用转型初期，就预估土地利用效率与当期城市建设相符合，然后准予土地利用转型。

第四节 鼓励发展低碳工业，提高建设用地效率

黄河流域 69 个城市中 35 个为资源型城市，且主要分布在中游地区，这些城市经济发展动力主要来源于能源消耗型的工业生产。而在生态文明建设的推动下，城市土地利用效率的提升不能一味使用经济效益指标衡量，生态或者环境绩效甚至成为土地利用效率的显著负向指标，因此，控制土地碳排放与促进土地经济产出成为一对既对立又统一的矛盾体。随着工业进程的加速，低能耗、低污染、低排放形式的低碳工业发展模式应运而生，这种模式要求工业企业提高能源利用效率、开发清洁替代能源、追求绿色 GDP 产出，低碳工业对黄河流域内城市特别是流域内资源城市提出新的约束。

一、限制低碳效率企业经营、鼓励减碳创新

在严格的环境规制政策下，很多存量土地上低碳效率类企业陷入经营困境，采用清洁技术提升低碳效率、转型清洁型产业是这类企业维持生存的关键，对生产企业的低碳约束不仅可以淘汰落后产能、降低地区碳排放量，而且可以通过培育新型产业、优化产业结构与土地利用结构提升城市土地利用效率。

黄河流域的能源消耗以煤炭、石油和天然气为主，从生产结构看，煤炭是黄河流域生产能源的主要类型，从消费结构看，煤炭消费尽管在逐年递减，但截至 2020 年依旧处于 78.40% 的水平。很多城市（鄂尔多斯、平朔等）借助煤炭产能发展工业化，但在"双碳"背景下，碳密集产业绿色低碳转型势在必行。首先，开展能源供给侧、需求侧绿色革命，开发和生产可再生能源类型，改变能源消费结构，转换新旧动能，推动能源利用效率提升；其次，践行低碳战略，培育关键低碳技术新兴产业，摆脱高污染、高排放的传统发展路径；最后，进行工业企业内部碳汇生产，一方面利用先进手段封存工业碳排放，另一方面竭尽所能提升企业用地绿色覆盖率。

二、利用碳交易实现流域内碳排放总量控制

2017 年底中国启动碳排放权交易，成为助推中国实现碳达峰、碳中和的核

心政策工具。碳交易以市场为基础，是一种具有成本效益的减排激励机制，与之前解决环境成本外部性的排污税相比，碳交易可以更全面、更系统地实现跨区域碳排放总量控制，激发企业自主降低排污量、进行自我技术革新，或者加速创新技术的交流与引入，实现生态环境与经济发展的双赢。对土地利用效率而言，产出要素中的生态效益与经济效益均得到提升，也推动了城市发展的技术进步，使得土地利用效率的提升既来自规模效率也来自技术效率。

第五节　大力发展低碳农业，保护林草地，增加碳汇

受干旱、半干旱气候影响，黄河流域 69 个城市中有 132.9 万平方千米的林草地、25.4 万平方千米的耕地与园地，分别占流域土地面积的 53.27%、27.62%。扩大的林草地面积会直接增加流域内碳汇，贡献流域内碳中和目标，但是耕地面积的增加却扩大了碳源，而且随着各种化肥的使用，越来越多的农民不愿意使用有机肥种植，不仅削弱农作物的生产能力，而且会对土壤的结构与理化性造成损害，导致土壤养分失调，加剧环境污染。因此，对于非建设用地土地利用效率的提升，主要考虑农业生产转型升级，通过提升农业技术、增加农业产出避免耕地碳源增大，通过开垦大量未利用土地建成林草地，增加碳汇。

一、加快推进农业生产转型升级

推进农业生产转型升级关键要推行低碳、节能环保的生态高值农业。黄河流域受气候影响，大部分地区的农业种植为一季，因此，提高农业技术增加产量是最好的方法，各地政府应该积极引导农民引进先进种植方式或者种植物种，创新发展农业循环经济，重点发展"畜牧养殖—有机肥处理—作物种植—作物废弃物资源再利用"四位一体的循环农业模式。其中第二、第四阶段需要借助政府支持实现产业化和规模化，而农牧民则专注第一、第三阶段。有机肥处理、废弃物再利用可以集体所有制企业形式存在，并享受政府的补贴，让更多的农民愿意参与到农药、化肥减量增效的建设中，实现无公害、绿色农产品的种植。这种循环模式还可以帮助农民形成农业发展产业链，既保证了农业产值的提高，又以产业管理的方式限制了农业废弃物对环境的污染。

二、开垦未利用土地建成林草地

2009~2018 年黄河流域土地利用最大转出类型是草地，面积约 47363.03 平方千米，而且 2014 年以前耕地转为建设用地面积也在增加，说明流域内的土地城镇化目前还是以改变耕地、草地为主。今后，各地区要积极开发和利用未利用土地，治理荒草地、沙地为林草地，在盐碱地、沼泽地种植耐寒、抗盐的林作物，各类生态防护工程或者治理工程要以流域的整体空间规划为依据，避免出现各城市分界区域无人问津或者重复投入建设的局面；还可以加强流域内部之间生态治理的交流与协作，树立典型生态保护区域，促进治理技术和治理政策的学习和借鉴。

参考文献

［1］ Andersen P, Petersen N C. A Procedure for Ranking Efficient Units in Data Envelopment Analysis ［J］. Management Science, 1993, 39 （10）: 1261-1264.

［2］ Anselin L. Spatial Econometrics: Methods and Models ［M］. Boston: Kluwer Academic, 1988.

［3］ Arellano M, Bond S. Some Tests of Specification for Panel Data: Monte Carlo Evidence and an Application to Employment Equations ［J］. Review of Economic Studies, 1991 （1）: 277-297.

［4］ Baross P, Mesa N. From Land Markets to Housing Markets: The Transformation of Illegal Settlements in Medellin ［J］. Habitat International, 1985, 10 （3）: 153-170.

［5］ Benabdallah S, Wright J R. Multiple Subergion Allocation Models ［J］. Journal of Urban Planning and Development, ASCE, 1992, 118 （1）: 24-40.

［6］ Chafer M, Wright G L. An Analysis of Land Capability Assessment Using Remotely Sensed Date ［C］. The Australian Remote Sensing Conference Proceedings, 1994.

［7］ Charnes A, Cooper W W, Rhodes E. Measuring the Efficiency of Decision-making Units ［J］. European Journal of Operational Research, 1979, 3 （4）: 339.

［8］ Choi Y, Wang N. The Economic Efficiency of Urban Land Use with a Sequential Slack-Based Model in Korea ［J］. Sustainability, 2017, 9 （79）: 1-12.

［9］ Cooper W W, Pastor J T, Borras F, et al. BAM: ABounded Adjusted Measure of Efficiency for Use with Bounded Additive Models ［J］. Journal of Productivity Analysis, 2011, 35 （2）: 85-94.

［10］ Cooper W W, Li S, Seiford L M, et al . Sensitivity and Stability Analysis in DEA: Some Recent Developments ［J］. Journal of Productivity Analysis, 2001, 15 (3): 217-246.

［11］ Copeland B R, Taylor M S. Trade, Growth and the Environment ［J］. Journal of Economic Literature, 2004, 42 (1): 7-71.

［12］ Deilman C, Hennersdorf J, Lehmann I, et al. Data Envelopment Analysis of Urban Efficiency-interpretative Methods to make DEA a Heuristic Tool ［J］. Ecological Indicators, 2017, 84: 607-618.

［13］ Delavar M, Moridani S A, Kazemkhah S, et al. The Analysis of Urban Sustainable Development Process and Effective Indicators in its Evaluation ［J］. Journal of Social Issues & Humanities, 2014, 2 (12): 116-130.

［14］ Devi L M, Bandooni S K, Negi V S, et al. Monitoring Urban Expansion of Thoubal, Manipur ［M］. India: Springer International Publishing, 2017.

［15］ Do Q, Iyer L. Land Titling and Rural Transition in Vietnam ［J］. Economic Development and Cultural Change, 2008, 56 (3): 531-579.

［16］ Duranton G, Overman H G. Testing for Localization Using Micro-Geographic Data ［J］. Review of Economic Studies, 2005, 72 (4): 1077-1106.

［17］ Elhorst J P. Specification and Estimation of Spatial Panel Data Models ［J］. International Regional Science Review, 2016, 26 (3): 244-268.

［18］ Ellison G, Glaeser E L. Geographic Concentration in U. S. Manufacturing Industries A Dartboard Approach ［J］. Journal of Political Economy, 1997, 105 (5): 889-927.

［19］ Erkan N E. A Framework Proposal for Analysis of Urbanization Policy ［J］. European Scientific Journal, 2017, 13 (14): 24-30.

［20］ Fare R, Grifell-Tatj E, Grosskopf S, et al. Biased Technical Change and the Malmquist Productivity Index ［J］. Scandinavian Journal of Economics, 1997, 99 (1): 119-127.

［21］ Fare R, Grosskopf S, Lovell C A K. Production Frontiers ［M］. London: Cambridge University Press, 1994.

［22］ Fried H O, Lovell C A K, Schmidt S S, et al. Accounting for Environmental Effects and Statistical Noise in Data Envelopment Analysis ［J］. Journal of Productivity Analysis, 2002, 17 (1-2): 157-174.

[23] Fu S, Xu X, Zhang J. Land Conversion across Cities in China [J]. Regional Science and Urban Economics, 2021, 87: 103643.

[24] Fonseca R. Performance Criteria for Evaluating the Efficiency of Land Use Development Proposals on Urban Sites [J]. International Journal for Housing Science and Its Application, 1981, 5 (3): 185-194.

[25] Galudra G, Noordwijk M V. Migrants, Land Markets and Carbon Emissions in Jambi, Indonesia: Land Tenure Change and the Prospect of Emission Reduction [J]. Mitigation & Adaptation Strategies for Global Change, 2014, 19 (6): 715-731.

[26] Han J. Can Urban Sprawl be the Cause of Environmental Deterioration? Based on the Provincial Panel Data in China [J]. Environmental Research, 2020, 189: 109954.

[27] Hansen R, Goriely A, Wall S A, et al. Fibroblast Growth Factor Receptor 2, Gain-of-function Mutations, and Tumourigenesis: Investigating a Potential Link. [J]. Journal of Pathology, 2010, 207 (1): 27-31.

[28] Hansen M. Cross Border Environmental Management in Transnational Corporations: An Analytical Framework [R]. Geneva: UNCTAD Occasional Paper No. 5.

[29] Hicks J R. The Theory of Wages [M]. London: Macmillan, 1932.

[30] Houghton R A, Hackler J L. Sources and Sinks of Carbon from Land-use Change in China [J]. Global Biogeochemical Cycles, 2003, 17 (2): 1-19.

[31] Houghton R A. Magnitude, Distribution and Causes of Terrestrial Carbon Sinks and Some Implications for Policy [J]. Climate Policy, 2002, 2 (1): 71-88.

[32] Houghton R A. The Annual Net flux of Carbon to the Atmosphere from Changes in Land Use 1850-1990 [J]. Tellus, 1999, 51B: 298-313.

[33] Hsu W, Ma L. Urbanization Policy and Economic Development: A Quantitative Analysis of China's Differential Hukou Reforms [J]. Regional Science and Urban Economics, 2021: 103639.

[34] IPCC. Contribution of Working Group II to the Fourth Assessment Report of the Intergovernmental Panel on Climate Change [M]. Cambridge: Cambridge University Press, 2007.

［35］ Islam K K, Anusontpornperm S, Kheoruenromne I, et al. Carbon Sequestration in Relation to Topographic Aspects and Land use in Northeast of Thailand ［J］. International Journal of Environment and Climate Change, 2018, 8 （2）: 138-151.

［36］ Knoblach M, Roessler M, Zwerschke P. The Elasticity of Substitution Between Capital and Labour in the US Economy: A Meta-Regression Analysis ［J］. Oxford Bulletin of Economics and Statistics, 2020, 82 （1）: 62-82.

［37］ Kumar A, Kober B. Urbanization, Human Capital, and Cross-country Productivity Differences ［J］. Economics Letters, 2012, 117 （1）: 14-17.

［38］ Langpap C, Hascic I, Wu J J. Protecting Watershed Ecosystems through Targeted Local Land use Policies ［J］. American Journal of Agricultural Economics, 2006, 90 （3）: 684-700.

［39］ Lee L F, Yu J H. Estimation of Spatial Autoregressive Panel Data Models With Fixed Effects ［J］. Journal of Econometrics, 2010, 154 （2）: 165-185.

［40］ Lee H S, Chu C W, Zhu J. Super-efficiency DEA in the Presence of Infeasibility ［J］. European Journal of Operational Research, 2011, 212 （1）: 141-147.

［41］ LeSage J P, Pace R K. Introduction to Spatial Econometrics ［M］. Boca Raton: CRC Press, 2009.

［42］ Levasseur A, Lesage P, Margni M, et al. Assessing Temporary Carbon Sequestration and Storage Projects through Land Use, Land-use Change and Forestry: Comparison of Dynamic Life Cycle Assessment with Ton-year Approaches ［J］. Climatic Change, 2012, 115 （3-4）: 759-776.

［43］ Liping G, Erda L. Carbon Sink in Cropland Soils and the Emission of Greenhouse Gases from Paddy Soils a Review of Work in China ［J］. ChemosphereGlobal Change Science, 2001, 3 （4）: 413-418.

［44］ Liu T, Cao G, Yan Y, et al. Urban Land Marketization in China: Central Policy, Local Initiative, and Market Mechanism ［J］. Land Use Policy, 2016, 57: 265-276.

［45］ Liu Y, Sun H, Shi L, et al. Spatial-Temporal Changes and Driving Factors of Land-Use Eco-Efficiency Incorporating Ecosystem Services in China ［J］. Sustainability, 2021, 13 （2）: 1-15.

［46］ Lu X, Jiang X, Gong M. How Land Transfer Marketization Influence on

Green Total Factor Productivity from the Approach of Industrial Structure? Evidence from China [J] . Land Use Policy, 2020, 95: 104610.

[47] Marshall A. The Principles of Economics [M] . London: MacMillan, 1890.

[48] McCain R A. Land in Fellner's Model of Economic Growth: Comment [J] . The American Economic Review, 1970, 60 (3): 495-499.

[49] Mills E S. An Aggregate Model of Resource Allocation in a Metropolitan Area [J] . American Economic Review, 1967, 57 (2): 197-210.

[50] Nichols D A. Land and Economic Growth [J] . The American Economic Review, 1970, 60 (3): 332-340.

[51] Paelinck J, KlaassenL. Spatial Econometrics [M] . Farnborough: Saxon House, 1979.

[52] Peng Q, Zhan L. Research on the Evolution Relationship between Agricultural Carbon Emissions and Economic Growth in Fujian Province Built on the EKC Model [C] . Journal of Physics: Conference Series, 2021.

[53] Siriban-Manalang A B, Edgar L D, Cantor V J, et al. Land Use Efficiency in Southern Philippine Provinces [J] . Research Congress, 2013 (7-9): 1-9.

[54] Sun D B. Evaluation of Managerial Performance in Large Commercial Banks by Data Envelopment Analysis [D] . The University of Texas, 1988.

[55] Tapio P. Towards a Theory of Decoupling: Degrees of Decoupling in the EU and the Ease of Road Traffic in Finland Between 1970 and 2001 [J] . Journal of Transport Policy, 2005, 12 (2): 137-151.

[56] Tester J W. Sustainable Energy: Choosing among Options [M] . Boston: The MIT Press, 2012.

[57] Van don Bergh, Jeroen C J M, Grazi F. Ecological Footprint Policy? Land Use as an Environmental Indicator [J] . Journal of Industrial Ecology, 2014, 18 (1): 10-19.

[58] Wang D, Ren C, Zhou T. Understanding the Impact of Land Finance on Industrial Structure Change in China: Insights from a Spatial Econometric Analysis [J] . Land Use Policy, 2021, 103: 105323.

[59] Wu Y Z, Zhang X L, Skitmore M, et al. Industrial Land Price and its Im-

pact on Urban Growth: A Chinese Case Study [J]. Land Use Policy, 2014, 36 (4): 199-209.

[60] Yi M, Wang Y, Sheng M, et al. Effects of Heterogeneous Technological Progress on Haze Pollution: Evidence from China [J]. Ecological Economics, 2020 (169): 106533.

[61] Yuan J, Bian Z, Yan Q, et al. Spatio-Temporal Distributions of the Land Use Efficiency Coupling Coordination Degree in Mining Cities of Western China [J]. Sustainability, 2019, 11 (19): 1-19.

[62] Zhang C, Tian H Q, Chen G S, et al. Impacts of Urbanization on Carbon Balance in Terrestrial Ecosystems of the Southern United States [J]. Environmental Pollution, 2012, 164 (5): 89-101.

[63] Zhong J. Biased Technical Change, Factor Substitution, and Carbon Emissions Efficiency in China [J]. Sustainability, 2019, 11 (4): 1-17.

[64] Zhou X, Xia M, Zhang T, et al. Energy- and Environment-Biased Technological Progress Induced by Different Types of Environmental Regulations in China [J]. Sustainability, 2020, 12 (18): 1-23.

[65] 卞凤鸣, 刘彦彤, 赵玲. 吉林省土地利用空间均衡度评价研究 [J]. 中国土地科学, 2015, 29 (12): 74-80.

[66] 曹飞. 城乡土地利用视角下的新型城镇化: 制度桎梏与协同模式 [J]. 经济体制改革, 2019 (2): 27-32.

[67] 陈丹玲, 李菁, 胡碧霞. 长江中游城市群城市土地利用效率的空间关联特征 [J]. 城市问题, 2018 (9): 55-64.

[68] 陈国壮. 我国城市土地集约利用研究综述及展望 [J]. 发展研究, 2014 (11): 89-92.

[69] 陈建军, 刘月, 邹苗苗. 产业协同集聚下的城市生产效率增进: 基于融合创新与发展动力转换背景 [J]. 浙江大学学报 (人文社会科学版), 2016, 46 (3): 150-163.

[70] 陈磊, 姜海. 从土地资源优势区配置到主体功能区管理: 一个国土空间治理的逻辑框架 [J]. 中国土地科学, 2019, 33 (6): 10-17.

[71] 陈万旭, 李江风, 曾杰, 等. 中国土地利用变化生态环境效应的空间分异性与形成机理 [J]. 地理研究, 2019, 38 (9): 2173-2187.

［72］陈颜，姜博，初楠臣，等．城市土地利用效益及新型城镇化指标遴选与体系重构［J］．中国农业资源与区划，2021，42（3）：67-75.

［73］陈彦光．城市化水平增长曲线的类型、分段和研究方法［J］．地理科学，2012，32（1）：12-17.

［74］陈银蓉．土地利用变化、利用管理与城市碳排放研究进展与展望［C］// 2013 全国土地资源开发利用与生态文明建设学术研讨会论文集．中国自然资源学会土地资源研究专业委员会，2013.

［75］陈勇，柏喆．技术进步偏向、产业结构与中国劳动收入份额变动［J］．上海经济研究，2020（6）：56-68.

［76］陈悦，陈超美．引文空间分析原理与应用［M］．北京：科学出版社，2014.

［77］陈真玲，李金铠，李静．中国省域城镇土地利用效率的影响因素及空间溢出效应［J］．经济经纬，2017，34（4）：25-30.

［78］陈志辉，祝甲山．浅议城市土地利用及其评价［J］．城市问题，2002（6）：62-63+24.

［79］褚丽娟，孙成伍．我国城市化水平的空间相关性及影响机制［J］．经济问题，2015（11）：100-104.

［80］崔玮，苗建军，邹伟．武汉城市圈土地利用空间关联的碳排放效率及其收敛性分析［J］．长江流域资源与环境，2016，25（12）：1824-1831.

［81］D. 普赖斯，等．洛特卡定律与普赖斯定律［J］．张季娅，译．科学学与科学技术管理，1984（9）：17-22.

［82］丁宝根，杨树旺，赵玉，等．中国耕地资源利用的碳排放时空特征及脱钩效应研究［J］．中国土地科学，2019，33（12）：45-54.

［83］丁黎黎，刘少博，王晨，杨颖．偏向性技术进步与海洋经济绿色全要素生产率研究［J］．海洋经济，2019，9（4）：12-19.

［84］丁一，郭青霞．中部六省城市建设用地的利用效率及其驱动因素［J］．城市问题，2019（11）：45-51.

［85］丁振民，姚顺波．区域生态补偿均衡定价机制及其理论框架研究［J］．中国人口·资源与环境，2019，29（9）：99-108.

［86］豆建民，刘叶．生产性服务业与制造业协同集聚是否能促进经济增长：基于中国 285 个地级市的面板数据［J］．现代财经（天津财经大学学报），

2016, 36（4）：92-102.

［87］杜丹宁．中国城市土地利用效率的空间分异［J］．水土保持通报，2016, 36（6）：315-320+325.

［88］樊高源，杨俊孝．土地利用结构、经济发展与土地碳排放影响效应研究：以乌鲁木齐市为例［J］．中国农业资源与区划，2017, 38（10）：177-184.

［89］樊鹏飞，冯淑怡，苏敏，等．基于非期望产出的不同职能城市土地利用效率分异及驱动因素探究［J］．资源科学，2018, 40（5）：946-957.

［90］方精云，郭兆迪，朴世龙，等．1981~2000年中国陆地植被碳汇的估算［J］．中国科学（D辑：地球科学），2007（6）：804-812.

［91］方先知．土地利用效率测度的指标体系与方法研究［J］．系统工程，2010, 22（12）：22-26.

［92］冯骥．动态面板中系统GMM估计的改进及其应用［D］．华中科技大学硕士学位论文，2016.

［93］冯健，苏黎馨．城市规划与土地利用规划互动关系演进机制及融合策略：基于行为主体博弈分析［J］．地域研究与开发，2016, 35（6）：134-139.

［94］符海月，王昭雅．区域产业结构调整与土地利用效率关系：基于城镇化水平视阈的考察［J］．中国土地科学，2020, 34（10）：69-78+107.

［95］付永虎，姚莹莹，刘俊青，刘铁，魏范青．江苏城市土地利用结构及其效率与城市化耦合协调性测度与评估［J］．中国农业大学学报，2020, 25（9）：187-199.

［96］高涓，乔桂明．省级地方政府环境保护财政支出绩效评价：基于非期望产出Windows-SBM三阶段模型［J］．苏州大学学报（哲学社会科学版），2019（6）：103-111.

［97］郭文伟，周媛．土地财政会促进经济高质量发展吗？——基于城镇化和产业结构升级的中介效应视角［J］．南方金融，2020（10）：28-39.

［98］韩国高，张倩．技术进步偏向对工业产能过剩影响的实证研究［J］．科学学研究，2019, 37（12）：2157-2167.

［99］何登，杨如军，詹长根．基于DEA模型的耕地利用效率评价［J］．江苏农业科学，2018, 46（4）：327-330.

［100］何好俊，彭冲．城市产业结构与土地利用效率的时空演变及交互影响［J］．地理研究，2017, 36（7）：1271-1282.

［101］胡存智.以人地联动机制带动人口向城市聚集［N］.中国经济时报，2012-04-14.

［102］胡振琪，王晓彤，梁宇生，等.2017年土地科学研究重点进展评述及2018年展望：土地工程与信息技术分报告［J］.中国土地科学，2018，32（3）：89-96.

［103］胡宗楠，李鑫，楼淑瑜，等.基于系统动力学模型的扬州市土地利用结构多情景模拟与实现［J］.水土保持通报，2017，37（4）：211-218.

［104］黄晶，马蓓蓓，薛东前.基于SE-DEA模型的西安市土地利用效率及优化对策［J］.干旱区研究，2015，32（3）：630-636.

［105］黄木易，岳文泽，冯少茹，等.基于MCR模型的大别山核心区生态安全格局异质性及优化［J］.自然资源学报，2019，34（4）：771-784.

［106］黄锐.基于灰色模型的土地利用与碳排放关系研究［J］.山东农业大学学报（自然科学版），2016，47（6）：856-861.

［107］黄振雄，罗能生.土地财政对土地利用效率的影响［J］.中国土地科学，2019，33（9）：93-100.

［108］姬志恒，张鹏.环境约束下中国城市土地利用效率空间差异及驱动机制：基于285个地级及以上城市的研究［J］.中国土地科学，2020，34（8）：72-79.

［109］蒋海舲.绿色发展背景下中国工业用地利用效率时空特征及影响因素研究［D］.江西财经大学博士学位论文，2021.

［110］借鉴陕西、宁夏发展经验　推动江苏乡村振兴走在全国前列［J］.江苏农村经济，2018（10）：6-9.

［111］经阳，叶长盛.基于DEA的江西省耕地利用效率及影响因素分析［J］.水土保持研究，2015，22（1）：257-261.

［112］孔令池，刘彩珍，张智.住房价格、土地财政与城市土地利用效率［J］.城市问题，2020（12）：69-77.

［113］匡兵，卢新海，胡碧霞.经济发展与城市土地利用效率的库兹涅茨曲线效应：基于湖北省12个地级市的面板数据［J］.地域研究与开发，2018，37（6）：139-144.

［114］赖力.中国土地利用的碳排放效应研究［D］.南京大学博士学位论文，2010.

［115］李长健，苗苗．长江中游城市群土地利用效率测算：现实机理与时空分异［J］．中国人口·资源与环境，2017，27（12）：157-164.

［116］李长亮．我国城市化水平测算方法的科学性研究［J］．经济纵横，2013（2）：65-70.

［117］李春丽，唐宏，张志丹，等．基于不同土地利用的吉林省碳排放时空格局分析［J］．水土保持学报，2016，30（1）：250-254+284.

［118］李刚．中国城市土地利用效率：测度、演变机理与影响因素［J］．财经理论研究，2015（3）：33-38.

［119］李辉，王良健．土地资源配置的效率损失与优化途径［J］．中国土地科学，2015，29（7）：63-72.

［120］李菁，胡碧霞，匡兵．中国城市土地利用效率测度及其动态演进特征［J］．经济地理，2017，37（8）：162-167.

［121］李静，池金，吴华清．基于水资源的工业绿色偏向型技术进步测度与分析［J］．中国人口·资源与环境，2018，28（10）：131-142.

［122］李力行，黄佩媛，马光荣．土地资源错配与中国工业企业生产率差异［J］．管理世界，2016（8）：86-96.

［123］李璐，董捷，张俊峰．长江经济带城市土地利用效率地区差异及形成机理［J］．长江流域资源与环境，2018，27（8）：1665-1675.

［124］李萍，谭静．四川省城市土地利用效率与经济耦合协调度研究［J］．中国农学通报，2010，26（21）：364-367.

［125］李晓青，刘旺彤，谢亚文，等．多规合一背景下村域三生空间划定与实证研究［J］．经济地理，2019，39（10）：146-152.

［126］李修峰，周丁扬．城市近郊区土地可持续利用评价研究［J］．中国农业资源与区划，2019，40（4）：122-127.

［127］李雪婷，师学义．基于县域尺度的土地利用协调度评价［J］．中国人口·资源与环境，2018，28（S1）：132-135.

［128］李英东．空间城市化与人口城市化相统一的城市化模式与持续经济增长［J］．湖北社会科学，2016（5）：77-83.

［129］李永乐，舒帮荣，吴群．中国城市土地利用效率：时空特征、地区差距与影响因素［J］．经济地理，2014，34（1）：133-139.

［130］李勇刚，王猛．土地财政与产业结构服务化：一个解释产业结构服务

化"中国悖论"的新视角［J］.财经研究，2015，41（9）：29-41.

［131］李玉玲，李世平，祁静静.陕西省土地利用碳排放影响因素及脱钩效应分析［J］.水土保持研究，2018，25（1）：382-390.

［132］李云燕，黄姗，张彪，等.北京市生态涵养区生态服务价值评估与生态补偿机制探讨［J］.中国环境管理，2019，11（5）：94-99+106.

［133］李智礼，匡文慧，赵丹丹.京津冀城市群人口城镇化与土地利用耦合机理［J］.经济地理，2020，40（8）：67-75.

［134］梁建飞，陈松林.环境约束下的福建省城市建设用地利用效率及驱动因素［J］.自然资源学报，2020，35（12）：2862-2874.

［135］梁流涛，翟彬，樊鹏飞.经济聚集与产业结构对城市土地利用效率的影响［J］.地域研究与开发，2017，36（3）：113-117.

［136］梁宇哲，张顺瑶.广东省土地利用效率及其与经济发展的空间一致性研究［J］.现代城市研究，2019（6）：31-38.

［137］廖进中，韩峰，张文静，徐荻迪.长株潭地区城镇化对土地利用效率的影响［J］.中国人口·资源与环境，2010，20（2）：30-36.

［138］林坚，马珣.中国城市群土地利用效率测度［J］.城市问题，2014（5）：9-14+60.

［139］林坚，付雅洁，马俊青，等.2016年土地科学研究重点进展评述及2017年展望：土地资源、利用与规划分报告［J］.中国土地科学，2017，31（3）：61-69.

［140］林坚，刘松雪，付雅洁，等.西部欠发达地区乡镇土地利用生态效应评价研究：以甘肃省榆中县为例［J］.城市发展研究，2017，24（2）：113-121.

［141］林坚，乔治洋.博弈论视角下市县级"多规合一"研究［J］.中国土地科学，2017，31（5）：12-19.

［142］林阳，吴克宁.土地资源市场化与产业结构升级：基于非线性因果关系和时空地理加权模型的考察［J］.地域研究与开发，2021，40（3）：20-24.

［143］蔺雪芹，王岱，任旺兵，等.中国城镇化对经济发展的作用机制［J］.地理研究，2013，32（4）：691-700.

［144］刘东亚.土地利用变化时空动力学方法构建与应用研究［D］.中国地质大学（北京）博士学位论文，2019.

［145］刘法威，杨衍．城乡融合背景下乡村土地利用多功能转型研究
［J］．郑州大学学报（哲学社会科学版），2020，53（3）：32-36.

［146］刘浩华，陈秀玲，王雪峰．城镇化与物流绿色全要素生产率的门槛效
应研究［J］．经济与管理评论，2020，36（2）：123-132.

［147］刘萌，冯长春，曹广忠．中国城市土地投入产出效率与城镇化水平的
耦合关系：对286个地级及以上城市行政单元的分析［J］．中国土地科学，
2014，28（5）：50-57.

［148］刘旭玲，聂少华，欧国良．城市土地集约利用的系统动力学模拟研
究：以南京市为例［J］．广东土地科学，2018，17（4）：27-32.

［149］刘彦花，叶国华，严志强．广西北部湾经济区城市土地利用效率与经
济发展耦合关系研究［J］．科技通报，2017，33（8）：43-47.

［150］刘雁，傅鸿源．城市用地规划系统动力学模型研究［J］．重庆建筑
大学学报，1996，18（1）：76-84.

［151］刘英群．论经济城市化［J］．大连海事大学学报（社会科学版），
2012，11（6）：20-24.

［152］卢新海，匡兵，周敏．城市建设用地利用效率的空间非均衡及影响因
素［J］．中国人口·资源与环境，2016，26（11）：45-52.

［153］卢新海，杨喜，陈泽秀．中国城市土地绿色利用效率测度及其时空演
变特征［J］．中国人口·资源与环境，2020，30（8）：83-91.

［154］路昌，雷国平，张慧，等．黑龙江省哈尔滨市不同土地利用类型的碳
排放效应分析［J］．水土保持研究，2014，21（6）：245-250.

［155］吕炜，许宏伟．土地财政的经济影响及其后续风险应对［J］．经济
社会体制比较，2012（6）：78-86.

［156］麻永建，徐建刚．基于ESDA的河南省区域经济差异的时空演变研究
［J］．软科学，2006（5）：51-54.

［157］梅冬州，崔小勇，吴娱．房产变动、土地财政与中国经济波动
［J］．经济研究，2018，53（1）：35-49.

［158］蒙吉军，赵春红，刘明达．基于土地利用变化的区域生态安全评价：
以鄂尔多斯市为例［J］．自然资源学报，2011，26（4）：578-590.

［159］蒙吉军．土地评价与管理［M］．北京：科学出版社，2005.

［160］聂雷，郭忠兴，刘秀丽．土地利用结构和价格对城市土地利用效率的

影响［J］．城市问题，2019（7）：30-36.

［161］聂雷，邵子南．技术进步、城市土地利用效率及反弹效应：以江苏省为例［J］．资源开发与市场，2019，35（4）：492-497.

［162］聂少华．城市土地集约利用的系统动力学模拟研究：以南京为例［D］．南京农业大学硕士学位论文，2017.

［163］牛乐德，彭籽明，熊理然，王大力．昆明市城镇化对土地利用效率影响的实证分析［J］．中国农学通报，2015，31（4）：286-290.

［164］裴杰，王力，喻根．基于多源数据的广东省土地集约利用综合评价［J］．水土保持研究，2016，23（2）：297-307.

［165］钱忠好，牟燕．征地制度、土地财政与中国土地市场化改革［J］．农业经济问题，2015，36（8）：8-12+110.

［166］邱衍庆，姚月．基于"多规合一"的广东空间规划探索实践与展望［J］．城市发展研究，2019，26（1）：13-20.

［167］曲福田，高艳梅，姜海．我国土地管理政策：理论命题与机制转变［J］．管理世界，2005（4）：40-47.

［168］单福征，於家，赵军，等．上海郊区快速工业化的土地利用及碳排放响应：以张江高科技园区为例［J］．资源科学，2011，33（8）：1600-1607.

［169］尚娟，廖珍珍．新型城镇化对绿色全要素生产率的影响［J］．统计与决策，2021，37（5）：116-119.

［170］盛中华，董会忠，殷秀清，等．基于熵权可拓模型的土地利用规划环境影响评价：以黄河三角洲高效生态经济区为例［J］．资源开发与市场，2017，33（12）：1433-1438.

［171］施建刚，徐天珩．基于VRS-DEA模型与Malmquist指数的工业园区土地利用效率评价：以长三角城市群16个工业园区为例［J］．资源科学，2017，39（6）：1026-1036.

［172］石岩，于雷，万军，等．基于环境安全格局的威海市土地承载力评估［J］．中国人口·资源与环境，2015，25（S2）：213-216.

［173］侍剑峰．基于系统动力学的中国碳排放峰值预测及应对策略研究［D］．华北电力大学硕士学位论文，2018.

［174］宋杰鲲．基于LMDI的山东省能源消费碳排放因素分解［J］．资源科学，2012，34（1）：35-41.

［175］苏建恺.中国城市土地利用效率及影响因素研究：基于 2004 年至 2013 年 81 个城市数据分析［J］.特区经济，2018（9）：44-46.

［176］苏雅丽，张艳芳.陕西省土地利用变化的碳排放效益研究［J］.水土保持学报，2011，25（1）：152-156.

［177］孙赫，梁红梅，常学礼，等.中国土地利用碳排放及其空间关联［J］.经济地理，2015，35（3）：154-162.

［178］孙贤斌.安徽省会经济圈土地利用变化的碳排放效益［J］.自然资源学报，2012，27（3）：394-401.

［179］孙焱林，覃飞，陈亚会，等.基于空间计量的地级市政府间城镇化竞争分析［J］.中国人口·资源与环境，2018，28（5）：115-122.

［180］唐怡.基于脱钩理论的城市化与经济发展关系研究：以海南省为例［J］.特区经济，2021（5）：30-35.

［181］唐宇娣，朱道林，程建，等.人地挂钩视角下人口与土地城镇化协调发展关系研究：以长江经济带上游地区为例［J］.长江流域资源与环境，2020，29（2）：287-295.

［182］陶云，梁红梅，房乐楠，等.烟台市土地利用结构与能源消费碳排放关联测度［J］.水土保持通报，2016，36（5）：156-161.

［183］王博，杨秀云，张耀宇，等.地方政府土地出让互动干预对工业用地利用效率的影响：基于 262 个城市的空间计量模型检验［J］.中国土地科学，2019，33（12）：55-63.

［184］王成新，王波涛，王翔宇.基于结构视角的中国人口城市化与土地城市化异速增长研究［J］中国人口·资源与环境，2016（8）：135-141.

［185］王富喜.山东半岛城市群人口-土地城镇化质量测度与协调发展研究［J］.地理科学，2020，40（8）：1345-1354.

［186］王桂波，南灵.陕西省土地利用碳排放效应时空差异分析［J］.资源与产业，2012，14（1）：124-130.

［187］王静田，张宝懿，付晓东.产业协同集聚对城市全要素生产率的影响研究［J］.科学学研究，2021（5）：842-853.

［188］王珏，陈雯.全球化视角的区域主义与区域一体化理论阐释［J］.地理科学进展，2013，32（7）：1082-1091.

［189］王丽娜，李世平.沈阳市城市土地利用效率评价及影响因素分析

[J]. 水土保持研究, 2014, 21 (5): 311-315.

[190] 王群勇, 陆凤芝. 环境规制能否助推中国经济高质量发展?——基于省际面板数据的实证检验 [J]. 郑州大学学报 (哲学社会科学版), 2018, 51 (6): 64-70.

[191] 王巍, 王志浩, 刘宇新. 高等教育投入产出的 DEA 规模效率研究 [J]. 中国管理科学, 2013 (S2): 726-730.

[192] 王文刚, 庞笑笑. 京津冀地区城市土地利用效率 [J]. 江苏农业科学, 2016, 44 (4): 563-567.

[193] 王小斌, 李郁芳. 土地财政、城镇化与城乡收入差距: 基于 1999-2011 年省级面板联立方程的实证研究 [J]. 产经评论, 2014, 5 (5): 127-138.

[194] 王效科, 逯非, 徐卫华. 中国陆地生态系统碳减排增汇优先区研究 [J]. 第四纪研究, 2014 (4): 815-822.

[195] 蔚霖, 徐国劲. 河南省城市土地利用效率时空演变特征分析 [J]. 河南农业大学学报, 2017, 51 (4): 580-588.

[196] 魏建飞, 李强, 安子琪, 等. 中国建设用地利用效率与经济发展水平的空间格局演进分析 [J]. 地理与地理信息科学, 2021, 37 (3): 82-88.

[197] 魏权龄. 数据包络分析 (DEA) [M]. 北京: 科学出版社, 2015.

[198] 文兰娇, 张安录. 武汉城市圈土地资源诅咒空间差异性、空间传导机制及差别化管理 [J]. 中国土地科学, 2013, 27 (9): 30-37.

[199] 吴萌, 任立, 陈银蓉. 城市土地利用碳排放系统动力学仿真研究: 以武汉市为例 [J]. 中国土地科学, 2017, 31 (2): 29-39.

[200] 吴萌. 武汉市土地利用碳排放分析与系统动力学仿真 [D]. 华中农业大学博士学位论文, 2017.

[201] 吴贤良, 刘雨婧, 熊鹰, 等. 湖南省城市土地利用全要素生产率时空演变及影响因素 [J]. 经济地理, 2017, 37 (9): 95-101.

[202] 吴振华, 唐芹, 蒋红. 基于三阶段 DEA 模型的城市土地利用经济效率分析: 以江浙沪地区为例 [J]. 现代城市研究, 2018, 26 (3): 106-112.

[203] 伍先福. 产业系统集聚对全要素生产率影响的门槛效应研究: 基于中国 246 个城市的实证检验 [J]. 经济经纬, 2019, 36 (2): 72-78.

[204] 夏方舟, 张东昇, 严金明. 融合精准扶贫诉求的"多规合一"规划结构耦合模型研究: 以昆明市寻甸县为例 [J]. 中国土地科学, 2019, 33 (6):

18-27.

[205] 夏书章. 再说"鬼城"[J]. 中国行政管理, 2016 (9): 160.

[206] 夏勇, 张彩云, 苏丹妮. 城市经济增长与工业 SO_2 排放污染脱钩的空间特征 [J]. 治理研究, 2020, 36 (5): 96-108.

[207] 向红玲, 陈昭玖, 廖文梅, 等. 农村劳动力转移对林业全要素生产率的影响分析: 基于长江经济带 11 省 (市) 的实证 [J]. 林业经济, 2021 (3): 37-51.

[208] 熊柴, 蔡继明. 中国土地城镇化相对人口城镇化真的过快么? [J]. 河北学刊, 2021, 41 (2): 146-156.

[209] 熊鹰, 陈云, 彭芬, 等. 基于土地集约利用的长株潭城市群建设用地供需仿真模拟 (英文) [J]. Journal of Geographical Sciences, 2019, 29 (8): 1346-1362.

[210] 徐磊, 董捷, 张安录. 湖北省土地利用减碳增效系统仿真及结构优化研究 [J]. 长江流域资源与环境, 2016, 25 (10): 1528-1536.

[211] 徐升艳, 陈杰, 赵刚. 土地出让市场化如何促进经济增长 [J]. 中国工业经济, 2018 (3): 44-61.

[212] 薛建春, 吴彤. 基于三阶段 SBM-DEA 的内蒙古城市土地利用效率评价 [J]. 生态经济, 2020, 36 (10): 98-103+111.

[213] 严金明, 陈昊, 夏方舟. "多规合一"与空间规划: 认知、导向与路径 [J]. 中国土地科学, 2017, 31 (1): 21-27+87.

[214] 杨海泉, 胡毅, 王秋香. 2001~2012 年中国三大城市群土地利用效率评价研究 [J]. 地理科学, 2015, 35 (9): 1095-1100.

[215] 杨奎, 文琦, 钟太洋. 长江经济带城市土地利用效率评价 [J]. 资源科学, 2016, 40 (10): 2048-2059.

[216] 杨其静, 彭艳琼. 晋升竞争与工业用地出让: 基于 2007—2011 年中国城市面板数据的分析 [J]. 经济理论与经济管理, 2015 (9): 5-17.

[217] 杨剩富, 胡守庚, 杨俊, 等. 基于宗地尺度工业用地集约利用控制标准优化方法研究 [J]. 资源科学, 2013, 35 (12): 2397-2404.

[218] 杨喜, 卢新海, 侯娇. 长江经济带城市土地开发强度时空格局特征及溢出效应研究 [J]. 长江流域资源与环境, 2021, 30 (4): 771-781.

[219] 杨喜. 新旧动能转换背景下中国城市土地绿色利用效率时空格局及溢

出效应研究［D］．华中师范大学博士学位论文，2020．

［220］杨玉珍．城乡一体化下人地挂钩的制度创新与运行模式［J］．经济地理，2014（7）：143-149．

［221］杨钰蓉，何玉成，李兆亮．中国粮食生产中不同类型技术要素投入的时空分异与影响因素［J］．长江流域资源与环境，2019，28（7）：1563-1574．

［222］叶丽丽，付洒，崔许锋，等．村土地利用规划编制关键性问题分析——基于村土地利用特征的思考［J］．中国国土资源经济，2018，31（6）：48-54．

［223］于元赫，李子君，林锦阔，等．沂河流域土地利用时空变化图谱特征分析［J］．自然资源学报，2019，34（5）：975-988．

［224］袁华锡，刘耀彬，胡森林，封亦代．产业集聚加剧了环境污染吗？——基于外商直接投资视角［J］．长江流域资源与环境，2019，28（4）：794-804．

［225］袁凯华，梅昀，陈银蓉，等．中国建设用地集约利用与碳排放效率的时空演变与影响机制［J］．资源科学，2017，39（10）：1882-1895．

［226］袁晓玲，贺斌．中国城市全要素土地生产率测度及影响因素分析——基于全要素框架下分项要素绩效分解［J］．城市发展研究，2018，25（12）：54-61+81．

［227］苑清敏，何桐．京津冀经济-资源-环境的脱钩协同关系研究［J］．统计与决策，2020，36（6）：79-83．

［228］岳立，薛丹．新型城镇化对中国城市土地利用效率的影响研究［J］．经济问题探索，2020（9）：110-120．

［229］曾鹏，邢梦昆，秦慧玲．中国城市群土地利用结构与效率研究［J］．统计与决策，2020（21）：67-72．

［230］张建平，葛扬．土地市场化与城乡收入分配［J］．山西财经大学学报，2020，42（11）：1-15．

［231］张俊，孙玉．森林生态系统碳循环研究方法概述［J］．林业资源管理，2007，2（1）：102-104．

［232］张俊，钟春平．偏向型技术进步理论：研究进展及争议［J］．经济评论，2014（5）：148-160．

［233］张俊峰，张安录，董捷．武汉城市圈土地利用效率评价及时空差异分

析［J］．华东经济管理，2014，28（5）：60-64．

［234］张俊峰，张安录，董捷．武汉城市圈土地利用碳排放效应分析及因素分解研究［J］．长江流域资源与环境，2014，23（5）：595-602．

［235］张骏杰，高延利，蔡玉梅，等．基于"多规合一"的市级国土空间优化方法——以烟台市为例［J］．地理科学进展，2018，37（8）：1045-1054．

［236］张立新，宋洋，朱道林，黄安．长江经济带城市建设用地利用效率空间非均衡性及影响因素［J］．地域研究与开发，2020，39（6）：154-159．

［237］张廉，段庆林，王林伶．黄河流域生态保护和高质量发展报告（2020）［M］．北京：社会科学文献出版社，2020．

［238］张清勇，刘青，魏彩雯，等．2017年土地科学研究重点进展评述及2018年展望：土地经济分报告［J］．中国土地科学，2018，32（2）：72-80．

［239］张荣天，焦华富．长江经济带城市土地利用效率格局演变及驱动机制研究［J］．长江流域资源与环境，2015，24（3）：387-394．

［240］张少辉，余泳泽．土地出让、资源错配与全要素生产率［J］．财经研究，2019，45（2）：73-85．

［241］张天柱，周建，张凤荣，等．工业化、城镇化背景下农村居民点内部土地利用演变［J］．中国农业大学学报，2018，23（2）：147-157．

［242］张秀梅，李升峰，黄贤金，等．江苏省1996年至2007年碳排放效应及时空格局分析［J］．资源科学，2010，32（4）：768-775．

［243］张雅杰，金海．长江中游地区城市建设用地利用效率及驱动机理研究［J］．资源科学，2015，37（7）：1384-1393．

［244］张英浩，陈江龙，高金龙，等．经济转型视角下长三角城市土地利用效率影响机制［J］．自然资源学报，2019，34（6）：1157-1170．

［245］张宇．低碳导向的土地利用结构优化研究：以赤峰市为例［D］．南京农业大学硕士学位论文，2014．

［246］张志辉．中国城市土地利用效率研究［J］．数量经济技术经济研究，2014（7）：134-149．

［247］张志强．河北省城市土地利用效益研究［D］．河北经贸大学硕士学位论文，2016．

［248］赵丹丹，胡业翠．城市土地利用效率与城市化耦合协调性研究：以我国285个地级及以上城市为例［J］．水土保持研究，2017，24（1）：291-297+

304.

[249] 赵可，徐唐奇，李平．不同规模城市土地利用效率的差异及收敛性研究 [J]．干旱区资源与环境，2015，29（12）：1-6.

[250] 赵丽红，陈文波，邵虹．南昌市中心城区城市建设用地集约利用特征及空间相关性分析 [J]．长江流域资源与环境，2015，24（8）：1286-1292.

[251] 赵荣钦，陈志刚，黄贤金，等．南京大学土地利用碳排放研究进展 [J]．地理科学，2012，32（12）：1473-1480.

[252] 赵荣钦，黄贤金，高珊，等．江苏省碳排放清单测算及减排潜力分析 [J]．地域研究与开发，2013，32（2）：109-115.

[253] 赵荣钦，黄贤金，钟太洋，等．区域土地利用结构的碳效应评估及低碳优化 [J]．农业工程学报，2013，29（17）：220-229.

[254] 赵中阳，张军民．基于 Super-SBM DEA 下新疆城市土地利用效率分析 [J]．现代城市研究，2016（4）：88-94.

[255] 郑思齐，孙伟增，吴璟，等．"以地生财，以财养地"：中国特色城市建设投融资模式研究 [J]．经济研究，2014，49（8）：14-27.

[256] 郑振源，黄晓宇．集约用地呼唤土地资源市场配置 [J]．中国土地科学，2011，25（4）：13-16.

[257] 郑振源．建立开放、竞争、城乡统一而有序的土地市场 [J]．中国土地科学，2012，26（2）：10-13.

[258] 钟文，钟昌标，郑明贵．土地财政对城市土地利用效率的扭曲效应研究：基于经济集聚与产业结构视角 [J]．华东经济管理，2020，34（10）：105-111.

[259] 周国富，陈菡彬．产业结构升级对城乡收入差距的门槛效应分析 [J]．统计研究，2021，38（2）：15-28.

[260] 周涛，史培军，王绍强．气候变化及人类活动对中国土壤有机碳储量的影响 [J]．地理学报，2003，58（5）：727-734.

[261] 周伟，曹银贵，袁春，等．兰州市土地集约利用评价 [J]．中国土地科学，2011，25（3）：63-69.

[262] 朱高立，王雪琪，李发志，等．房地产经济对人口城镇化与土地城镇化协调发展的作用机理：基于中国 30 个省会城市面板数据的经验分析 [J]．经济地理，2018，38（5）：68-77+116.

［263］朱纪广，许家伟，李小建，娄帆，陈玉蓉. 中国土地城镇化和人口城镇化对经济增长影响效应分析［J］. 地理科学，2020，40（10）：1654-1662.

［264］祝秀芝，李宪文，贾克敬，祁帆. 上海市土地综合承载力的系统动力学研究［J］. 中国土地科学，2014，28（2）：90-96.

后 记

本书是依托我的国家自然科学基金项目（42061051）完成的成果，也是我第一次主持国家级课题的一个小结，回首从构思选题、申请书撰写、研究方法学习到独立成稿等方方面面，感触颇多。博士毕业 12 年了，过去的近 8 年时间我一直从事行政管理工作，再次进入教师角色，开始自己的科学研究，经历了一段刻骨铭心的坚持，感谢家人给予我的鼓励和支持，感谢课题组老师们、同学们的共同协作，感谢中国地质大学（北京）的白中科教授、周伟教授，感谢华中农业大学的张安录教授，以及各位博士师弟、师妹们，你们兢兢业业的求学精神是我学习的榜样，这些帮助也将成为我今后不断前行的动力。

感谢《湖北社会科学》《统计与决策》《资源开发与市场》《技术经济管理研究》《生态经济》等期刊的匿名审稿专家，他们宝贵的修改意见促进了文章内容的完善与升华；感谢经济管理出版社的丁慧敏老师以及各位编辑老师对本书的编辑、校对和出版工作；也由衷地向给予我关心和帮助的各位朋友们表示真诚的谢意！

薛建春

2022 年 4 月